KB164859

풍성한 문화예술계의 明暗

풍성한 문화예술계의 明暗

초판 1쇄 인쇄   2019년 1월 25일
초판 1쇄 발행   2019년 1월 31일

지은이 | 유민영
펴낸이 | 지현구
펴낸곳 | 태학사
등   록 | 제406-2006-00008호
주   소 | 경기도 파주시 광인사길 223
전   화 | (031)955-7580~1(마케팅부) · 955-7587(편집부)
전   송 | (031)955-0910
전자우편 | thaehak4@chol.com
홈페이지 | www.thaehaksa.com

값은 뒤표지에 있습니다.

ISBN 979-11-6395-005-9 93680

박은경, 유혜령, 재령, 이령에게

풍성한
문화예술계의
明暗
명
암

유민영

태학사

이번 책은 최근에 쓴 글들과 시간적으로 조금 간극은 있지만 현재도 생생하게 느낄 수 있는 글들을 함께 묶은 것이지만 새 정부가 들어서기 전후의 문화계 격동에 초점을 맞춘 것이 특징이라고 말할 수가 있다. 가령 전 정부의 악행이랄 수 있는 소위 문화계 블랙리스트 문제를 비롯하여 지난겨울에 있었던 평창동계올림픽에 맞춰 역사적인 남북교류가 이루어지면서 북한예술단이 수십 년 만에 내방(來訪) 공연을 했던 일, 그리고 세계적인 음악가 윤이상의 유택(幽宅)이 귀향하면서 벌어졌던 문제 등을 객관적으로 짚어본 점을 일컫는 것이다.

그 다음으로 필자가 관심을 가졌던 부분은 새 정부 들어서 예술단체의 남북교류 외에는 문화정책이 있는지 없는지 전혀 보이지 않는 가운데 국립극장 개보수문제라든가 소외되어 있는 공연예술인들의 복지문제, 그리고 전혀 작동하지 않고 있는 지자체의 예술정책 등으로서 정부가 이들에게도 희망을 불어넣어 줄 것을 촉구한 점이다. 따라서 이처럼 열악한 여건의 지역사회에서도 꾸준히 공연활동을 벌이고 있는 숨은 인재 몇몇에 대하여 용기를 불어넣어 주려는 글도 포함시켰다.

한편 세월이 흐르면서 한국현대극 발전에 크게 기여했던 인물들이 하나 둘 세상을 떠났거나 병마와 사투를 벌이고 있는 경우도 있어 그들을 추억, 추모한 글들 및 주요인물과 극단의 연극사적 위상도 잡아준 글도 여럿 실었다. 아울러 근자에 화제를 끌었던 몇몇 주요공연에 대한 단평과 오늘날 무대예술의 주류로서 굳건히 자리 잡아가고 있는 뮤지컬이 안고 있는 문제도 짚었으며 연륜을 더해가는 공연예술학의 성과에 대하여도 평가했다.

끝으로 이 책이 나오는데 있어 전산작업을 많이 도와준 두 사람. 즉 예쁘고 당찬 서울예대 박한솔(朴韓率) 조교와 삼성노블카운티의 근면 성실한 박성환(朴晟煥) 복지사에게 꼭 고마움을 전하련다. 그리고 내외적으로 출판사정이 나아지지 않는 상황에서도 문화사업의 차원에서 줄기차게 책을 펴내고 있는 태학사 지현구(池賢求) 사장과 편집부 직원들에게도 감사함을 전한다.

2019년 1월

내 고향 용인의 삼성노블카운티에서

柳 敏 榮

차례

제1부

북한의 공연예술은 어떻게 발전되어 왔나

• 현송월의 삼지연관현악단의 방남(訪南)공연에 즈음하여

    1988년 여름에 세계올림픽이 우리나라에서 열린지 꼭 30년 만인 올 2월에 강원도 평창에서 동계올림픽이 열리면서 오랜만에 남북교류도 시작되었고, 그 일환으로 북한의 현송월이 이끄는 관현악단이 강릉과 서울에서 각각 두 번이나 공연을 가진바 있다. 따라서 공연이 막을 올리기 전부터 많은 사람들이 북한의 무대예술에 대하여 궁금증을 보이고 있었기에 그 발전 과정과 본질에 대하여 개략적이나마 짚고 넘어가는 것이 도리가 아닐까 싶다.

    주지하다시피 공연예술이란 연극, 음악, 무용이 주가 되고 그 외에 무대에서 연행되는 영상 등 여러 가지 예술을 포괄적으로 이르는 말이다. 그런데 북한도 분단 전까지는 배달민족으로서

한 국가였으므로 사람들의 생김새로부터 언어, 풍습 및 전통문화 역시 같았음은 다 아는 바다. 그렇기 때문에 지금도 남과 북이 계승하고 있는 전통예술의 경우는 상당부분 동질성을 지니고 있다. 다만 분단 이후에는 우리 선조들이 천수 백 년 동안 창조해온 전통예술을 현대에 계승하는데 있어서는 천양지차가 있음을 알아야 한다. 왜냐하면 간단히 말해서 남한은 자유민주주의를 국가의 기본 틀로 삼음으로써 보편적 예술을 추구해온데 반하여, 북한은 공산주의 국가였으므로 이념적 예술을 목표로 삼아왔기 때문이다.

그런데 한 가지 주목해야 할 것은 북한의 현대예술도 거의가 해방 때까지는 서울에서 활동했던 사람들이 월북하여 기초를 닦았다는 사실이다. 그럴 수밖에 없었던 것은 우리나라는 오랫동안 중앙집권제여서 문화예술이 서울에 집중되어 있었던데 따른 것이다. 따라서 북한은 정권수립을 하면서 문화예술의 필요성을 깨닫고 그 정립에 나섰다. 왜냐하면 북한의 정권담당자들은 문화예술이야말로 체제선전에 가장 필수적인 수단이라는 마르크스·엥겔스의 이론을 숙지하고 있었기 때문이다. 바로 그런 때에 분단이 이루어지면서 중앙에서 활동하고 있던 공산주의 사상을 지닌 예술계 인사들 상당수가 몇 차례에 걸쳐서 자진 월북을 했으며 북정권이 필요로 하는 사람들은 호조건을 내걸고 평양으로 불러들였던 것이다.

가령 문학의 경우 〈임꺽정〉의 작가 홍명희를 비롯하여 시인 백석(白石) 등이, 연극계에서는 송영, 박영호, 황철 등이, 무용의 경우 최승희 등이, 그리고 음악인으로서는 김순남, 안기옥 등 전체적으로 수백 명의 주요 예술인들이 1945년 초겨울서부터 1948년 봄에 걸쳐서 평양으로 옮겨 북한문화예술의 기초를 닦기 시작했다. 이들 대부분은 일제강점기 시절 카프(KAPF)에서 활동했거나 동조했던 예술인들이었다. 그리하여 1946년 가을 극작가 박영호를 위원장으로 한 북조선연극동맹 조직이 북한 공연예술의 본격적 출발의 신호였고, 음악과 무용 등도 이들의 행로를 뒤따랐다. 따라서 북한정권은 경제가 어려운 가운데서도 수천 석의 대형극장을 여러 개 짓는 등 예술인들에 대한 우대정책을 씀으로써 단기간에 북한만의 개성 넘치는 예술을 정립해갈 수가 있었다. 이처럼 한반도는 국토만 양분된 것이 아니라 문화예술도 양분된 것이다.

그렇다면 남북한의 문화예술의 근본적인 차이는 무엇일까? 그 차이란 곧 순수예술과 목적예술이라고 말할 수가 있는데, 남한의 예술주체들이 자율적으로 창작활동을 하고 있다면 북한은 관주도로 이루어지고 있다는 점이다. 그러니까 궁극적으로 북한에서는 '예술을 위한 예술'에는 큰 의미를 두지 않았으며 오직 유물론에 입각한 마르크스 공산주의혁명의 사업에 이바지하는 예술만이 가치가 있는 것으로 보았다.

그 결과 남한에서는 모든 예술이 자유세계의 예술조류와 궤를 같이 해온 데 반하여 북한은 초기에는 구소련의 사회주의 리얼리즘 예술을 수용하다가 6·25전쟁 이후에는 주체사상에 입각한 독창적 예술을 구축해간 것이 특징이다. 가령 우리 선조들의 전통예술을 계승함에 있어서도 남한의 경우 '전통의 계승과 보편성에 맞는 현대적 재창조'를 기본 틀로 삼아온 데 반하여 북한은 김일성의 '고유문화 전승과 선진문화를 알맞게 수용하라'(1964.5)는 지시에 따라 '민족적 형식에 사회주의적 내용을 담는 것을 원칙으로 하는 혁명적 문학예술의 창작방법'을 기본 틀로 삼았던 것이다. 즉 북한은 전래되어온 가야금 등 각종 국악기의 개조라든가 민요 등의 개작 같은 것도 바로 그러한 주체적 창작방법에 입각한 것이었으며 개량된 국악기와 서양악기들을 결합시키는 방식을 선호하기도 했다. 이처럼 북한의 모든 예술은 이러한 원칙에 입각하여 창조되어 왔다고 말할 수가 있다.

따라서 극장예술의 왕이라 볼 수 있는 연극의 발전 과정을 짚어보면 북한의 공연예술의 대강이 그대로 드러난다. 북한 공연예술은 김일성정권의 정치노선과 내외정세에 따라 대체로 3단계로 나눌 수가 있는데, 모방수습기(1946~1959), 토착기(1960~1970), 공연미학혁명기(1971년 이후) 등이 바로 그것이다. 가령 모방수습기에는 일제강점기에 프로극이 추구했던 유물론에 입각한 마르크시즘의 세계관을 작품에 투영하다가 북한정권이 들어서면서부터는 1930년대 김일성의 항일무장투쟁과 노동자들의 노동의욕 고취, 토지개혁 등을 소련에서 수입한 사회주의적 리얼리즘 창작방법으로 형상화하는데 치중했었다.

그러나 1950년대 말부터는 소위 제2단계라 할 토착기가 시작되었는데, 이는 창조주체들의 세대교체와 함께 번역물은 제외되고 동시에 집체창작이라는 이름으로 작가의 개성을 원천적으로 없애면서 혁명적 대작이라는 것을 만들어낸 것이다. 이 혁명적 대작을 발전시킨 것이 소위 제3단계라 할 공연미학혁명기로 1970년대 이후의 혁명가극시대가 열리는 것이다. 이는 곧 우리에게도 잘 알려진 〈피바다〉라든가 〈꽃 파는 처녀〉, 〈당의 참된 딸〉 등에서 확인할 수 있듯이 연극과 음악 무용을 접목한 스펙터클한 음악무용극으로서 1930년대에 항일무장투쟁을 배경으로 한 김일성의 영웅화와 동시에 우상화를 형상화한 작품들을 말한다. 그러니까 주체사상에 입각하여 당성, 인민성, 그리고 계급성을 강조한 유일사상의 표출을 기본으로 삼고 있는 작품들을 일컫는다. 북한에서는 당의 이러한 문화정책에 반하는 어떤 예술가도 존재할 수가 없었다. 순수무용을 해보려던 당대의 대 무용가 최승희(崔承姬)가 비참하게 숙청당한 것이나 남한에서 20세기 서정시의 최고봉으로 받들어지고 있는 시인 백석(白石)도 만년에는 별 수 없이 김일성 수령과 당을 찬양하는 목적시를 여러 편 쓰지 않았던가.

이처럼 연극을 비롯한 예술 전체가 정치의 도구화와 선전물로서만 활용하고 발전시키다보니 지나치게 획일적이고 재미가 있을 리 만무했다. 그래서 창안해낸 것이 공연예술의 시청각화이다. 화려하고 장대한 무대와 세련되고 현란한 무대기술, 그리고 잘 훈련된 배우와 가수 및 무용수들의 빼어난 공연은 일단 볼거리로서는 충분한 것이다. 북한이 극장국가(劇場國家)답게 공연장들을 대부분 수천 석에 이를 정도로 장대하게 지은 것도 실은 그들을 선전장으로 인식하고 있어서다. 우리나라에서마저 세종문화회관이나 국립극장을 크게 지은 것도 실은 북한의 대극장들에 뒤지지 않으려는 데서 비롯된 것임을 알 만한 사람은 다 알고 있다.

물론 북한도 1980년대 이후에는 창작물만 공연하지 않고 글로벌 시대를 의식하여 음악의 경우에는 간간이 고전음악을 연주하는지도 모르겠다. 그리고 우리나라 가수들을 평양으로 초청하여 대중가요를 부르도록 한 것 등은 대단한 변화고 발전인 것만은 확실하다. 그렇다고 해서 그들이 평소 차이코프스키의 고전발레나 셰익스피어, 입센 등과 같은 모든 고전극을 공연하는 것은 아니다. 이번에 삼지연관현악단이 선보인 한국가요라든가 차이코프스키, 모차르트 교향곡 등은 세계인들에게 자신들도 순수예술을 하고 있다는 것을 과시하기 위한 대외용(對外

用)이고, 실제로 남한사람들에게 보여주고 싶었던 것은 우리 측의 강력한 저지로 공연하지 못한 백두혈통의 체제선전물인 〈모란봉〉과 가사만 바꾸어서 공연한 〈백두와 한라는 내 조국〉이었을 것이다. 이 작품은 통일조선의 수도는 평양이라는 내용으로 알려져 있다. 그들이 적화통일을 주창하는 것인데, 그런 주제의 음악을 남한사람들에게 들려주겠다는 이야기가 아닌가. 북한은 바로 그런 나라다. 따라서 솔직히 북한이 정상적인 국가가 되기를 원한다면 프란치스코 로마교황 초청 못지않게 목적예술 일변도에서 벗어나 글로벌 수준에 맞게 보편예술도 과감하게 포용하는 문화행태부터 혁신해야 할 것이다.

[•] 인아트, 2018.3~4

세계적 음악가 윤이상 고혼(孤魂)의 환향(還鄉)

• 역지사지와 화해를 위한 단상

　　2018년 문화계를 되돌아볼 때, 가장 국민적 관심을 끌었던 사건은 아무래도 연초, 작곡가 윤이상(尹伊桑) 고혼의 환향과 동계올림픽에 맞춘 북한 삼지연관현악단의 내한공연이 아니었을까 싶다. 이 중에서 북한예술단의 내한공연에 대하여는 이미 논급한 바 있어서 여기서는 윤이상 문제에 국한해서 이야기할 차례일 것 같다.

　　특히 윤이상 고혼의 환향은 단순히 한 비중 있는 예술가의 문제로서보다는 우리 사회의 이념갈등과 깊은 연관이 있고, 또 보수정권의 퇴락 직후에 벌어진 일이어서 통영이라는 지역사회를 넘어 국민적 관심을 불러일으키기에 충분한 사건이었다. 그런데 통영에는 수년 전에 이미 윤이상을 기리는 1천2백 석의 멋진 국제음악당도 지어져서 해마다 국내외의 저명한 음악인들을 초청하여 화려한 축제를 열고 있었던 만큼 독일에 있던 그의 유택(幽宅) 이장(移葬)은 순리라고 볼만한 문제가 아닐까도 생각해본다. 그럼에도 불구하고 고향으로의 이장에 대하여 한동안 찬반양론이 분분했던 것은 윤이상의 친북행적에 대한 감정의 매듭이 잠재되어있던 이념갈등으로 촉발된 것이 아니었던가 싶다.

그렇기 때문에 다 지나간 일이고 평온을 되찾았다고는 했지만 후사(後事)에 대하여 부분적으로 궁금증을 갖고 있는 사람들도 없지 않기 때문에 전말에 대하여 조금이라도 이야기하고 지나가야 할 것 같다. 솔직히 윤이상은 20세기의 세계 5대 작곡가의 한 사람이기에 지구촌의 음악애호가들의 사랑을 받는 탁월한 예술가로서 우리 민족의 긍지이고, 또 귀중한 자산인 동시에 자랑이기도 하다. 실제로 필자 역시 비엔나대학 유학시절인 1973년에 뮌헨 국제올림픽 전야제의 초청작으로서 화려하고 웅장한 신축 국립극장에서 초연되었던 오페라 〈심청〉(귄터 레너트 연출)을 관극하면서 서양에 와 처음으로 한국인으로서의 큰 자긍심을 느꼈던 추억을 갖고 있다. 이처럼 한국이 낳은 불세출의 인물의 이장이 잠시나마 논쟁거리가 된 것 같아 가슴이 쓰렸던 만큼 여기서 그의 삶과 행적을 간략하게 되짚어보는 것도 의미가 있다는 생각이다.

그는 1917년 통영에서 태어나 작곡가의 꿈을 안고 스무 살 때 일본으로 건너가 4년여를 공부하다가 대동아전쟁이 발발하자 곧바로 귀국했는데, 얼마 후 징용(1944년)으로 끌려가서 내밀하게 항일활동을 했다는 혐의를 받고 수개월 동안 옥고를 치를 정도로 그는 일찍부터 민족주의자적인 기질이 강했다. 다행히 곧 해방이 됨으로써 귀향하여 통영여고와 부산사범 등에서 음악교사를 하면서 가곡집〈달무리〉등을 낼 정도로 활발한 작곡 활동을 함으로써 유망한 음악가로 주목을 받기 시작했다.

그는 전쟁 중에도 열정적으로 작곡활동을 하고 있었는데, 고향 선배이며 한국 신극의 토대를 닦은 큰 연극인 동랑 유치진(柳致眞)이 극단 신협의 효과음악을 의뢰하면서 그의 가능성에 주목하고 촉망하는 후배로서 아끼고 있었다. 평소 윤이상은 막연하게나마 서양유학에의 꿈을 갖고 있었던바 인재양성에 남다른 열정을 갖고 있던 동랑이 그로 하여금 대성을 위하여 속히 출국토록 촉구했다.

그리하여 그는 수복직후인 1956년 6월, 프랑스 유학길에 올라 파리 국립고등음악원에서 1년간 음악을 공부하고 다음해 독일로 가서 서베를린 음대에서 2년여를 수학한 뒤〈일곱 악기를 위한 음악〉등을 발표하여 한국인으로서는 말할 것도 없고 동양작곡가로서도 최초로 유럽음악계에 혜성같이 등장한다. 그가 유럽 음악계에서 크게 주목받는다는 것은 곧 세계적인 작곡가의 반열에 올랐다는 의미이기도 하다. 따라서 그가 내놓는 작품들마다 유럽의 유명 교향악단들의 주요 레퍼토리로서 연주되었으며 각국 방송국 프로에 자연스럽게 오르곤 했다.

그의 작품들이 서양인들로부터 특별히 주목을 받은 이유는 〈무악〉 등에서 나타나듯이 심원한 동양사상을 바탕으로 하고 한국전통음악인 아악의 기교를 서양음악 기법과 교직(交織)하여 '화해와 세계는 하나'라는 강렬한 메시지가 담긴 빼어난 현대음악을 창조해냈기 때문이다. 철저한 민족주의자였던 그가 자유분방한 유럽에서 세계적인 작곡가의 반열에 올랐기 때문에 냉전의 경계선(境界線)은 별 문제가 되지 않으리라는 단순한 생각으로 동독음악가도 만나고, 1963년에 보고 싶었던 죽마고우로서 월북 음악가였던 최상한의 초청으로 낙랑고분(樂浪古墳)에서 자신의 음악적 소재도 찾을 겸 평양을 갔었다.(이형, 『제3공화국과 유신정치』, 삼일서적, 2018, p.277 참조) 솔직히 당시로서는 그것이 문제를 야기할 줄은 꿈에도 생각 못했을 것이다. 가령 현대 서사극의 창시자인 세계적 극작가 베르톨트 브레히트(B. Brecht, 1898~1956)만 하더라도 마르크시스트로서 동독에서 활동하다가 그곳에서 죽었음에도 불구하고 그의 희곡들이 서독은 물론이고 세계연극계의 주요 레퍼토리로 선호되고 있었지 않았던가.

그러나 분단된 한국의 정치현실은 자유분방한 서구와는 달랐다. 1967년 6월에 중앙정보부가 서독에서 공부하거나 활동하고 있던 윤이상 등 젊은 지식인들이 간첩행위를 했다는 명목으로 납치하여 재판에 회부된 것이다. 이른바 '동베를린 간첩단사건'으로서 윤이상도 예외 없이 중형을 선고받고 수감생활을 하다가 독일정부와 국제적인 명사들의 항의와 조력에 힘입어 1년 9개월 만에 석방되어 곧바로 서독으로 돌아갈 수가 있었다. 그는 수감생활을 하면서도 작곡활동을 게을리 하지 않았으며 서독귀환 후에는 더욱 성숙한 명작들을 쏟아내기 시작했다.

조국의 현실에 절망한 그는 음악활동으로 만족하지 못하고 1974년부터는 해외 민주화운동에 앞장서서 한민련(韓民聯) 유럽본부 의장을 맡게 되었다. 그러자 북한에서 그에 관심을 갖고 1982년부터 해마다 윤이상음악제를 열어주는가 하면, 1984년에는 평양에다가 윤이상음악연구소까지 만들어주기에 이른다. 이러한 일로 인하여 그는 점점 한국정부의 기피인물이 되어갔으나 세계적인 대음악가로서 '독일연방공화국 대공로훈장'을 비롯하여 괴테상 등 무게 있는 큰상을 받아 명성을 더해갔다.

그런 그였지만 조국, 특히 고향인 통영에 대한 사랑이 남달랐다. 어떻게든 남북의 평화공존을 꿈꾸었기 때문에 1987년에는 '38선상에서의 민족합동대축전'을 제의한바 있으며, 1990년에는 분단45주년에 맞춰서 '남북통일음악제'를 주관함으로써 서울전통음악연주단과 평양음악단이 상호교류하기까지 했다.

그렇게 남북화해를 갈망했음에도 그는 극진히 사랑하던 고향 방문을 할 수 없는 처지가 되어 일본 배를 타고 통영 근처를 먼 발치에서 둘러볼 수밖에 없었고, 그런 한을 안고 1995년 11월 타향 베를린에서 78세의 파란만장한 생을 마감했다. 그가 납치를 당했던 국정원으로부터 '동베를린 사건'의 억울한 누명을 벗은 것도 사후 11년만인 2006년이었다.

그런 그의 유택 이장이 23년 만인 금년 초에 이루어진 것인데, 찬반논란이 벌어진 것은 크게 두 가지 때문으로 요약될 수가 있다. 하나는 그가 김일성을 찬양했다는 것이고, 다른 하나는 모씨 가족의 월북 권유라 하겠다. 기록상으로 보아 그가 생전에 김일성을 찬양한 것만은 사실인 것 같다. 한국정부로부터 박해와 홀대만 받은 그가 음악연구소까지 세워주고 환대해준 북한에 호감을 표시한 것은 누구에게나 있을 수 있는 인지상정이 아닐까. 탈 이데올로기 시대를 맞은 요즘 남북교류를 하면서 지도층들이 다투어 김정은을 칭송하는 것에 비하면 그가 연장자였던 김일성에 대하여 립서비스로서 칭송 좀 한 것은 대단해 보이지도 않는다.

그런데 한 가지 간과해서는 안 될 것이 민족주의자였던 그가 김일성 추종자는 아니었던 증거가 여럿 있다. 가령 베토벤은 적장(敵將) 나폴레옹을 염두에 둔 교향곡 제3번 〈영웅〉을 작곡했지만 윤이상이 김일성을 찬양하는 음악을 작곡했다는 이야기는 들어본 적이 없다. 또한 그가 1990년 남북통일음악제 당시 평양의 2·8대극장에서 김일성어록을 낭송하는 동안 6천명이 모두 일어날 때도 윤이상만은 꼿꼿하게 앉아 있었다는 사실이 옆자리에 함께 있었던 국악계의 명인 황병기의 회고록(『오동천 년 탄금 60년』, 2009)에 적혀있다. 그리고 그가 북한 정부의 초청을 받아들이면서 내세운 세 가지 조건에도 주목할 필요가 있다. 그는 북한 측에 첫째, 자신은 노동당 가입 등 정치활동은 하지 않겠다는 것, 둘째, 평양학생들에게 사회주의 음악이 아닌 서구 현대음악만을 가르치겠다는 것, 셋째, 북한을 비밀리에 가지 않고 공개적으로 가겠다는 등 자신의 입장을 분명하게 밝혔다는 것이다. 이 시기에 그가 궁극적으로는 남북교류의 다리역할을 하겠다는 의지를 가졌던 듯싶다.

다음으로 모 씨 가족의 방북권유 문제에 대하여 유족 측에서는 강력하게 부인하면서 명예훼손으로 모 씨를 고소한바 있다. 유족 측에서는 그 문제를 법정에서 명명백백하게 밝히자는 것이었다. 그런데 모 씨의 비협조로 인하여 검찰에서 2013년 8월 23일자로 '혐의 없음' 처분을 내린바 있다. 큰 눈으로 보면 윤이상 문제는 이념갈등으로 얼룩진 우리 현대사의 부끄러운 한 측면 같기도 하다. 이 땅이 낳은 불세출의 세계적인 예술가에 대해 개명된 이 세상에서 이러쿵저러쿵 하는 것은 문명국가와 국민 답지 않다. 그는 한국음악계뿐만 아니라 세계음악사에 거대한 족적을 남긴 작곡가로서 국민적 사랑을 받아야 할 충분한 자격이 있다고 생각한다.

그러려면 양측에 남아있는 조그만 응어리라도 풀어내는 화해를 해야 할 것 같다. 20세기의 위대한 인물로 존경받는 남아공의 넬슨 만델라는 27년 동안의 옥살이에도 불구하고 먼저 용서하고 화해의 손길을 내밂으로써 나라의 오랜 흑백갈등에 종지부를 찍은 일도 있다. 따라서 이번에 고인(故人)의 영원한 안식을 위해서라도 억울하지만 유족 측에서 어떤 형태로든 화해의 손길을 내미는 것이 어떨까. 지난 시절 김수환 추기경의 고백기도문에 나와 있는 "제 탓이요, 제 탓이요, 저의 큰 탓이옵니다"에서 따온 '내 탓이오 운동'을 벌여 큰 호응을 얻은 적도 있지 않은가.

한국의 나폴리, 성숙된 통영시민의 위대한 승리를 위하여….

• 자료를 제공해준 통영국제음악당 이용민 씨에 감사

우리연극의 전통과 블랙리스트 문제

• 한국연극의 미래를 위하여

　　세계의 모든 연극은 그 성향에 따라 크게 비극과 희극 두 가지로 나뉜다. 즉 주인공이 죽음으로 끝나는 것이 비극이고 반대로 행복 혹은 희망으로 끝나면 희극이다. 그런데 흥미로운 사실은 우리의 상식과 달리 유복한 사회에서 비극이 성하고, 그 반대로 척박한 사회에서 희극이 번창한다는 점이다. 바로 여기서 사회개선이 궁극적 목표인 희극의 기능이 드러난다. 따라서 세계적인 학자 중에는 '비극이 지상의 것이라고 한다면 희극은 천상의 극'이라고 높게 평가하는 이도 있는 것이다. 가령 우리의 고전(전통)극, 이를테면 가면극을 비롯하여 꼭두각시극, 판소리, 광대소학지희 등 모두가 희극적 비전을 지니고 있다는 것은 그만큼 전통사회가 대단히 척박했음을 명료하게 보여주는 것이라고 해도 과언이 아니다.

　주지하다시피 조선시대까지만 하더라도 절대군주제 하에서 놀이문화 담당층인 광대는 천민으로서 박대와 빈곤을 벗어나지 못했었다. 그렇기 때문에 광대들은 권력을 가진 양반층이나 권위주의적인 종교인들을 풍자하고 비판하는 수단으로서 연극행위를 해왔다. 여기서 큰 의문이 발생하는데, 절대군주제 하에서 어떻게 비천한 광대들이 권력층을 풍자고발하면서 생존할 수 있었을까 하는 것이다. 이는 그들이 정공법이 아닌 우회방법을 교묘히 활용했기 때문이다. 즉 광대들은 가면과 인형 같은 표현수단과 상징, 은유, 해학 등의 문학방법, 그리고 춤과 노래(唱), 마임 등의 세련된 예술기법을 활용하여 경쾌한 희극으로 승화시켰기 때문에 탄압을 피할 수가 있었다. 그렇다면 개화기 이후 신극은 그런 전통을 계승했는가? 그렇지가 못했는데, 그 이유는 우리 신극이 일본의 최루성(催淚性) 신파극부터 배우고, 이어서 서구근대극을 수용하다보니 피압박 치하에서 비극적 성향으로 흐르게 된 것이다. 따라서 우리 신극사에서 희극적 전통은 사라지고 비극이나 그 아류인 멜로드라마가 주류를 이루는 형세가 되었다.

　그런데 그보다도 더욱 주목할 만한 점은 그러한 신극흐름이 낙천적이고 긍정적이었던 우리의 대중정서마저 비관적 성향으로 바꾸어놓았다는 사실이다. 그만큼 문화예술이 민족정서도 좌우한다고 말할 수가 있는 것이다. 그런 가운데서도 우리 신극 운동가들은 연극을 항일 민족운동의 수단으로 활용하려 했다. 이의 반작용으로 일제의 악랄한 예술탄압이 상례화된 것이다.

일제는 일찍부터 공연법을 만들어 우리의 문화를 집요하리 만치 억압했다. 다 알다시피 저들은 검열제도를 통하여 민족적 정체성과 저항의 싹부터 제거했다. 그것가지고도 부족했든 지 저들은 공연장에 임석경관을 상주시켜 대사와 몸짓 하나까지도 감시하고 탄압을 했다. 그처럼 엄혹한 상황에서도 우리 연극인들이 시대와 버거운 싸움을 벌였지만 저들의 총칼에는 버텨낼 수가 없었다. 그럼에도 불구하고 연극인들은 갖가지 우회적 기법을 동원하여 민족운동을 벌였었고, 그것이 은연중에 우리 신극의 체질이 되었지 않나 싶다. 그 결과 우리의 작가들은 극예술이 궁극적으로 추구해야 되는 인간탐구, 즉 삶과 죽음, 인생의 슬픔과 기쁨, 아름다움과 추함 등 보다 보편적인 문제를 천착하고 형상화해내는데 소홀했기 때문에 걸작이 탄생하기 힘들었던 것이다. 우리 희곡사에 명작이 드믄 이유도 바로 여기에 있다고 본다. 일찍이 에머슨은 "좋은 예술은 인간을 노예상태로부터 자유에로 해방한다."고 했는데, 이 말속에는 예술의 인문학적 기능과 고답적인 표현의 필요성이 내포된 것이다.

물론 전술한바 대로 연극의 주요기능 중에 사회변화에 일조해야 하는 책무도 없지 않기 때문에 모든 자유주의 사회에서는 연극인들이 나쁜 권력에는 도전하면서 힘겨운 싸움도 피하지 않는 것은 지금도 마찬가지다. 그 점에서 우리의 경우 해방과 함께 권력의 극예술 탄압이라든가 작가들의 그에 대한 도전일 변도라는 일제의 나쁜 유산을 청산했어야 하는데, 그렇지 못하고 어물쩍거리다가 독재정권이 수십 년간 지속됨으로써 정치권력과 연극의 충돌은 공연법이 완전히 개정되고 표현의 자유가 헌법에 명시된 뒤에도 좀처럼 사라지지 않았던 것이다.

가령 최근 수년간 문화예술계를 시끄럽게 하고 있는 연극계의 블랙리스트 사건만 해도 정치권력과 연극의 갈등에서 억압과 탄압의 일제잔재를 청산하지 못한 데서 비롯한 것으로 볼 수가 있다. 왜냐하면 그 블랙리스트 사건이 대수롭지 않게 지나칠 수도 있는 한 소극장 공연이 발단이 되었기 때문이다. 물론 연극 공연이 발단이 되긴 했어도 그 무렵 미술계와 영화계에서도 정치권력의 비위(?)를 건드리는 일들이 있었던 만큼 종합적인 분위기가 사건을 키웠다고도 볼 수는 있다. 그러나 분명한 것은 그 연극공연이 촉발시킨 것만은 분명하다.

그런데 무슨 연극이 그런 엄청난 사건의 싹이 되었는가? 그 공연은 2013년 9월에 서울역 뒤편 서계동에 자리 잡은 빨간색의 국립극장 별관(?)에서 이루어진 이름도 우스운 〈개구리〉라는 번안극이었다. 당초 국립극단은 희랍고전극 시리즈를 시도해보려고 세계연극사에서 소위 패러디와 희극의 원조라 할 아리스토파네스의 정치풍자극 〈개구리〉를 번안하여 첫 작품으로 무대에 올린 것이었다. 다 알다시피 소포클레스와 아이스킬로스, 그리고 에우리피데스 등의 비현실적인 희랍비극에 대항하여 희극세계를 펼쳤던 아리스토파네스는 세 비극시인을 존중하면서도 그들 작품을 못마땅하게 생각하고 비꼬는 작품을 쓴 작가다.

가령 문제가 된 〈개구리〉의 경우는 도덕적 부패, 궤변, 그리고 전쟁까지를 선동하여 아테네를 나락으로 떨어뜨릴 수도 있는 무능정치인들의 실정을 비판하여 나라를 구해내려는 우국충정의 내용이다. 그 시절 모든 희극의 특징은 현실정치에 대한 풍자에 주안점이 두어졌고, 그 정점에 아리스토파네스가 자리잡고 있었다. 전술한대로 이 작품은 신랄한 정치풍자극인데, 기원전 405년에 씌어졌으니 지금으로부터 무려 2423년 전이므로 삼국이 탄생하기 이전 농경사회였던 고조선 시대였다.

그 까마득한 옛날에 그리스에서 벌써 이런 희극이 나왔다는 것에 우선 놀라지 않을 수가 없다. 그런데 국립극단이 〈개구리〉를 번안하면서 아테네 정치인들 대신 박정희, 노무현 등 여러 명의 전·현직 대통령을 불러내어 그들의 행태를 풍자한 것이다. 그 중에서도 문제가 된 것은 현직 대통령의 부녀를 증오에 가깝게 풍자한 부분이었다. 즉 대사 중 박정희에 대하여는 친일문제로 비판했고, 박근혜에 대해서는 부정선거로 당선된 것처럼 암시했다. 박정희는 식민지의 엄혹했던 시절 일본 육사를 졸업하고 장교생활도 했던 만큼 친일파라는 비판을 받을 수도 있겠지만 박근혜를 부정선거로 당선된 것처럼 비하한 것은 누가 보아도 납득하기 어려웠을 것 같다. 왜냐하면 선진화되었다는 우리의 선거제도 하에서 부정선거는 꿈도 꿀 수 없는데도 그런 식으로 의심하고 부정한다면 어느 선출직인들 자유로울 수 있겠는가.

그렇다 하더라도 정치권력은 분노를 억제하고 비평이라는 여과장치와 수준 높은 관중이 걸러줄 것이라 믿고 못 본 척하고 지나쳤어야 했다. 왜냐하면 우리 헌법에 표현의 자유가 보장되어 있기도 하지만 1백20여 석의 소극장에서 2주 정도 공연했으므로 기껏 2천명 정도의 극소수만이 그 작품을 접했기 때문이다. 가령 1960년대 미국에서도 케네디 대통령이 암살당했을 때, 그 뒤를 이은 존슨 대통령이 주범인 것처럼 묘사한 연극이 있었지만 그 작가가 어떤 유형의 조처를 받았다는 이야기는 듣지 못했다.

그렇기 때문에 민주주의 국가지도자는 웬만한 비판도 감내하고 포용해야 하는 도량이 필요하며 선정(善政)을 해야 하는 어려움을 어깨에 지고 있는 것이다. 그런데 박정희 정권은 몇 사람의 과잉충성으로 국가권력을 동원하여 정부에 비판적인 예술가들을 모두 조사하고 분류하여 관(官)으로부터의 일체의 지원을 못 받게 하는 등의 불이익을 주는가 하면 간접적인 검

34

열(?)까지 함으로써 마치 일제(日帝)의 망령이 되살아난 것처럼 법석을 떤 것이 문제를 키운 것이다.

실제로 블랙리스트의 발단이 되었다는 그 작품도 미학적 차원에서는 전혀 언급할만한 수준이 아니었다. 사실 정치풍자의 핵심은 권력의 본질적인 것, 이를테면 권력남용이라든가 그릇된 정책의 폐해, 위선, 그리고 권력의 도덕적 해이 등에 맞춰져야지 인신공격적인 것은 정치풍자라고 칭하기 어렵다. 그보다 더욱 중요한 문제는 표현에 있어서 거칠고 저급한 품격이었다. 작품의 내용이나 대사가 예술과는 거리가 먼 길거리의 반정부 시위 구호 같은 수준이라면 무엇 하러 관객이 돈 내고 극장을 찾겠는가.

그 점에서 조선일보에 간간이 미국문화계 소식을 전해오는 재미음악가 한대수는 지난해(2017.10.28) 중국출신의 세계적 설치미술가의 뉴욕전시 얘기는 시사하는 바가 컸다. 즉 반체제 예술가인 아이웨이웨이는 중국정부를 공격했다가 4년 동안 모진 고초를 겪고 간신히 미국으로 돌아와 뉴욕 시에서 대대적인 설치미술 전시회를 개최하면서 큰제목으로 트럼프의 미국 제일주의와 고립주의를 비판하는 의미로서 "예쁘게 담을 쌓으면 이웃과 잘 지낸다."(Good Fences Make Good Neighbors)라는 유명한 로버트 프로스트의 시 〈Mending Wall〉의 한 구절을 내걸었다. 바로 이런 것이 품격 있는 예술행위가 아니겠는가.

우리에게 조국(祖國)은 무엇이란 말인가

• 포은아트홀에서 〈영웅〉을 보며 떠오른 착잡한 상념

유년 시절 고향 용인에서 누나의 손을 잡고 유랑서커스단의 애연한 공연을 어쩌다 구경했던 필자가 최신시설의 거대한 포은아트홀에서 당대 최고로 손꼽히는 뮤지컬 〈영웅〉을 관극할 줄은 꿈에도 생각 못했었다. 궁핍했던 한촌 용인이 70여 년만에 이처럼 아름다운 대도시가 된 것은 문자 그대로 상전벽해(桑田碧海) 그 자체였다. 솔직히 공연을 보면서 필자는 서울 예술의전당 오페라극장에 앉아있는 것으로 착각할 정도였다. 알다시피 〈영웅〉은 극단 에이콤이 〈명성황후〉에 이은 야심작으로 창작 뮤지컬의 새 장을 연 수작으로 정평이 나 있다.

그러니까 〈명성황후〉는 한국근대사에 있어서 좌절의 역사를 극화한 것과는 달리 〈영웅〉은 도전과 승리의 과거사를 형상화한 것이라고 말할 수가 있다. 왜냐하면 명성황후의 죽음이 외세(日帝)에 의한 패배를 묘사한 것이라면, 〈영웅〉은 실제로 그에 도전하여 통쾌한 복수와 승리를 쟁취한 서사였기 때문이다. 좀 더 구체적으로 말하면 〈영웅〉은 일본 근대화의 대부로서 조선 침략의 노회한 원흉 이토(伊藤博文)와 한국 자주 독립운동의 젊은 상징인 안중근(安重根)의 대결에 있어 명분과 인품 양면에서 안중근이 완승하는 드라마다.

그런데 이 작품이 2009년에 LG아트센터에서 초연된 이후 7년 동안 잠잠하다가 금년 들어서 갑자기 전국적으로 선풍을 일으키고 있는 사실에 주목할 필요가 있다. 여기에는 두 가지 요인이 내재되어 있다는 생각이다. 그 하나가 오늘의 시국상황과 직결된 것이라고 한다면 다른 하나는 예술작품의 완성도와 사회적 기능에 관한 것이다.

요즘 우리 국민 대다수는 매우 불안해하고 있는 것이 사실이다. 이는 두 말할 나위 없이 북한의 핵개발과 ICBM 도발로 한반도를 둘러싸고 전쟁위기설이 팽배해 있어서다. 그런 상황에서도 정파(政派)는 여전히 여야로 갈려서 대립하고, 그에 따라 국민 개개인들도 갈려서 비슷한 행태로서 상호불신과 증오가 도를 넘고 있는 상태가 아닌가. 그래서 어떤 이는 오늘의 상황이 마치 70년 전 해방직후처럼 이념대결 양상을 보이는 듯하다고 걱정까지 한다. 필자는 그렇게까지 비약하고 싶지는 않지만 어떻든 그동안 정치인들이 나라보다는 자기이념에 몰두한 권력싸움으로 국민을 단결시키기는커녕 오히려 이용하는 듯해서 개개인들도 나라보다는 자기 먼저 챙기는 보신주의가 습성화되고 마음도 갈갈이 찢겨가는 느낌마저 드는 것을 부인할 수 없을 것이다.

바로 이러한 상황에서 관중은 일찍이 조국을 위하여 목숨을 초개같이 던진 안중근 의사의 삶을 리얼하게 묘사한 뮤지컬 〈영웅〉에 열광하는 것이다. 바꾸어 말하면 역사 속의 안중근이 애국심에 불타고 있는 오늘의 국민들의 잠재의식에 불을 지른 것이라는 이야기다. 그러니까 작품에 대한 이러한 관중의 열광은 제구실을 못하고 있는 정치인들에 부화뇌동하는 일부 꾼들을 제외하고 국민 대다수가 한결같이 나라에 대한 걱정을 하고 있음을 단적으로 나타내주는 것이기도 하다. 그런데 우리가 주목해야 할 부분은 관중이 애국심에 불타는 이상으로 이또 히로부미에 대한 분노와 증오심도 폭발시키고 있다는 사실이다. 왜냐하면 오늘의 혼란 상황이 궁극적으로는 일제의 한국 통치에 그 뿌리를 두고 있음을 유추하고 있기 때문이다. 그러니까 관중은 우리나라가 왜 분단이 되고 동족상잔을 겪어야 했으며 그 후유증을 지금 앓고 있는가를 이 작품을 통해서 다시 확인하고 있다는 이야기다.

특히 관중이 작품 진행과정에서 숙연해지곤 했던 대목은 안중근이 거사(巨事)를 앞두고 국가와 가족 등 여러 가지의 복잡한 처지에 임하여 번민하면서 간간이 읊조리는 대사, "도대체 나에게 있어 조국은 무엇이란 말인가"라는 독백조였다는 생각이다. 그래서 필자는 공연을 보면서 70여 년 전 해방공간의 혼란기에 극협(劇協)이 공연하여 선풍을 일으켰던 시드니 킹슬리의 출세작 〈애국자〉를 연상했었다.

바로 이 지점에서 이 작품의 우수성 및 연극예술의 사회적 기능과 더 나아가 존재이유에 대하여 깊이 생각하게 된다. 보았다시피 〈영웅〉은 역사적인 실화를 바탕으로 한 대중적인 뮤지컬이다. 주제를 보면 다분히 목적극적인 작품이다. 그러나 이 작품이 목적극이 아닌 것은 창조자가 객관적으로 역사를 해석하고 또 순도 높은 예술성으로 과거사를 승화시켰기 때문이다. 역사를 그대로 재현하고 목적극의 의도로 작품을 만들면 진부하다. 그런데 이 작품에서는 '설희'라는 그럴듯한 허구적 인물을 설정하여 〈명성황후〉와 연작(連作)처럼 꾸민 것이라든가 간간이 해학성(諧謔性)을 가미함으로써 극적 흥미를 배가시키기도 했다.

솔직히 그처럼 무거운 역사적 주제를 간결한 대사 속에 농축시키고 경쾌한 리듬으로 형성화하기란 쉽지가 않다. 그렇지만 극단 에이콤은 잘생긴 배우들의 멋진 대사와 아름다운 노래, 그리고 신나는 춤 속에 역사를 녹여 혼란스럽고 불안해하는 대중

을 즐거움으로 위안하면서도 불타는 애국심을 끌어냈던 바, 그
것이 바로 예술의 사회적 기능이며 존재이유인 것이다.

　이처럼 에이콤은 중진 연출가 윤호진(尹浩鎭)의 노련함으로
안중근의 삶과 죽음을 빼어난 예술작품으로 성취해냈다. 물론
거기에는 연출의 의도를 충실히 뒷받침해준 잘 훈련된 배우들,
작가, 작곡가, 무대미술가, 영상전문가, 음향전문가, 의상 분장
전문가 등 스탭진의 열정이 보태진 것이다. 그중에서도 무대미
술은 세계적인 수준이었다. 다만 전체 작품을 관통하는 격조 높
은 음악만은 여전히 뒤졌고, 따라서 아름다운 멜로디가 가슴에
와 닿지 않았다. 그러나 한 가지 분명한 것은 우리가 서양의 백
년 뮤지컬 역사를 30여 년(처음 시작은 1962년이었다)의 짧은 기간
에 바짝 따라붙고 있음을 〈영웅〉을 통해 확인할 수 있었다는 사
실이다.

• 인아트, 2017.9~10

40

연극인은 영원한 비정규직인가

• 새 정부의 노동자 우대정책과 관련하여

　새 정부가 들어서면서 정치·경제·사회·문화 등 전반에 걸쳐서 구각(舊殻)을 깨는 여러 가지 정책으로 놀랄만한 변화가 일어나고 있다. 새 정부는 각종 적폐를 청산해 나가면서 특별히 우리 사회가 안고 있는 소외된 저소득층의 배려와 청년실업문제 해결을 위하여 소득주도 경제정책을 내세워 우선적으로 비정규직 해소와 최저임금 인상 등에 전력을 기울이는 모습을 보여주고 있다. 어렵기는 하지만 만약에 이러한 정책이 성공만 거둔다면 우리 사회도 한 단계 성장할 수 있는 기회가 될 수도 있을 것도 같다.

　그런데 이러한 청년층의 일자리 창출 모색과 소득주도 경제정책이 예술인들, 특히 연극인들에게는 별다른 혜택이 돌아가지 않는 것 같아서 안타깝다는 생각이 든다. 왜냐하면 최저임금 인상이라든가, 주 52시간 노동, 공공일자리 창출이 연극인들에게는 '그림의 떡'처럼 보이기 때문이다. 솔직히 대학이나 관립예술단 등에 적을 두고 있는 극소수를 제외하고 대부분의 연극인들은 비정규직조차 갖고 있지 못한 처지임은 익히 알려져 있지 않은가. 좀 더 구체적으로 말하면 대다수의 연극인들은 '허울 좋은 창조자들'이랍시고 어디에도 소속되어 있지 않은 자유인들이라는 이야기다. 따라서 이들의 생활은 언제나 궁핍할 수밖에 없다. 과거도 그랬고 지금도 그러하며 특별한 조치가 없으면 앞으로도 그럴 것이다.

근자에 어떤 기관에서 한국연극의 메카라 할 대학로의 연극인들의 생활행태를 조사한 결과 월평균 급여가 50만원도 되지 않는다고 하여 많은 사람을 놀라게 했었다. 이렇게 기본생활이 불안정한 연극인들이 훌륭한 예술작품을 창조해낼 수 있을까? 결론부터 말하면 어불성설이다.

가령 우리의 근대연극사를 되돌아볼 때, 역시 정부가 연극육성을 위하여 배우들을 예우한 경우에는 무대예술이 활기를 띠었다. 예를 들어 개화기의 소용돌이 속에서도 고종황제의 뜻에 따라 관립극장 협률사(協律社)를 개설하고 1백 수십 명의 전속단원들을 두고 일정 급여를 주었을 때 전통예술이 번창했었으며 1950년 국민소득 70불 안팎의 가난한 시절에도 국립극장을 개관하고 신협(新協)이라는 월급제 전속극단을 두었을 때 민족연극이 제자리를 잡았었다.

이러한 예는 연극인들을 제대로 생활보장만 해준다면 공연예술이 얼마든지 성장할 수 있다는 하나의 본보기가 되는 것이다. 우리나라는 오늘날 과거와는 비교도 안 될 만큼 제반여건이 갖추어져 있으며 또 지원도 많이 하고 있다. 전국 곳곳에 과잉이다 싶을 정도로 호화로운 극장들이 수백 개가 용립되어 있으며 경제적으로도 선진국에는 못 미치지만 부국에 속한다고 말할 수가 있는 수준이다. 가령 정부 1년의 문화예산이 5조 원을 넘을 만큼 대단하다. 그런데 왜 예나 지금이나 연극인들은 배고픈가? 여기에는 공연예술의 왕이라 할 연극에 대한 정부의 홀대와 지원방식에 문제가 있다는 생각이다.

사실 연극은 배우, 작가, 연출가, 무대미술가, 의상, 조명가 등의 공연예술 창조자들뿐만 아니라 기술자들도 만들어내는 무대예술의 원천적 예술양식이다. 그렇기 때문에 어느 나라나 국립극장은 연극을 기본으로 하고 있는 것이다. 그만큼 연극이 발전하지 못하면 다른 공연예술의 발전에도 한계가 따르게 마련이다. 그럼에도 불구하고 우리는 이상스럽게도 연극을 가볍게 보는 경향이 없지 않다. 가령 한 단체에 수십 명으로 구성되는 교향악단의 경우 전국에 45개나 있고, 합창단 역시 백여 개가깝게 존재하지만 관립 연극단체는 전속단원을 없앤 국립극단을 포함해서 고작 15개 밖에 안 된다.

관립극단은 국립극단을 비롯하여 강원도립극단, 경기도립극단, 대구시립극단, 경산시립극단, 부산시립극단, 서울시극단, 인천시립극단, 전주시립극단, 포항시립극단, 경주시립극단, 수원시립공연단, 목포시립극단, 순천시립극단, 그리고 광주시립극단 등이 전부이다. 대체로 전국에 분포되어 있지만 유독 충청권에는 광역시 대전에 훌륭한 대형극장이 있음에도 불구하고 시립극단이 부재상태이고, 한국연극의 아버지로 칭해지는 동랑 유치진(통영 출생)과 지난 시절의 큰 극작가 이광래(마산 출생)를 배출한 경남에도 관립극단은 없다.

그런데 더욱 한심한 것은 인색한 예산배정에 따른 관립극단들의 조직과 운영 실태라 하겠다. 주지하다시피 해방 이후 한국연극의 중심을 잡아온 유일한 국립극단이 60년 전통의 전속배우를 아예 없앴으며 여러 면에서 세계적인 대도시라는 서울의 시립극단에 전속배우가 7명밖에 되지 않는다. 정부와 서울시가 배우 몇 십 명의 배우를 먹여 살리지 못할 만큼 재정이 어렵단 말인가. 이런 경우가 또 세계 어느 나라에 있는지 알려주었으면 좋겠다. 외형만 거대한 국립극장과 세종문화회관은 전국 공연장의 조직과 운영 등이 모범이 되어야 하는데 그 반대라고 말할 수밖에 없게 되었다. 왜냐하면 이들의 운영 형태는 차라리 앞선 지방(경기도립, 대구시립, 인천시립, 전주시립 등)만도 못하기 때문이다.

솔직히 우리 정부나 지자체의 리더들이 너무 문화예술에 무지하거나 무관심한 것이 아닌가 싶다. 사실 선진국이란 곧 문화국가를 일컫는 말이라고도 볼 수가 있다. 경제발전의 기반이 되는 것이 품격 있는 문화라는 것은 경제학자들이 주장하고 있는 바다. 후진국들 중에 문화가 찬란하게 꽃핀 나라가 있는가. 부존자원이 없는 우리가 경제대국이 된 것은 대체로 선진 산업과 교역이 뒷받침 되어서가 아닌가. 거기에 한몫하는 것이 바로 한류(韓流)임을 아무도 부인 못할 것이다. 한류가 무언가. 뛰어난 젊은이들의 가무(歌舞)와 드라마, 영화, 그리고 고아하고 역동적인 전통예술이다. 이들의 바탕을 이루는 것은 연기, 곧 배우예술인 것이다. 바로 여기서 탁월한 배우를 키워내야 하는 당위가 있는 것이다. 배우는 학교에서 양성되는 것이 아니고 끊임없이 예술품을 창조해내는 극장무대에서 자연스럽게 키워지는 것이다.

그래서 생활걱정 않고 예술창조에 전념하는 배우들이 존재해야 하는 이유다. 그러려면 정부가 앞장서서 국립극단과 시 도립극단을 제대로 가꿀 때만이 가능하다. 다 알다시피 전국에 50개가 넘는 대학의 연극학과에서 해마다 천여 명 가까운 배우지망생들을 배출하지만 이들에게는 탤런트가 되는 것 외에 별다른 꿈이 없다. 왜냐하면 꼭 가고 싶은 관립극단도 별로인데다가 들어가 보아도 대우가 시원찮기 때문이다. 배우가 대우 받지 못

하고 사랑받지 못하는 나라에서는 문화예술이 꽃필 수 없다는
것이 천고의 진리다.

　청년일자리 창출에 전념하고 있는 새 정부가 새롭게 관심 가
져야 할 분야가 바로 예술이고 공연예술의 왕이라 할 연극, 그
연극의 창조자 배우들을 우대하는 길을 모색할 필요가 있다.
그 하나의 방편으로서 전속단원을 제대로 갖춘 관립극단을 더
확대하고 창작활동에 필요한 예산을 대폭 늘려야 한다. 그러면
덩달아서 겨우 대관극장으로 머물고 있는 전국의 대형 문예회
관들도 자연스럽게 살아나게 될 것이다. 그 예산은 극장건립의
10분지 1만 써도 충분하다.

국립극장은 리모델링보다 새로 짓는 게 합리적이다

• 새 정부와 서울시에 대한 긴급제안

47

    해마다 미국 컨설팅그룹 머시가 수도를 중심으로 하여 세계에서 가장 살기 좋은 도시를 발표하고 있는데, 올해는 역시 오스트리아 빈(Wien)이 8년 연속 1위였고 서울은 76위라고 했다. 빈은 필자가 잠시 공부를 하느라고 살아보아 알지만 도시 전체가 하나의 거대한 예술품처럼 아름답고 조용하다. 그래서 아이러니하게도 힘에 넘치는 그 나라 젊은이들에게는 견디기 어려울 만큼 너무 아름답고 적요(寂寥)해서인지 역동적인 외국도시로 떠나는 경우도 적잖고 노인들의 자살 소식도 심심찮게 들었었다. 살기 좋은 도시의 기준은 아무래도 자연환경, 교통, 치안, 그리고 문화예술 시설과 활동일 것이다.

    이러한 기준으로 오스트리아 빈과 서울을 비교할 때 가장 뒤지는 것이 문화예술일 것 같다. 왜냐하면 빈의 현재 인구가 1백 80만 명에 불과함에도 불구하고 문화시설과 예술 활동은 1천만 서울의 추종을 불허할 만큼 질과 양에 있어서 너무 대단하기 때문이다. 유럽의 여러 나라들처럼 빈을 대변하는 공연예술의 얼굴은 단연 국립극장인 스타츠오퍼일 것이다. 그 국립극장은 수도 한 가운데 유명한 슈테판스 대성당과 나란히 자리 잡고 있음으로써 자연스럽게 오스트리아인들의 꿈과 구원(救援)의 상징이 되고 있다. 거기에서는 여름 한 철 두 달 만 제외하고는 1년 내내 세계 5대 교향악단의 하나인 빈 필의 은은한 반주에 맞춰서 오페라와 발레가 공연되기 때문에 매일 밤 시민들을 황홀경에 빠트림은 물론이고 5대양 사람들의 필수 관광코스로도 유명하다. 그런데 그 국립극장이 오스트리아인들의 자랑이며 자부심인 것은 품격 높은 예술성에 내포되어 있는 그네들의 영광과 굴곡의 역사와 미학적 정체성을 담고 있어서라고 말할 수가 있다.

이는 사실 빈의 스타츠오퍼뿐만 아니라 프랑스 파리의 코메디 프랑세스라든가 런던의 바비칸센터, 모스크바의 네미로비치단첸코극장과 볼쇼이극장 등도 마찬가지이다. 이들은 공통적으로 전철역에서 나오면 바로 극장 정문이어서 시민들은 마치 이웃집 사랑채로 마실 가듯 가깝고 친근하게 다가갈 수 있어 편하다. 그렇다면 우리나라의 국립극장은 어디에 있는가? 중앙국립극장은 시민들이 감히 범접(?)하기 어려울 정도로 높은 차단벽 위 남산 중턱에 사원(寺院)처럼 웅장하게 버티고 서 있다.

전철역에서 15분쯤 걸어올라 가면 콘크리트 넓은 광장을 지나 다시 높은 계단을 올라가야 비로소 극장 정문이고 안으로 들어가면 높은 천장과 까마득히 무대가 보인다. 그래서 당대의 명배우였던 장민호와 백성희도 작은 마이크를 볼에 붙여야 연극을 할 수가 있었다. 그나마 당초 연극을 위해 세운 국립극장에 현재 명배우는 없고 명창과 무용수, 그리고 국악사들만 수십 명 있을 뿐이다. 이런 국립극장이 올 연말부터 2년여 간 리모델링에 들어간다는 것이다. 그것도 예상액 6백여억 원을 들여서…. 3개의 전속단체만은 쉴 수가 없어서 예술의전당, LG아트센터, 그리고 롯데아트홀 등을 대관하여 정기공연을 한다지만 좋은 볼거리가 수두룩한데 관객이 굳이 그 공연들을 놓칠세라 열심히 찾을 것 같지도 않다. 따라서 국립극장은 실질적으로 2년여의 기나긴 휴면(休眠)상태에 들어간다는 이야기가 된다. 이는 묘하게도 1950년 봄 국립극장이 문을 열자마자 6·25전쟁이 발발하여 대구로 피난 가서 2년 뒤인 1952년에 다시 문을 열었던 것과 똑같이 휴면상태를 두 번째로 맞는 것이다. 차이라고 한다면 첫 번째 휴면 때는 전속단체가 자동적으로 해체된 것이고, 두 번째는 전속단체 유지일 뿐이다.

바로 여기서 우리나라 문화의 얼굴이라 할 국립극장에 대하

49

여 다시 한 번 깊은 생각을 해보아야 할 당위성이 있다고 본다. 다 알다시피 국립극장이 아시아에서는 최초로 개설된 것이지만 67년의 기구한 역사를 가지고 있다. 국민소득 70불의 가난했던 시절인 1950년 봄에 식민통치의 수치스런 과거를 말끔히 털고 새로운 민족예술의 정립을 위해 문을 열었지만 건물은 총독부가 만든 부민관(현재의 서울시의회 별관)과 일본인이 영화관으로 지은 대구키네마(피난 시절), 그리고 명치좌(현재의 명동예술극장) 등에서 20년을 보내고 1974년에 비로소 우리 손으로 지은 것이 오늘의 장충동 국립극장이다. 이런 역사의 국립극장에서 연극, 무용, 발레, 국악(창극, 국악관현악), 양악(교향악, 오페라, 합창) 등 정통 공연예술이 기초를 다지고 꽃을 피워왔다.

그런데 그동안 전속단체들 중 핵심이랄 국립극단을 비롯하여 교향악단, 오페라단, 합창단, 발레단들 중 교향악단(오늘의 KBS교향악단)만 제외하고 모두 뿔뿔이 흩어져 자리를 못 잡고 현재는 창극단과 국악관현악단 그리고 무용단만이 전속으로 남아있는 실정이다. 국립극장을 처음 개설할 때와는 천지개벽이 일어난 것처럼 국력이 수백 배 강해졌고 수도인구도 1천만 명이며 1백50만의 지방도시에 7천억 원을 들여서 세계에 자랑할 만한 거대한 아시아문화전당을 만든 우리인데, 민족예술의 간판격이며 자존심이기도 한 번듯한 국립극장 하나 제대로 못 갖고 심심하면 리모델링한다고 야단법석인 것은 이상하지 않은가.

설사 그렇게 거금을 들여 리모델링을 한들 국립극장을 옮기는 것도 아닌데 무엇이 어떻게 좋아진다는 것인가. 접근성을 막는 담벼락과 거대 광장을 모두 없앨 수도 없을 것이고 애초에 근본적으로 잘못 지은 극장을 개수한다고 얼마나 나아질까? 그동안에도 수백억을 들여서 보완작업을 해왔지 않은가. 그래서 국립극장이 얼마나 더 나아졌는가.

솔직히 국립극장은 리모델링 이후가 더 문제라고 생각한다. 왜냐하면 2년 뒤인 2020년 봄까지는 그나마 팬들도 잃을 가능성이 있을 뿐더러 재개관할 때 창극단과 무용단을 가지고 시민을 놀래킬 만한 작품을 선보일 수 있겠는가. 그래서 필자는 차제에 문화의 백년대계를 내다보고 국립극장을 다시 짓는 것과 함께 극단을 기둥으로 삼았던 초심(初心)으로 돌아가는 것이 정도라고 생각한다. 우리보다 늦게 국립극장을 만든 일본도 제2의 국립극장을 세워서 잘 운영하고 있다. 그리고 국립극장 위치는 전철에서 나오자마자 극장 정문을 들어설 수 있는 장충단공원이 가장 적합하다고 본다. 물론 장충단 공원에는 중요 문화재가 여럿 있어서 난제도 없지는 않다. 서초동 예술의전당 자리도 당초 군사보호지역이었지만 멋지게 지은 전례도 있지 않은가. 따라서 문화재는 문화재대로 그대로 살리면서 얼마든지 멋진 국립극장을 지을 수 있지 않을까?

• 인아트, 2017.7~8

국립극단의 정체성을 세우는 창작극 시리즈

    어느 나라의 경우에도 국립극단은 그 나라 문화의 얼굴이고 동시에 정체성의 표징이라고 말할 수가 있다. 왜냐하면 국립극단의 공연에는 그 나라의 역사와 생활풍정, 정서, 그리고 꿈이 나타나 있기 때문이다. 공연내용이 그 나라 사람들이 살아온 이야기거나 아니면 현재 살고 있는 사람들의 이야기이므로 자연스럽게 의식주에 따른 생활풍습이 그대로 표현되어서이다. 국립극단의 작품에는 그 민족의 삶이 녹아 있어서 언어는 말할 것도 없고 행동거지, 집, 가구, 의상 그리고 인생관과 세계관까지도 나타나 있게 마련이다. 그래서 그 나라를 알려면 국립극장 공연을 보라는 이야기가 가능해지는 것이다. 단 그 나라의 창작극이나 아니면 번안물에 한해서라는 단서가 붙는다. 이것이 바로 국립극단의 창작극 위주 공연의 중요성을 의미하는 것이다.

따라서 선진국의 국립극단들은 자기 나라에서 배출한 유능한 극작가들의 희곡을 끊임없이 조탁(彫琢)하여 반복 공연을 하고 있다. 가령 영국의 셰익스피어극단이라든가 독일의 브레히트극단들은 그 좋은 본보기라고 말할 수가 있다. 이들의 작품이 수백 년 또는 수십 년 동안 생명력을 유지하는 것은 세월이 흐르면서 관객도 바뀔뿐더러 새로운 배우와 연출가들이 등장하여 동시대 감각에 맞도록 새롭게 탁마(琢磨)해 내놓기 때문이다. 이처럼 새로운 연출가와 배우들이 동시대의 감각으로 재창조하기 때문에 시의성 같은 것은 문제도 되지 않고 오히려 민족연극유산으로서의 고전을 계속 추가시키는 결과를 가져왔던 것이다.

우리도 1950년 민족예술의 진흥을 목표로 국립극장을 창설하면서 전속극단 신협의 이름으로 개관공연 했을 때, 유치진의 창작극 〈원술랑〉으로 그 첫 막을 열지 않았던가? 그러나 전쟁발발 이후 한동안 쉬었다가 재개관 했을 때는 목표도 불분명했으며 1957년 명동으로의 귀환 이후부터는 중구난방으로 번역극 위주, 무색무취의 극단으로 지그재그 헤맨 것이 사실이었다. 가장 중요한 시기에 국립극단으로서의 정체성도 세우지 못하고 정극(正劇)의 모델이 되지도 못했던 것이다.

물론 한때(1960, 70년대)는 국립극단이 창작극을 육성해야 한다는 명목 하에 신진작가 발굴사업을 벌여서 하유상을 위시하여 이만택, 윤조병 등의 새 극작가를 찾아낸 공로도 없지는 않다. 그러나 국립극단이 확실한 철학과 목표를 세우지 않고 즉흥적으로 일을 벌였기 때문에 지속되지 못하고 또 극장장이나 예술감독이 바뀌면서 간헐적으로 하다 안 하다 해왔었다. 특히 우리 극단들의 나쁜 버릇 중의 하나는 한번 공연한 뒤에는 버리고 새 희곡만 찾는 습관을 국립극단도 따라 한 것이다. 그 결과 하나뿐인 국립극단이 민족예술의 지킴이라는 정체성도 세우지 못하고 정극의 모델도 되지 못하는 평범한 군소극단의 하나로 방치된 것이다.

그러다가 외국연극 동향에 밝은 중견평론가 김윤철(金潤哲)이 예술감독으로 부임하고부터는 조금씩 달라지기 시작했다. 그가 취임하자마자 '한국근대극 재조명 시리즈'를 시작한 것이다. 그는 이를 '자기응시'라는 표어를 내걸고 그 배경과 관련하여 "국립극단이 근대극을 재조명하려는 것은 단순히 우리의 옛 것을 역사적으로 재현하기 위함이 아닙니다. 이 기획의 가장 중요한 이유는 근대가 현대의 원인이기 때문에 지금 우리의 정체성을 파악하기 위해서는 근대를 살피지 않을 수 없기 때문"이라면서 국립극단의 역할 가운데 가장 중요한 것은 한국인의 정체성을 끊임없이 묻고 확인하는 작업이라고 결론을 지은바 있다.

이는 김윤철 감독이야말로 초대극장이었던 동랑 유치진 다음으로 국립극단의 책무와 방향을 제대로 인식한 경우라 말할 수가 있을 것 같다. 그러면서 그는 자신의 생각을 즉각 실천에 옮겨서 2014년 하반기에 오영진의 〈살아있는 이중생 각하〉(김광보 연출)로 그 첫 선을 보여 관객들로부터 큰 호응을 끌어낸바 있다. 뒤이어 국립극단은 연간 두세 편씩 지난 시절의 묵은 희곡들을 발굴하여 무대에 올렸는데, 3년 동안 공연된 작품은 김우진의 〈이영녀〉(박정희 연출), 유치진의 〈토막〉(김철리 연출), 이근삼의 〈국물 있사옵니다〉(서충식 연출), 김영수의 〈혈맥〉(윤광진 연출), 그리고 금년 가을에 함세덕의 〈산허구리〉(고선웅 연출) 등 6편이었다.

그런데 여기서 몇 가지 의아한 점이 생겨난다. 그 첫째가 작품선정의 정교성의 부족으로 들쭉날쭉이었다는 말을 들을 수가 있겠다. 김윤철 감독은 기획의 말에서 '근대가 현대의 원인이어서 근대를 살피려는 의도'라고 했지만 첫 번째 희곡이 해방공간에서 사회풍자극으로 쓴 오영진의 〈살아있는 이중생 각하〉였던 것은 취지와 약간의 거리가 있어 보인다. 이어서 본격 근대 희곡의 시발이라 말할 수 있는 1920년대에 씌어진 〈이영녀〉와 1930년대 초에 씌어진 〈토막〉이 두 번째와 세 번째로 무대에 올려졌으며, 현대희곡으로 간주되어야 할 이근삼의 작품을 먼저 올리고 정통 사실주의 희곡이라 할 〈혈맥〉과 〈산허구리〉를 그 뒤에 배치한 것도 의아스럽다. 그뿐만 아니라 선택된 작품들도 작가의 대표작이 아닌 희곡들이 여러 편 끼어있다. 물론 창작극시리즈는 계속될 것이므로 대표작들이 무대에 올려질 것이지만 배치에는 선후가 있지 않겠나. 이는 아무래도 김 감독이 서양연극 전공자여서 한국 희곡사에 대한 이해부족에서 비롯된 것이 아닌가 싶다.

두 번째 문제는 연출가의 선택이었다. 여섯 연출가들이 모두 인정받고 있는 중견 또는 신예들이지만 선정된 희곡에 맞지 않는 이도 섞여 있었다. 물론 희곡과 어울리지 않는 연출가에게 맡겨서 작품을 엉뚱하게 해석함으로써 오히려 성공한 예외도 없지는 않다. 그러나 앞으로는 정석대로 가는 것이 바람직할 것이다.

그리고 노파심에서 하는 이야기지만 국립극단의 창작극시리즈는 예술감독이 바뀌더라도 지속시켜야 한다는 생각이다. 우리나라는 이상스럽게도 정치나 행정 등의 경우를 보면 전임자가 시행한 것은 모조리 폄훼(貶毀), 묵살하고 또다시 시작하는 관행이 있었는데 문화예술계도 비슷하게 닮아가는 듯이 보인다. 모처럼 국립극단이 제 자리를 찾아가고 있는 마당에 어떤 감독이 오더라도 김윤철 감독이 시작한 창작극시리즈 만큼 반듯이 이어졌으면 좋겠다는 생각이다. 이는 단순히 국립극단뿐만 아니라 한국연극의 장래를 위해서 꼭 필요한 작업이기 때문이다.

• 인아트, 2017.1~2

풍류정신의 퇴색과 정치사회의식의 과잉

• 국립극장의 마당놀이 〈놀보가 온다〉와 관련하여

해마다 국립극장에서 연말·연초에 무대에 올리는 시즌 레퍼토리로서 이번에는 전래의 판소리 〈흥보가〉를 놀보에 초점을 맞춘 〈놀보가 온다〉(배삼식 극본, 손진책 연출)를 공연해서 관중을 즐겁게 했다. 극장 측으로서는 때마침 지난가을에 정부의 무능 부패 문제가 터져 나온 이후 국정이 마비될 정도로 사회혼란이 극에 달한 시기여서 조선시대 이후 권선징악의 주제와 욕심의 상징적 인물이 주인공인 판소리(〈흥보가〉)는 시의적절한 선택일수 있었다. 이번 공연에서는 흥보가 아닌 놀보를 부각시킨 작품 제목 〈놀보가 온다〉부터가 비틀린 정치현실의 고발과 풍자를 정면으로 다루어보겠다는 의도가 드러난다고 하겠다. 가령 배삼식은 각색의도와 관련하여 "이 기괴하고 거대한 희극 같은 현실은 우리를 분노하고 탄식하며 부끄러이 자책하게 만듭니다"라고 하여 21세기 대한민국에서 일어난 해괴한 정변(政變)을 염두에 두고 각색에 임했음을 고백했고, 연출가 손진책 역시 '연출의 변'에서 "도를 넘는 현실정치의 부패와 비상식은 우리의 자존심을 무너뜨리고 그로 인한 삶의 피폐함은 우리들에게 정신적 피로와 괴로움을 안겨주고 있습니다. 민중의 분노는 광장의 불빛으로 이어졌으며 그곳에서 매일 벌어지고 있는 움직임과 목소리야말로 마당놀이가 갖고 있는 정신, 즉 '현실과의 관계회복'의 염원에 다름 아닐 것"이라고 하여 이번의 사태를 놀보 형제의 이야기에 얹어 펼쳐 보이겠다고 했다.

이러한 각색자와 연출가의 의도에 따라 전래의 〈흥보가〉는 온통 현존 집권자의 무능과 그 비선이라는 하잘 것 없는 여인의 비틀린 욕망의 이미지가 걸러지지 않은 채 무대를 관통하고 있었다. 가령 비근한 장면 하나만을 예시해보더라도 놀보 처가 선그라스를 이마위에 얹고 으스대면서 휴대폰을 통하여 어딘가를 향하여 떠들어대는 것 같은 경우이다. 그리고 놀보 부부를 위시하여 등장인물들이 주고받는 대사에도 원작과는 한참 거리가 있는 너무 현실적인 이언(俚言)들이 아무런 여과 없이 내뱉어져서 듣는 관객들이 포복절도 하는 경우가 적잖았다. 그렇기 때문에 어떤 때는 촛불광장을 연상케도 함으로써 속 시원함과 동시에 쓴웃음도 짓게 한 것도 사실이다.

바로 이 지점에서 마당놀이의 근본을 한 번 되짚어보아야 할 필요가 있다는 생각이다. 주지하다시피 마당이란 용어에는 전형적인 한국인의 독특한 생존공간이라는 뜻이 담겨있다. 여기서 굳이 필자가 마당을 생존공간이라고 지칭한 것은 가옥 전체 안에서 하늘(陽)과 땅(陰)이 맞닿아 있는 시간초월의 공간으로서 한국인들이 예부터 통과의례의 거점으로, 그리고 생활의 중심축으로 삼아온 데 따른 것이다.

태어났을 때 아기의 태(胎)를 소각하는 장소가 바로 마당이고, 혼례식도 마당에서 이루어지며, 죽은 자의 발인(發靷)장소도 마당이다. 그뿐만 아니라 마당이 하절기에는 먹고 자고 노는 장소로도 활용되었다. 그만큼 한국인들에 있어서 마당은 신성(神聖)한 공간인 동시에 생활공간이었다. 이것이 밖으로 확대된 것이 장마당과 같이 사람들이 모이는 장소로서 거기서 상업도 이루어지며 인간들 상호 간의 소통과 예술 연행도 이루어졌다. (그러다가 도시화에 따른 주거환경의 변화로 전래의 마당은 거대한 광장으로 변질된 것이다.)

따라서 그러한 마당 위에서 탄생되고 발전해온 판소리라든가 탈춤 또는 유랑극단의 각종 민속놀이가 자연스럽게 제의성과 풍류성을 띠는 축제형 예술이 된 것이고, 특별히 지붕으로 덮여 있는 옥내극장을 필요로 하지도 않았다. 이 말은 곧 마당놀이에서는 귀천도 남녀차별도 없이 모두 하나 되어 제신(諸神)

을 찬미하고 민중을 구속하는 모든 장애물들을 제거하여 새로운 세상을 열기 위한 희극적 서사와 신나는 가무가 펼쳐지는데, 이를 가리켜서 우리 조상들은 풍자와 해학을 바탕으로 한 흥과 멋이 넘치는 풍류(風流)정신이라 했었다.

그렇기 때문에 전래의 마당놀이, 즉 전통예능은 가무가 중심이 되고 신명과 한(恨)이 교차하며 권력과 권위에 대한 풍자가 넘치지만 눈살을 찌푸리게 할 정도로 현실을 비틀지 않는 여유가 있었다. 여기서 우리가 주목해야 할 점은 이러한 전통예능이 형성된 때가 태평성대 시절이 아니고 현대문명을 만끽하는 오늘날과는 하늘과 땅 차이로 가난과 핍박으로 얼룩져있던 전제군주시대였다는 사실이다. 이 말은 곧 우리 조상들은 지혜롭게도 예술은 어디까지나 고단하게 살고 있는 민중에게 잠시나마 꿈을 주고 삶이 즐겁도록 희망의 위안물(慰安物)이 되어야 한다고 믿은데 따른 것이었다. 흥겨운 가무와 짓거리가 넘치는 우리의 전통예능을 깊이 들여다보면 민중을 억누르고 괴롭히는 지배층과 권위적인 종교 등에 대한 저항과 비판이 저변에 깔려있음을 확인할 수가 있다.

이처럼 우리 조상들은 왜곡된 정치사회 현실을 직설적이 아닌 외돌아서 풍자와 해학이라는 문학적 표현방식을 빌어 즐겁게 이야기를 다 하고 있었다. 선현(先賢)들이 예술에서 은유와 상징 같은 고차적 표현방식을 개발한 이유도 바로 거기에 있는 것이 아니겠는가. 만약에 지난시절에 마당놀이가 비틀린 현실을 예술장치로서 여과(濾過)하고 승화시키지 않고 직설적으로 재현했다면 구경꾼들이 모여들었을까. 그랬다면 마당놀이뿐만 아니라 예술자체가 발전하지 못했을 것이다. 왜냐하면 민중의 세상살이도 괴로운 데 무엇 하러 현실을 재현한 공연장에서까지 또다시 그것을 재 체험하려 하겠는가. 오늘날의 관객도 왜곡된 사회현실을 체험하려면 직접 촛불광장으로 가지 무엇 하러 돈 내고 극장을 찾겠는가. 촛불광장에는 더욱 생생한 현실고발과 신나는 가무, 그리고 다중의 우렁찬 외침이 있지 않은가.

그렇게 볼 때, 근자의 마당놀이를 포함한 일부 작품들이 그러한 예술본질과 풍류정신을 많이 퇴색시키고 있다는 느낌이다. 서두에서 지적한 바와 같은 여과되지 않은 직설적 정치사회풍자 같은 것이 비근한 예이다. 가령 이번의 마당놀이에서도 보면 관중이 신나한 데는 풍물을 앞세운 질펀한 놀이와 흥보, 놀보 부부를 중심으로 한 세련된 소리 및 발랄한 군무(群舞) 등에 있었지 현실을 노골적으로 풍자한 데 있었다고는 보지 않는다.

그런 중에서도 이번의 마당놀이가 특별히 가능성을 보여준 것은 주역의 적절한 세대교체와 세련된 춤사위, 그리고 빠른 템포 등에서 찾을 수 있을 것 같다. 특히 흥보 역을 맡은 유태평양과 놀보 역의 김학용, 놀보처 역의 조유아, 그리고 흥보처 역의

서정금 등은 마당놀이 차세대를 이끌 능력을 충분히 보여주고
도 남음이 있었다. 이들의 건투를 빈다.

• 인아트, 2017.5~6

거대 서울의 아주 조그만 명물의 등장

• 서울돈화문국악당의 음악극 〈적로(滴露)〉를 보고 나서

　　꽤 오래전이지만 태국의 수도 방콕을 스쳐 지나면서 작은 공연장에서 언듯 본 무대예술, 즉 손가락에 독특한 매력이 담긴 무용은 태국의 전통문화를 이해하는데 적잖은 도움이 되었던 기억이 있다. 그런데 들리는 말로는 방콕에는 주로 외국인들을 상대로 하는 그런 공연장이 네 곳이나 있다고 한다. 주로 외국 관광객들을 상대로 하여 자신들의 고유문화를 알리겠다는 의도로 전통예술 공연장을 세웠다는 것을 듣고 우리나라는 왜 진즉에 그런 생각을 못했을까 하는 자괴감도 들었었다. 그러던 1990년대 중반에 문화관광부에서 정동에 소극장을 하나 지으려는데 자문위원을 맡아달라는 연락이 왔다. 문화에 이해가 깊었던 고 이수정 장관은 개화기의 원각사 정신을 잇는 극장을 짓

고 싶어 했다.

　그러나 그곳은 옛 원각사 자리도 아닐뿐더러 땅도 좁고 그 극장에 대한 연극사적 평가도 가지가지여서 명칭부터 정동극장으로 정하고 전통예술을 주로 공연하는 4백 석의 극장이 탄생하기에 이르렀다. 마침 필자가 초대 이사장을 맡게 되어 아이디어가 많은 젊은 홍사종 사장과 호흡을 맞춰서 정동극장을 단번에 국내외 관객들의 사랑받는 공연장으로 우뚝 서게 만들었다. 물론 초기의 정동극장의 레퍼토리나 운영방식에 이의를 제기하는 이도 없지 않았지만 공연장 경영의 새로운 바람을 일으킨 것도 부정하기 어렵다. 다만 극장 외관부터 가장 한국적이지 못하고 여유 공간도 부족하며 예산상의 어려움으로 지속적으로 품격 높은 전통예술만을 무대에 올리지 못한 아쉬움도 없지는 않다.

　그러던 차에 2017년 가을 비원 앞에 매우 아름다운 소극장이 문을 연 것이다. 이름 하여 '서울돈화문국악당'이라 한다. 이 공연장은 창덕궁 앞인데다가 지근거리에 종묘(宗廟)까지 자리하고 있어서 위치상으로는 더할 나위없을 정도로 전통문화예술을 알리고 선양할 수 있는 위치에 자리 잡고 있다. 그런 점을 의식했는지 서울시가 대지 250평에 건평 530평의 건축양식도 한옥이고 공간 배치 또한 매우 합리적이며 전통냄새가 물씬 나도록 만들었다. 지하에 반 아레나형의 140석의 소극장을 만들었고, 밖에는 국악마당과 카페테리아 및 세미나 등을 열 수 있는 스튜디오까지 고루 설치한 것이다. 그동안 이처럼 오밀조밀한 전통공연장을 만들어본 적이 없는 우리로서는 감탄스럽기까지 하다.

또한 주변에 승용차로 1, 20분 거리에는 롯데호텔을 비롯하여 프라자호텔, 신라호텔, 힐튼호텔 등이 자리 잡고 있어서 외국인들에게 상시 우리의 전통예술을 알릴 수 있는 매우 좋은 조건은 다 갖추고 있다고 해도 과언이 아니다. 그런데 돈화문국악당 설립목적에 보면 "전통문화지역인 창덕궁 일대의 정체성을 회복하고 우리 전통문화의 대중화에 기여하기 위해" 지었다라고 되어 있는 것으로 보아 처음부터 외국인들에게 우리 것을 알리겠다는 생각은 아예 없었던 것 같다. 140석 밖에 안 되는 소극장에서 국악의 대중화를 이루겠다는 의도도 우습거니와 국립극장의 창극단이라든가 국악관현악단, 서초동의 국립국악원 등에서 충분히 할 수 있는 일을 어렵게 세운 돈화문국악당에서 굳이 하려는 것 역시 이해가 되지 않는다.

서양에서 멀리 한국에 오는 관광객이나 공적인 일로 오는 사람들은 적어도 쇼핑 같은 것보다는 한국문화를 알고 싶어 한다. 어쩌다가 열리는 굿판에 가보면 서양인들이 적잖다. 그만큼 서양인들은 한국의 독특한 전통문화를 보고 싶어 한다. 그렇기 때문에 창덕궁과 인사동의 사찰음식 같은 한정식, 그리고 돈화문국악당의 정통예술 관람을 연계해보는 것도 괜찮은 관광코스가 아닐까 싶다.

필자는 돈화문국악당 개관을 1년 지나서야 알았기 때문에 11월에 창작음악극 〈적로〉(배삼식 작, 정영두 연출)를 처음으로 관극할 수가 있었지만 이미 작년 9월에 개관하여 몇 편의 국악공연을 선보인 바 있었다고 한다. 이번 작품 〈적로〉는 지역과 연관시켜볼 때, 돈화문국악당이 추구하는 창작음악극의 소재로는 가장 이상적(?)인 인물들 중에서 두 명을 소재로 삼았다는 점에서 의미가 크다는 생각을 했다. 왜냐하면 1930, 40년대에 대금 명인으로서 기악계를 주름잡았던 실존인물 박종기(1879~1941)와 김계선(1891~1943)은 바로 이 지역 일대에서 전성기를 보냈다고 볼 수 있기 때문이다.

주지하다시피 일제강점기는 신문화의 유행과 빈곤 등으로 해서 국악인들이 최악의 시절을 보낼 때여서 정처를 못 찾고 방랑을 일삼을 수밖에 없었다. 바로 그런 시절에 김초향 명창의 후원자였던 순천지주 우석 김종익(金鍾翊)이 국악진흥을 위해서 익선동에 큰 가옥 한 채를 쾌척함으로써 이동백, 김창환, 정정렬, 송만갑 등 당대의 명창 명인들이 그 집을 번거지로 삼아 조선성악연구회를 조직하고 창극 정립 등 국악발전을 꾀했었다. 4, 50대 절정기의 박종기와 김계선도 그 시절에 악사로서 공연활동을 활발하게 전개했었다.

그런데 공연을 보면서 괜찮은 극본(배삼식)과 잘 짜인 연출(정영두), 동서양의 악기배열, 작창, 연기 등에서 대체로 참신함을 느끼면서도 기생(산월)에게 군이 가곡만을 부르게 한 것이라든가 비좁은 공간에서 지나치게 강한 음향은 귀에 거슬렸다. 그리고 열정은 넘치지만 아직 익지 않은 정윤형(김계선 분)의 소리가 아쉬웠다. 이 작품의 절정은 산월의 고혼을 떠나보내는 진혼 장면이었는데, 작가 개인의 망실(亡室)에 대한 그리움과 아픔이 서려 있어서 더욱 관객의 가슴을 저리게 했다. 안이호(박종기 분)의 능숙한 창을 정영두가 뒷받침해 주었더라면 훨씬 격조 높은 공연이 될 뻔 했다. 그러나 창작음악극으로는 그만하면 충분한 가능성을 제시했다고 본다. 돈화문국악당이 앞으로도 계속해서 성악연구회 시절의 사람들을 소재로 한 창작음악극을 시도해보는 것도 괜찮을 듯싶다.

그러나 필자는 돈화문국악당이 창작음악극보다는 서울시가 정책적으로 외국인들에게 우리 고유문화를 알린다는 자세로 농익은 전통공연예술을 상설 공연했으면 하는 바람이다. 전술했듯이 국악대중화는 국립국악원 등 큰 극장에서 하고 있지 않은가. 그리고 또 하나 마음에 걸리는 것은 돈화문국악당도 남산국악당처럼 세종문화회관의 위탁경영으로 되어있는 데다가 대관까지 하고 있으므로 혹여 3년 뒤에 민간에게 임대를 주지 않을까 하는 걱정이다. 세계적인 대도시 서울시가 그 조그만 공연장

하나 운영을 못해서 임대를 줄 것인가. 매년 서울을 찾는 수백
만 명의 외국관광객들을 생각해서라도 제발 그러지 않기를 바
란다.

• 인아트, 2018.1~2

풍성한 문화예술계의 明暗

20세기 한국영화의 한 마침표

• 공연예술계의 슈퍼스타 최은희(崔銀姬)에의 한 기억

최근 들어 극히 어려웠던 지난시절 각 분야에서 이 나라를 위하여 크게 기여했던 인물들이 하나둘씩 세상을 떠나고 있어 세월의 무상함과 함께 우리를 쓸쓸하게 만들고 있다. 그런데 개화기 이후 한국인들의 생활양식을 가장 크게 변화시킨 것은 정치나 경제보다도 문화와 과학이 아니었나 싶다. 왜냐하면 우리가 정치와 경제의 낙후로 인하여 뜻하지 않게 외세의 지배와 그 악영향으로 굴곡진 현대사를 거쳐야 했기 때문이다.

그런 와중에서 우리 민족을 정신적으로 진화시키고 위무해준 것은 단연 문화예술이었으며 문맹률이 높았던 대중을 위로하면서 동시에 각성시켜준 분야는 공연예술인 연극과 영화였다. 따라서 전 시대에 극장무대와 스크린을 통하여 우리들을 꿈

꾸게 하고 행복하게 해주었던 배우들을 잊을 수가 없으며 만인
의 연인이었던 그들이 우리 곁을 떠날 때마다 슬프고 허전한 마
음을 떨칠 수가 없다.

　가령 지난 4월 중순에 한동안 근황이 모연하다가 작고한 20
세기 은막의 여왕 최은희(본명. 慶順)야말로 그런 대표적인 인물
이 아닐까 싶다. 물론 최은희 이전에도 미모와 연기력을 갖추었
던 신일선(申 一仙. 1926년 나운규의 〈아리랑〉 주역 배우)을 비롯하여
김소영(金素英), 노재신(盧載信), 문예봉(文藝逢) 등의 여배우가
없었던 것은 아니지만, 이들은 영화기술의 낙후와 역사의 격동
속에서 단명했기 때문에 대중의 뇌리에 남아있지 않다. 특히 최
은희가 당대의 최고 스타로서 긴 세월동안 국민의 사랑과 연민
을 불러일으킨 이유는 전형적인 한국미인형의 외모에다가 탁
월한 연기력으로 우리 영화 수준을 세계적 수준으로 끌어올린
공로보다도 여자로서 누구도 감내하기도, 또 흉내 낼 수도 없는
파란만장한 삶을 산 때문이다.

　그녀는 뛰어난 여배우이기 이전에 기품과 교양, 그리고 상당
한 지식 및 필재(筆才)까지 갖추었지만 그 모든 것이 정규학교
가 아닌 삶과 창작현장에서의 부단한 노력에 따른 것이었음을
아는 이는 많지 않다. 오늘날 고학력시대에 보면 그녀의 소학교
졸업과 경성기예학교 입학경력은 하잘 것 없게 보일지 몰라도
한 예술가로서의 실제적인 활동과 업적에 있어서는 최고학력

을 가진 이들을 능가하고도 남는다. 그런데 1928년 경기도 광주에서 하급관리의 9남매 중 넷째로 태어난 그녀의 예도(藝道) 입문은 극히 우연한 사건(?)에서 비롯되었음은 흥미롭기까지 하다.

그녀가 강보에 쌓인 채 서울로 이사, 정착하여 유년 시절 부모의 손에 이끌려 동양극장 연극과 영화도 접할 기회가 있어서 연예에 대한 호기심과 함께 막연히 가수에 대한 동경이 있긴 했지만 배우에 대한 꿈은 전혀 없었다. 그러던 중 대동아전쟁이 발발하면서 수시로 방공 훈련을 받는 과정에서 우연히 이웃집에 살고 있던 극단 아랑의 주역 배우 문정복(文貞福)을 만나게 된다. 그것이 인연이 되어 그는 1942년에 아랑의 연수생으로 입단케 된 것이다. 그녀가 처음에는 극단에서 잔심부름이나 하다가 이듬해에 드디어 〈청춘극장〉(김내성 원작소설)에서 주인집 하녀라는 단역으로 첫 무대를 밟은 것이다. 다행히 극단 아랑에는 당대 최고의 배우로 꼽히던 황철(黃澈)이라든가 박영신 등과 같은 선배가 있어서 기본적인 연기술을 익혀갈 수가 있었다. 그리하여 해방될 때까지 극단의 막둥이로서 조, 단역으로 계속 출연했고 지방순업도 다녔다.

그런 그녀가 조금씩 빛을 발하기 시작한 것은 연극보다도 영화에서였다. 실제로 그가 몇 극단의 조역으로 꾸준히 무대에 서면서 소위 스타니슬랍스키 연기술을 익혀갈 무렵 참신한 여배우를 찾던 영화계에서 출연제의가 온 것이다. 그리하여 그녀는 생애 처음으로 1947년 신경균 감독의 영화 〈새로운 맹세〉에서 주연을 맡아 '아직 다듬어지지는 않았으나 청순하면서도 순박한 이미지'가 장래를 기대할 만하다는 평가를 받아낸 것이다. 이때 스무 살 안팎의 꽃다운 처녀였던 그녀에게 눈독을 들인 이는 바로 그 영화에서 촬영감독을 맡았던 김학성(金學成)이었다. 경향신문 사진기자와 영화촬영 기사를 겸했던 연상의 김학성이 사랑이 뭔지도 모르고 연극과 영화출연으로 눈코 뜰 새 없던 순진무구한 그녀와 결혼을 한다.

그러나 그녀는 얼마 지나지 않아 6·25전쟁이 발발하면서 납치라는 생사의 첫 고비를 맞게 된다. 다행히 평양 근처까지 끌려가다가 탈출함으로써 죽음을 면하고, 그 보은으로 국군위문공연을 다녔지만 스타였던 그녀에 대한 이런 저런 억측으로 고초를 겪는다. 그의 불행은 거기서 끝나지 않고 전쟁 중 부상당한 남편의 간호와 생활을 꾸려가는 것도 쉬운 일은 아니었다. 그런데 그러한 여러 가지 고초와 외부적 충격이 오히려 그녀로 하여금 여성으로서뿐만 아니라 한 인간으로서 또 예술가로서 내적으로 성숙되는 묘약도 되었다.

그러한 상황 속에서 그녀의 인생에 가장 커다란 전환점을 만들어주는 한 다큐멘터리 〈코리아〉 출연제의를 받게 된다. 여기서 그녀는 전도유망한 신예감독 신상옥(申相玉)을 처음 만나 운명적인 사랑에 빠지고 1954년에 수난의 두 번째 결혼도 하게 된다. 감독과 주연배우로서 명콤비를 이룬 그들은 춘원의 소설 〈꿈〉을 시작으로 하여 〈성춘향〉, 〈사랑방 손님과 어머니〉(1961년) 등 한국영화사에 이정표가 되는 수작들을 쏟아내면서 추종 불허의 감독과 주연 여우로서 독보적인 자리를 굳혀간다.

따라서 전성기의 그녀는 배우로서 만족 못하고 감독까지 겸하면서 스스로 세운 안양영화예술학교의 운영까지 맡는다. 영화예술가로서 만개한 시기에 그녀에게 두 번째 불행의 그림자가 드리운다. 1978년 들어서 운명적인 사랑이었던 신상옥과 이혼을 한 얼마 후 홍콩에 출장을 갔던 그녀가 북한영화를 야심적으로 발전시키려던 김정일의 공작원에게 납치를 당함으로써 인생 후반기의 기나긴 시련을 맞게 된다. (그녀가 자진 월북했다고 오해하고 있는 극소수도 존재한다.)

그녀의 납치가 자신의 외도로 인한 것임에 죄의식을 느끼고 있던 신상옥이 그녀를 찾으려 홍콩에 갔다가 그 역시 납치를 당함(1983년)으로써 두 사람은 적지에서 극적인 재회를 할 수가 있었다. 그들은 북한에서 김정일의 적극적인 후원으로 〈돌아오지 않는 밀사〉 등 여러 편의 영화를 만들었으며, 최은희가 영화 〈소금〉으로 모스크바영화제에서 주연여우상을 받은 것은 우리 배우가 국제영화제에서 최초라는 기록을 세운 경우이기도 하다.

그러나 자유를 갈망하고 있던 그들은 1986년 오스트리아 빈에서 극적으로 탈출하여 13년 동안의 미국 망명생활을 끝내고 1999년 귀국하여 분당에 거처를 정하고 몇 대학에서 후진을 양성하는 한편 창작뮤지컬도 제작, 출연하는 등의 분주한 생활을 했다.

필자가 저술관계로 그녀를 처음 만난 것은 2004년이었는데, 겸손하면서도 솔직담백하고 화통해서 쉽게 친해질 수 있었다. 그녀는 굴곡진 20세기를 온몸으로 산 여인 같지 않게 명랑하고 긍정적이었으며 대스타의 뽐냄 같은 것도 전혀 없이 내가 알아내려는 자신의 이야기를 가감 없이 이야기해주어 글을 쓰는데 절대적인 도움이 되었다. 그 이후 우리는 이따금 만나 세상사와 공연예술에 관한 이야기를 나누고 그녀가 좋아하는 초밥 집에서 청주도 몇 잔 씩 마시곤 했다. 그녀도 나처럼 천주교인이라는 것을 처음부터 알았지만 오래전부터 성 나자로마을의 한센인들을 후원해왔다는 사실은 사후에 장례미사를 집전한 조욱현 신부의 강론을 통해서 처음 알았다. 이처럼 그녀는 한 여성으로서 파란만장한 삶을 살았음에도 구김살 없고 겸손하며 남에게 베푸는 신실한 예술가였다.

그러던 어느 여름날(2006년) 그녀가 갑자기 전화를 걸어 장충동 국립극장 카페에서 만나자고 해서 나갔더니 자서전을 내밀면서 한번 검토해달라고 했다. 며칠 동안 읽고 역사적 오류 등을 고친 뒤 '간통 제1호'라는 목차를 다른 말로 바꾸었으면 한다는 제안을 했더니 웃기만 했다. 다음해 그녀가 보내온 자서전 『최은희의 고백』을 열어보니 '간통 제1호'라는 목차가 그대로 있었다. 최은희는 바로 그런 여자였다. 명년 1주기에는 그녀의 무덤을 찾아 '(죽음을 상징하는) 주목나무 잎사귀대신 장미꽃잎을 한 아름 뿌려주고 싶다.' (매슈 아놀드의 '애도의 시' 한 구절을 의역한 것임.)

• 2018

사실주의극과 반사실극 두 장로의 동시퇴장

· 원로 극작가 하유상과 무대미술가 이병복의 작고와 관련하여

2017년 연말에는 이상스럽게도 4일 간격을 두고 사실주의극과 반사실주의극을 대표하는 최고원로 두 분이 작고함으로써 연극계를 더욱 썰렁하게 만들었다. 그 두 분은 다름 아닌 극작가 하유상(河有祥, 1928년)과 무대미술가 이병복(李秉福, 1927년)을 가리킨다. 이 두 연극 원로는 여러 가지 면에서 전혀 대조적이었지만 묘하게도 한 살 차이로서 출생일(3월 25일)은 같았으나 작고일 만은 12월 25일(하유상)과 12월 29일(이병복)이었으므로 나흘 차이였다. 우리 연극사에서 수많은 인물들이 부침했지만 이처럼 두 연극인이 작품과 생몰(生沒)에 있어서 특이하게도 대조적이고 우연의 일치 같은 경우는 처음이었다.

가령 가정형편이나 연극 활동에서 보면 두 연극인이 한결같

이 외골수로 창작을 멈추지 않았지만 하유상이 평생 힘들게 살면서 별로 빛을 보지 못했다고 한다면, 이병복은 출생부터 남부럽지 않을 만큼 부유하고 화려한 조명을 받으며 생을 마친 점에서 큰 차이가 난다.

1928년 충남 논산에서 출생한 하유상의 본명은 동열(東悅)이었다. 문학청년이었던 그는 일찍부터 극작가의 꿈을 갖고 상경하여 서라벌예술대학 연극영화과에서 연극을 공부했다. 오랜 습작을 거쳐서 그는 1954년 문예지 '협동(協同)'이 주최한 신춘 시나리오 공모에서 〈희망의 거리〉로 입선하여 일단 등단할 수가 있었다. 거기에 만족 못한 그는 1957년 국립극장에서 실시한 장막극 공모에서 잇달아 희곡 〈딸들의 연인〉이 당선됨으로써 신예극작가로 인정받기에 이른다.

이 작품이 이듬해 〈달들은 자유연애를 구가하다〉라는 제명으로 명동의 국립극장 무대에 올랐을 때 상당한 반향을 일으켰던 바, 그 이유는 그동안 희곡계를 주도해왔던 유치진이나 오영진의 무거웠던 사실주의와는 달리 발랄하고 경쾌한 분위기가 전후의 새바람을 무대에 시원스럽게 불어넣어 주었기 때문이다. 그 작품 하나로 그는 새 시대에 맞는 신선한 극작가가 등장했음을 알린 신호탄이 된 것이다. 따라서 그는 비슷한 시기에 등단한 임희재 및 차범석과 함께 장차 희곡계를 주도할 트로이카로서 자리 잡을 수가 있었다.

그는 연달아서 〈학 외다리로 서다〉, 〈꽃이 지기로 서니〉, 〈꽃 상여〉, 〈꽃 그네〉 등등 템포가 빠르면서도 서정적이며 토속적인 화제작들을 쏟아내어 〈산불〉의 차범석과 차세대 극작가 쌍벽을 이루어 갔다. 그가 평소 자신의 작품과 관련하여 "저는 관객에게 하품을 시키고 싶지 않습니다. 저는 설교자가 아니니까요. 저는 시인이고 싶습니다."라고 읊조린 적이 있을 만큼 연극의 재미를 중시한 작가였다.

그러나 거기까지였다. 왜냐하면 그가 전업 작가로서 가솔을 이끌어가는 일이 힘겨워서 작품세계를 더욱 진화시키지 못했기 때문이다. 가령 그의 직업을 보면 단기간의 중앙일보 기자로부터 시작하여 서라벌예대 강사, 잡지 민족문화 취재부장, 시나리오 문예 편집인 및 주간 등 출판사에서 일한 기간이 많았다. 공부할 시간이 부족했던 것 같다. 따라서 그가 계속 여러 형태의 작품을 꾸준히 발표했음에도 불구하고 별 주목을 끌지는 못했다. 그 점에서 승승장구한 차범석과는 달리 인생 후반이 비교적 초라했던 것이 아닌가 싶다.

반면에 이병복은 전술한 바 있듯이 출생부터 전형적인 금수저였다. 경북 영천의 지주집 장녀(10남매 중 둘째)로 태어난 그는 유년 시절에 상경하여 유치원을 거쳐 숙명고녀(현 숙명여고)와 이화여대 영문과라는 엘리트 코스를 밟은 재원이었다. 그런 그가 연극에 뜻을 두고 은사 박노경이 주도한 여인소극장에 가담하여 무대예술인의 길을 걷게 된다. 그러나 6·25전쟁이 발발하면서 여인소극장은 흐지부지되고 그의 인생도 크게 바뀌어갔다. 그는 전쟁 중에 장래가 촉망되는 경복중학 미술교사(權玉淵 화백)와 결혼하고 의상디자이너로 변신한다.

그리고 미술을 제대로 공부하겠다는 남편을 따라 함께 프랑스 파리로 유학길에 오르게 된다. 그곳에서 서양의 다양한 예술을 접한 그는 귀국 얼마 후에 역시 프랑스 유학파인 연출가 김정옥(金正鈺) 등과 1966년 정월에 극단 자유극장을 창단하여 60년대 동인 극장 운동에 앞장서게 된다. 잘 알려져 있다시피 자유극장 연극은 기존의 사실주의 연극과는 달리 남프랑스풍의 화려하면서도 경쾌하며 희극적이어서 연극계 분위기를 쇄신한 공이 컸다. 이때부터 그는 무대의상 제작으로 방향을 틀었는가 하면 1968년에는 명동에 소위 최초의 다방극장이라 할 카페 떼 아뜨르를 열어 소극장운동을 전개하기도 했다.

당초 그가 연극계에 발을 들여놓을 때부터 연기나 연출을 할 생각은 전혀 없었고, 평소 자신을 '뒷 광대'라고 불렀듯이 항상 보이지 않는 지점에서 작품을 통제했으며 재정지원은 물론이고 의상 대소도구 무대장치 등을 도맡아했다. 그런데 시간이 흐를수록 그는 무대미술을 천착(穿鑿)하여 독창적인 작품세계를 구축해가기 시작했다. 그의 독창적인 작품세계란 수십 년 동안 우리 근대극이 추구해온 사실주의 방식을 혁파하고 가장 한국적이면서도 추상적인 무대미술을 창안한 것이었으며 무대장치를 연극의 보조수단이 아닌 독립예술로까지 끌어올린 점을 의미한다.

따라서 무대 위에 그가 만든 장치만 있고 배우가 없어도 그대로 작품이 될 정도라고 말할 수가 있었다. 거시적인 안목으로 보면 그의 작품세계는 그동안 일방적으로 우리 신극이 추수(追隨)해온 서구연극방식을 벗어나 가장 한국적인 연극을 구현해내는 것이었다. 그렇기 때문에 그가 즐겨 활용해온 무대미술자료만 보더라도 우리 조상들이 주로 썼던 전래의 모시나 짚, 무명, 탈, 질그릇 등 매우 토속적인 것들이었다. 그가 누구보다도 탁월한 예술가였다는 점은 단순히 추상적이고 토속적인 무대미술을 창안한 것에 그치지 않고 작품을 통하여 한국인의 삶과 죽음의 원형을 줄기차게 파고든 데 있다고 말할 수가 있다.

그로 인하여 그는 세계무대미술가협회로부터 여러 번 상을 받음으로써 서양에서까지 인정받은 유일한 한국 무대미술가였으며, 또 거기에서 주요 임원으로 역할을 했던 것도 바로 그러한 독창적인 작품을 많이 발표해온 데 따른 것이다. 이러한 그의 노력으로 극단 자유극장 연극이 서구에서도 크게 주목받은 바도 있다. 그만큼 그는 우리나라 무대미술을 새로운 차원으로 끌어올린 동시에 세계에까지 알린 선구자였다. 그런 그는 복도 넘쳤다. 그가 창단한『극단 자유극장 50년사』를 매듭짓기도 했으며, '무의자박물관'까지 남기고 소천(召天)했기 때문이다.

　그런데 문제는 그의 뒤를 이어주는 후계자가 아직 보이지 않는다는 점이다. 가령 앞에 언급한 하유상의 경우는 유능한 후배 극작가들이 여럿 등장하여 시대감각에 맞는 사실주의 희곡을 적잖게 써주고 있어서 그의 부재(不在)가 우리 연극에 빈 공간을 만들지 않고 있지만 이병복의 부재는 너무 공허하다. 왜냐하면 그녀가 추구해온 가장 한국적인 민족연극의 한 줄기가 끊어질 위기에 처했기 때문이다. 바로 그 점에서 하루빨리 그의 뛰어난 후계자가 등장했으면 한다.

• 인아트, 2018.5~6

단명(短命)한 스타와 장수(長壽)하는 배우

· 배우 이순재(李純才) 연기 인생 60주년 기념공연과 관련하여

연극은 인간이 단체생활을 하면서부터 시작되었다고 말할 수가 있다. 왜냐하면 연극이 제의(祭儀)로부터 발생했고, 이것이 다시 오락으로 진전된 예술양식이기 때문이다. 연극이 '배우의 예술'인만큼 배우의 역사는 연극역사만큼이나 아주 오래되었음에도 불구하고 책속에는 희곡작품(극작가)과 극장이름만 나열되어 되어 있을 뿐 배우의 이름은 좀처럼 보이지 않는다. 왜 그럴까? 그것은 배우가 아무리 뛰어난 명연기를 해도 막이 내림과 함께 담배연기처럼 사라져버리기 때문이다. 따라서 동서고금을 통하여 헤아릴 수 없을 만큼 수많은 배우들이 긴 시간 속에서 명멸했지만 기록에 남아있는 이름은 드물다. 가령 우리 연극사 수천 수백 년 동안 기억되는 배우는 겨우 16세기 연산군

때 '공길'(《왕의 남자》 주인공)이나 18세기 초의 명창 최선달과 하한담 정도가 보일 뿐이다.

그럼에도 불구하고 연극의 매력에 끌린 배우지망생들이 마치 한여름 등잔불에 부나비들처럼 많이 몰려든다. 각 방송사들이 해마다 겨우 수십 명 정도 뽑는 탤런트 선발시험에는 수천 명 씩 몰려들고, 50여 개의 전국 대학에서 매년 1천명 이상의 배우 지망생들을 배출하기 때문에 스타들이 즐비할 것 같은데 실상은 그렇지가 않다. 왜 그럴까? 여기에는 대학교육의 부실함과 소질과 열정이 부족한 극히 범용한 젊은이들이 막연한 허영심으로 공연예술계에 뛰어들기 때문이 아닐까 싶다.

그것은 특히 영상분야에서 심하게 나타난다. 가령 TV드라마를 통해서 혜성같이 나타나 대중의 사랑을 한 몸에 받던 신성(新星)이 어느 순간 갑자기 사라지거나 장안을 떠들썩하게 스크린을 수놓던 신진 영화배우가 한두 작품으로 쫑을 치는 경우를 우리는 여러 번 목격했다. 그것은 특히 여배우에서 흔하지만 남성배우에서도 예외가 아니다. 여기에는 여러 가지 요인이 작용할 것이다.

스타들이 단명하는 데는 그들 자신의 관리 잘못에 가장 큰 원인이 있다고 보는 이유는 크게 두 가지 측면에서이다. 첫째, 그들이 벼락 스타가 되면 돈이 따르고 유혹이 따른다. 그렇게 되면 자신이 매스컴에 의하여 만들어진 것임을 모르고 마치 자신의 능력이 출중해서 성취된 듯 착각하고 자만에 빠진다. 그럴수록 세상을 무서워하고 근신하며 공부를 더하고 절제를 해야 되는데 정반대로 나간다. 세상이 모두 자기 것인 양 오만방자하여 나태에 빠진다. 대중의 인기라는 것이 어느 순간 꺼져버리는 거품임을 모르는 것이다. 그 결과 상당수가 얼마 못가서 소리 없이 사라지는데, 그것도 대체로 스캔들을 뿌리고 옐로 페이퍼를 장식하면서 없어지는 것이 특징이다. 스캔들이란 거의가 이성 문제 아니면 돈 문제이다.

한두 해 대중들 앞에 혜성같이 나타났다가 곧바로 사라져버린 추억 속의 스타들이 얼마나 많은가. 물론 이들 모두가 스캔들 때문에 단명한 것은 아니다. 극소수 이긴 하지만 여성 스타들 중 험악한(?) 연예계의 분위기가 혐오스러워 가정주부로서 평범하게 잘 살고 있는 경우도 있다. 그리고 단명한 스타 중에는 천부적인 소질이 없는데다가 기초교육까지 제대로 받지 못하고 순전히 빼어난 용모로 졸지에 스타가 된 뒤에 곧바로 밑천이 드러나서 용도 폐기되는 경우도 없지 않다. 장수하고 있는 스타들이 절대 부족한 이유가 바로 이런 데서 비롯되는 것이다.

솔직히 오늘날 우리 주변에 젊은 시절 혜성같이 등장하여 노년기의 지금까지 무대와 영상을 지키고 있는 스타가 얼마나 되는가? 가령 TV드라마나 영화의 경우는 몰라도 연극의 경우는 매년 중요한 상을 주려고 해도 마땅한 인물을 찾기가 힘들 정도로 스타 기근이다. TV나 영화처럼 많은 돈을 벌 수 없는 연극계지만 배우 기근은 너무나 심각하다. 연극계가 어렵다고 하지만 호구지책을 위협받던 지난시절에 비하면 지금은 그래도 호시절이다. 능력만 있으면 TV드라마나 영화에 발탁될 수도 있고, 장르를 넘나들면서 수익을 올릴 수 있는 시절이 아닌가. 천대와 궁핍 등 연극상황이 최악이었던 일제강점기 시절부터 배우를 평생의 천직으로 삼았던 변기종(卞基鐘), 김동원(金東園), 백성희(白星姬) 같은 분들은 작고할 때까지 60여 년 이상을 한결같이 정극무대를 지킴으로써 오늘의 우리 연극이 풍성하도록 한 알의 밀알이 되었다.

이러한 계보를 잇는 유일한 대배우가 바로 지난 연말 '연기생활60주년 기념공연'(《세일즈맨의 죽음》)을 펼친 현역의 이순재(李純才)가 아닐까 싶다. 골수연극 팬 아닌 일반대중은 그를 TV드라마나 광고를 통해서 친근하게 여기고 있지만, 사실 그는 가장 어려웠던 6·25전쟁 때인 1956년도에 21살의 나이로 연극계에 데뷔한 공연예술계의 최고참이다. 그는 서울대 철학과 3학년생으로서 '떼아뜨르 리블'이라는 실험성 짙은 극단의 유진 오닐 작 〈지평선 너머〉의 첫 무대에 섰다. 이후 그는 대학극의 핵심멤버였고, 1960년 졸업하자마자 소위 동인제시스템의 선두주자 실험극장의 창립단원으로서 본격 현대극운동에 앞장서게 된다.

그런데 실험극장이 제자리를 잡기 직전, 남산에 드라마센터가 연극부흥의 기치를 들고 화려하게 문을 열자 곧바로 거기에 가담하여 〈로미오와 줄리엣〉에 출연하였으나 극장이 문을 닫자 꿈을 접고 다시 실험극장을 재건하여 주역으로 활동한다. 그런 그가 2년여 뒤 차범석이 주도하는 극단 산하(山河)로 자리를 옮긴 것은 순수와 실험성보다는 대중성이 더 중요하다는 연극 목표의 현실성 때문이 아니었나 싶다. 그런 그의 연극관은 1960년대 중반부터 장르를 자유롭게 넘나들고 대중성을 무엇보다 중요시하는 극단에 자주 출연한 사실에서 잘 드러난다.

가령 순수연극만 고집함으로써 가급적 영상을 멀리하려는 일부 동료배우들과 달리 그는 이미 1960년대부터 영화에 출연하고 TV드라마가 유행할 때는 서슴없이 거기에 즐겁게 나섰던 것이다. 그렇다고 해서 그가 고향이라 할 연극을 완전히 떠난 것이 아니었다. 그가 영화와 TV드라마에 한창 출연하면서도 사이사이 연극무대에도 섰는데, 주로 대중성이 강한 극단 현대극장이나 신협 같은 무대에 섰었다. 물론 한때 소년의 꿈이었던 국회의원도 했지만 곧바로 정치를 떠나 배우의 길을 되찾았으며, 8순을 넘긴 지금도 청년 못잖게 장르를 넘나들면서 활기차게 활동하고 있어 젊은 예술가들의 귀감(龜鑑)이 되고 있다.

그가 어떻게 그처럼 장수하면서 사랑받는 대배우가 되었을까? 거기에는 아마도 세 가지 이유가 있지 않나 싶다. 첫째, 자기관리가 철저하다. 그는 화려한 예술계에서 스캔들 하나 뿌리지 않을 만큼 올곧게 살아왔다는 것. 둘째, 평생 손에서 책을 놓지 않을 만큼 끊임없이 공부하는 배우라는 것. 셋째, 그는 절주(節酒)와 운동, 그리고 젊은이들 못지 않은 자기 탁마(琢磨)에 게을리 않는 습관 등이 그를 큰 예술가로 만든 것이라 말할 수가 있다. 그렇게 간다면 아마도 그는 연기생활 70주년 공연도 가질 것 같다.

• 인아트, 2017.3~4

극단 자유극장에 대한 회고적 단상(斷想)

• 창단 50년에 부치는 헌사

어느 젊은 날 나는 극단 자유극장의 창단공연 〈따라지의 향연〉을 구경하고 나오면서 연극도 사람들에게 행복을 안겨줄 수 있는 예술이라는 것을 처음 느낀 기억을 갖고 있다. 왜냐하면 그 공연은 이전까지 내가 구경했던 몇몇 작품들에서 느꼈던 뭔가 어둡고 찜찜했던 기분과는 사뭇 다른 상쾌감 때문이었다. 초기 자유극장의 작품들은 여타 단체들의 공연과 달리 우선 속도감이 있었고, 화려, 경쾌, 발랄하며 웃음 속에 페이소스가 배어 있어서 잘 먹지 못하던 시절의 내 위장을 후련하게 해준 추억을 지금도 갖고 있다.

이러한 자유극장의 출범이 돋보이고 색달랐던 점은 길지 않은 우리 연극사를 되돌아보면 쉽게 풀리는 사항이다. 사실 우리 신극은 질곡의 근대사와 부대끼고 싸우느라 아름답고 행복한 예술행로와는 너무나 동떨어진 자갈밭을 걸어올 수밖에 없었다. 그러한 우리 연극행태를 단번에 혁파한 극단이 바로 '자유극장'이었다고 말해도 과언이 아니다. 그런데 이런 일을 만들어낸 두 거장(巨匠), 이병복 대표와 김정옥 연출이 감수성이 예민할 때 프랑스 유학을 하지 않았다면 불가능한 거사였을 것 같다. 이야말로 우리 연극사의 섭리고 행운이라 아니할 수 없다.

가령 이병복 대표가 김정옥 연출과의 창단과 관련하여 "내가 파리에 있을 때 마리르노하고 바루도 하고 의기투합해서 극단을 만들었는데"(김영무, 『한국동인극단50년사』, p.125) 운운한 것이라든가 "희랍극에서 비롯한 서구연극을 계승 발전시켜 오늘의 참된 우리의 신극을 창조하고 그곳에 새 입김을 불어넣음으로써 나날이 잃어가는 관객을 되찾아보려는 것이 저희들의 첫 과제"(창단 프로그램 인사말씀)라고 한 배경에는 이미 혁신의 목표와 방향이 내포되어 있었다.

그런데 더욱 놀라운 점은 이런 새바람을 몰고 온 자유극장이 1970년대에 와서는 더욱 범상치 않은 변화를 일으켰다는 사실이다. 자유극장이 초기에는 수십 년 동안 쌓아온 저질 신파와 진부한 사실극이라는 구각(舊殼)을 벗어내고 신선한 바람을 불어넣는데 주력한 반면 중반 이후에는 한국연극의 세계화를 염두에 두고 정체성 모색에 나선 것이다. 예를 들어 자유극장이 그동안 작업해오던 남부 유럽풍의 경쾌한 작품들과는 매우 동떨어진 〈무엇이 될꼬 하니〉라는 특이한 작품을 내놓아 많은 사람들을 당혹케 한 것이다. 솔직히 이 작품은 한국인의 삶을 깊이 성찰하고 있던 이병복 대표와 외국견문이 넓으면서도 감각적인 김정옥 연출과의 회심의 합작으로서 현대연극사에 하나의 이정표를 던진 의미 있는 공연이었다.

주지하다시피 전후(戰後) 제3세계에서는 탈(脫) 식민문화운동이 서서히 일고 있었고, 우리나라에서도 1970년대 초부터 그와 궤를 같이 하는 방식이 정치극운동(마당극)과 혼효(混淆)되어 복잡하게 전개되고 있었다. 거기에 하나의 해답으로 내놓은 작품이 바로 자유극장의 〈무엇이 될꼬 하니〉라고 나는 생각한다.

왜냐하면 자유극장은 군사독재의 절망적인 시대 상황을 정면으로 다루지 않고 그것을 죽음과 해원(解冤) 상생으로 한 차원 승화시켜 예술화했다고 볼 수 있기 때문이다. 그런데 여기서 주목해야 할 부분은 그 작품을 시작으로 하여 이병복, 김정옥 두 거장이 새로운 실험에 도전한 점이다. 이병복이 그동안의 의상 작업을 무대미술 전반으로 확대하면서 민족적 정체성 모색과 확립이라는 긴 여정(旅程)에 나섰고, 그에 발맞춰서 김정옥 역시 서양극 추수(追隨)를 과감히 청산하고 독창적 작업에 몰두케 된 것이다.

좀 더 구체적으로 설명하면 이병복은 우리 신극이 타성적으로 해왔던 공연의 보조수단으로서의 사실적인 무대미술을 뛰어넘어 독립적이고 상징적인 무대미술로 나아가는 것에 김정옥이 행보를 같이 해줌으로써 우리 연극의 수준과 격조를 높이는데 힘이 되어주기도 했다. 생각건데 이병복이 사유(思惟)한 것은 '한국인의 생(生)과 사(死)'라는 보다 근원적인 문제였고, 더 나아가 구원(救援)에까지 다가가려는 것이 궁극적 작업 목표였던 것이 아닌가 싶다. 따라서 그가 영적(靈的)세계를 구상무대로 표현하는 것은 한계가 있다고 믿었기 때문에 추상무대로 환치한 것이며 무명이나 베옷, 창호지, 질그릇, 탈 등과 같은 토속적 재료를 고집한 것도 극히 자연스런 귀결이었다. 이러한 이병복의 원대한 꿈을 무대 위에 펼치려면 연출의 뒷받침을 필요로 했고, 평소 한국연극도 궁극적으로는 죽음문제를 다뤄야 보편성에 다다른다고 생각해온 골동품 마니아 김정옥 예술관과 맞아떨어짐으로써 〈무엇이 될꼬 하니〉가 탄생된 것이었으며, 그 역시 지속적으로 로르카 희곡과 남도 해원굿을 즐겨 극장으로 끌어들이는 노력도 해왔다고 볼 수가 있다.

그런데 이들의 작업이 탁월한 것은 우리 신극이 굴곡진 근대사의 질곡과 싸운답시고 저항과 순응이라는 양극단(兩極端)을 오가느라 인생의 본원적인 문제 천착(穿鑿)과 동떨어진 삶과 사회현상의 표피적 묘사에 그쳤던 것을 예술의 보편적인 길로 들어서게 해준 데 있다. 주지하다시피 우리나라에서 노벨문학상

수상자가 나오지 않는 것도 바로 그러한 보편성의 부족에 기인하는 것이 아니겠는가. 그리고 이들의 작업이 보다 중요한 것은 예술의 보편성 추구를 정체성의 바탕위에서 성취한 점인데, 이는 곧 한국현대문화의 대명제라 할 '전통의 현대적인 재창조'를 특수성과 보편성의 변증법적 융합으로 해결해냈다는 사실이라 하겠다.

이처럼 극단 자유극장 50년은 수천 명의 연극인들과 수백 개의 극단들 중 그 누구도 가보지 못한 '진정한 우리 연극의 길찾기와 길닦이의 과정' 그 자체였다. 특히 이병복의 독창적이고 독보적인 고차원의 무대미술은 누구도 흉내 낼 수 없는 전무후무한 '자기세계구축'으로서 한국연극의 본도(本道) 제시와 함께 세계연극의 반열에 올려놓는데 결정적 기여를 한 것이다. 그런데 아쉬운 것은 그 뛰어난 작업의 후계가 잘 눈에 띄지 않는다는 점이라 하겠다.

• 『극단자유50년사』, 2017.6

극단 현대극장의 연극사적 위상

• 현실극복의 의지와 도정

93

　　한국 현대연극사에 있어서 1970년대 중반은 아마추어리즘의 때를 조금씩 벗으면서 프로페셔널리즘으로 진입하는 시기라고 말할 수 있다. 그 점은 몇 가지 징후로 나타났는데, 그 첫째가 대중의 전문연극 요구로서 현실 확대가 그 점을 단적으로 보여준다. 두 번째는 역시 연극인들의 의식변화로서 장기공연체제 확립과 연극의 대형화 시도가 그것을 극명하게 보여준다. 세 번째로는 우리의 전통사회가 붕괴되고 산업사회로 이행되는데 따른 대중감각의 변화라 하겠다. 그것을 포착한 연극인이나 단체는 성공했고 그렇지 못한 극단은 도태되고 만 것이다. 분명히 우리 연극은 이제 운동시대는 지났고 본격적인 전문 연극시대에 들어선 것이다.

그 선도자 중의 하나가 다름 아닌 극단 현대극장이 아닐까 싶다. 현대극장은 당초 세 가지, 즉 전문화, 직업화, 과학화를 그 목표로 내세웠다. 이는 물론 연극 일선에서 20여 년간 뛰면서 나름대로 체득한 김의경의 꿈이고 실천목표임에 다름 아니다. 그는 대학극으로부터 시작하여 극단 실험극장을 이끌면서 이 땅의 연극이 어느 방향으로 가야 하는가를 가장 절실히 느낀 중견 연극인이었다. 극작가이면서 기획능력에 있어 타인의 추종을 불허하는 그는 시대변화를 가장 빨리 포착한 연극인으로서 1976년에 현대극장을 창립한 것이다. 그는 극단을 조직할 때부터 남다른 데가 있었는데, 그것이 다름 아닌 종래의 동인제 형식의 혁파였다. 책임의 공유라는 그럴듯하면서도 가장 무기력할 수도 있는 동인제를 혁파함과 동시에 연극의 영세화 극복으로 자기의 목표를 실천해 갔다. 이 두 가지가 실은 한국의 연극사를 크게 뒤바꾸어 놓는 전환점이 된 것이다. 따라서 그는 연극의 대형화, 형태의 다양화, 대상의 다변화를 시도해 나갔다. 그것이 다름 아닌 본격 제작시스템이고 정통극과 뮤지컬의 적절한 배합이며 성인뿐만 아니라 청소년, 어린이 등 관중 대상의 다변화의 시도였던 것이다. 당초 현대극장은 부조리 극작가인 이오네스코의 〈막베뜨〉로 닻을 올렸었다. 그러나 곧 창작뮤지컬 〈빠담 빠담 빠담〉으로 방향을 돌렸다가 〈세일즈맨의 죽음〉과 같은 무거운 작품으로 제자리를 찾는 등 정극과 대중극의 양안을 시계추처럼 왔다 갔다 하면서 관객을 광역화 해갔다.

그리하여 현대극장은 그 정력적이면서도 컴퓨터처럼 치밀하고 주도면밀한 기획공연으로 말미암아 단기간에 대중 속에 쉽게 안착할 수가 있었던 것이다. 자신을 얻은 현대극장은 대형 뮤지컬로 승부를 건 듯 군소 극단들은 감히 꿈도 꿀 수 없었던 〈에비타〉와 같은 문제성 있는 뮤지컬로 세종문화회관을 연극장으로 변모시켰고 그런 수준의 공연을 거의 연간 한 편씩 무대에 올렸다. 현대극장은 또한 뮤지컬에 모이는 다양한 관객층을 분석, 관중의 다변화의 필요성을 알게 된 것이다. 청소년 연극, 어린이 연극도 그래서 시도된 것이 아닌가 싶다. 현대극장의 연극을 보면 우선 그 스케일에 놀라지 않을 수 없다. 그들은 언제나 제작비를 충분히 투입하고 완성된 작품으로 승부를 건다. 그러니까 제작비를 들인 만큼 작품의 성숙도가 이루어진다고 생각하고 관객에게 하나의 상품을 제시하듯 한 것이다. 이러한 현대극장의 방향은 연극계에 하나의 커다란 바람으로 작용했고 동시에 서서히 변화를 일으켰다. 즉 연극계에서 동인제가 급속히 붕괴되어 갔고 본격 직업화 시대가 열린 것이다.

물론 연극 내적인 축적이나 준비 없이 갑자기 직업화로 가다 보니 연극계 일각에서 타락의 조짐도 없지 않았던 것도 사실이다. 80년대 이후 공연법 개정으로 극단들이 핵분열을 하면서 연극계가 더욱 왜소화해 가는 측면도 없지 않았기 때문에 조악한

타작들이 범람하기도 했다. 그런 속에서 현대극장 연극만은 물량과 질적인 면에서 단연 돋보였기 때문에 상업주의라는 일부의 비난에도 불구하고 수많은 관중이 몰려들었던 것이다. 더욱이 연극의 과학화를 내세운 현대극장은 조직에서부터 관리, 공연무대의 기술에 이르기까지 가장 앞서 나갔다.

현대극장 활동으로 한국연극은 여러 부문에서 격상, 진전의 모습을 보여주었다. 우선 앞에서도 지적한 것처럼 연극이 전문화, 직업화로 힘차게 전진하고 있다. 두 번째로는 관중을 대학생층이나 기성층이라는 어느 한 곳에 고정시키지 않고 청소년, 어린이층으로까지 확대시킨 것도 획기적인 업적이다.

이 말을 바꾸면 현대극장은 그동안 해방 이후 방향을 제대로 못 잡고 정체의 늪에서 허우적거리던 한국연극을 회생시키는 데 있어서 매우 중요한 계기를 만들어 주었다는 이야기이다. 나는 그것을 가리켜 현실주의극의 넓이와 깊이를 더해준 하나의 사건으로 일컫고자 하는 것이다. 물론 현대극장의 이러한 새로운 연극 사업을 사시로 보는 사람도 없지는 않을 것이다. 그것은 당연한 것인지도 모른다. 왜냐하면 우리는 아직도 식민지 시대의 연극의식으로 한 자락 깔고 있기 때문이다. 그러나 이제 식민지적 연극발상은 극복되어야 한다.

세계는 변했고 대중도 달라졌으며 시대감각도 달라졌다. 이제 연극이 기업화되지 않으면 생존조차 어렵게 되었다.

그 점에서 현대극장의 행보는 주목받을 만하다. 현대극장 자신은 아직 큰 성공을 거두었다고 보기는 어렵지만 한국연극이 시대변화에 능동적으로 대처하는 방법은 일단 제시한 것이 아닌가 싶다.

* 〈길 떠나는 가족〉 프로그램에서 전재, 1991

늦게 출범한 용인문화재단의 현란한 질주(疾走)

• 용인문화재단 5년을 되돌아보며

용인은 지정학으로 보면 한반도의 중심에 자리잡고 있으며
한강과 부분적으로 연해 있으면서도 야산이 차지하는 부분이
평야보다 넓어서 전체적으로 산골이라고 불러도 크게 어긋나
지 않을 것이다. 따라서 지난시절 용인은 아주 오랜 동안 명당
자리가 많아서 그랬는지 아니면 살만한 지역이 못되어서 그랬
는지는 몰라도 토박이로서는 듣기에 거북한 '죽어서나 가는 용
인(死去龍仁)'으로 칭해져 왔다. 실제로 산이 많고 교통이 불편
해서 프랑스 외방선교사들이 은둔하면서 한국풍습과 언어 등
을 익혔던 지역도 용인이어서 천주교 순교지도 여러 곳에 있다.
그만큼 용인은 한양 근처임에도 비교적 외진 지역이었다고 말
할 수가 있다. 근대에 와서도 용인은 기차 길이 비켜감으로써

외지이기는 마찬가지였다.

그러나 용인은 기후가 온화하고 한강이 가까이 있어서 아주 오랜 옛날부터 고대인들이 터를 잡고 살아왔음을 여러 가지 신, 구석기 유물들이 잘 보여주고 있다. 반면에 산이 많고 한양과 가까이 자리 잡고 있기 때문에 도시가 발전하기 어려웠고, 그로 인하여 문화가 융성할 수 없는 한계도 지녔다고 말할 수가 있다. 용인이 특별히 내세울만한 전통문화가 부족한 것도 그러한 지역적 한계와도 무관치 않다고 본다.

그러다가 우리나라가 급속한 산업화에 따른 도시화로 수도 서울이 포화상태로 변했고, 그에 따른 문명과 공해로 몸살을 앓는 처지에 놓이게 되었다. 서울에 굳이 살지 않아도 될 사람들 중에 환경 좋은 주거지를 찾는 사람들이 서서히 증가하게 된 것이다. 더욱이 교통의 발달로 서울에 직장이 있는 젊은층과 은퇴했거나 가까운 노장년층이 서울을 이탈하여 주거지를 모색하는 중에 산자수려한 용인이 자연스럽게 부각되지 않았나 싶다.

그리하여 1990년대 후반에 접어들어서 용인이 개발붐을 일으키기 시작하더니 단 20여 년 만에 한촌이 인구 1백만의 대도시로 변모한 것이다. 그런 경우를 우리는 상전벽해(桑田碧海)라고 일컫는다. 한촌이 대도시로 너무 급격하게 바뀌다보니 난개발이라는 상서롭지 못한 비판도 받은 것이 사실이고, 용인 나름으로 오랫동안 쌓아온 정체성도 사라질 위기도 맞았다. 다행히 일찍부터 용인을 지키고 사랑하는 유지들이 문화원을 중심으로 정체성 찾기와 세우기에 나서서 용인이 단순한 베드타운이나 무성격의 위성도시로 머물지 않도록 혼신의 노력을 기울여옴으로써 상당한 성과를 거둔바, 오늘날 용인시는 사람이 살만한 가장 아름답고 멋진 도시로 우뚝 섰다고 자부할 수가 있게 되었다. 용인시가 지향하는 랜드 마크로서 어질 '仁'자 아닌 사람 '人'자를 내세운 것도 이 고장이야말로 '사람이 살만한, 또 사람답게 살 수 있도록 만들어진 도시'라는 점을 강조한 것으로 보아도 크게 어긋나지 않을 것 같다.

그런데 도시가 사람이 살만한 고장이 되려면 편리한 생활환경이나 자연풍광만으로는 부족하고 삶의 질을 높여주는 정신문화가 꽃이 피어야 한다는 전제하에 용인시가 갖가지 문화예술행사를 입안, 연구, 구현하는 구심체, 즉 문화재단을 2012년에 서둘러 설립하기에 이른다. 따라서 문화재단 설립목적만 보더라도 '문화예술로 풍요로운 사람들의 용인 창조'를 전제로 하여 "시민의 문화향수 기회를 확대하고 문화 창달에 기여할 수 있는 문화예술 공간의 운영 등을 통해서 용인시민의 문화 복지 구현에 이바지하겠다."는 것이었다. 한편 문화재단의 구체적인 목표를 보면 세 가지로 압축되어 있는바, 첫째, 용인시민의 문화향유 기회확대-문화예술과 관련한 다양하고 특색 있는 활동을 통해 모든 용인시민이 용인지역 내, 일상생활에서의 문화향유 및 창조의 기회를 확대한다. 둘째, 지역정체성확보-용인만의 특색 있는 문화 콘텐츠를 적극 발굴 개발하고 확산시킴으로써 통합된 문화적 지역 정체성을 확보한다. 셋째, 문화 복지구현-예술 활동에 소외됨 없이 모든 시민이 균등한 기회를 가지고 향유하고 참여하게 한다.

이상과 같은 재단설립 목표를 달성하기 위하여 실천 주요사업 여덟 가지를 제시했던 바, 1)시가 설립한 문화예술시설의 운영 및 지원, 2)시립예술단 운영·관리, 3)지역문화예술 창작·보급 및 예술 활동 지원, 4)문화예술 진흥을 위한 정책개발 지원 및 정책사업 시행, 5)문화 예술관계 자료의 수집·관리 보급과 조사연구, 6)시민축제 기획 및 운영, 7)문화예술진흥을 위하여 용인시장이 위탁하는 사업, 8)재단의 설립목적 달성을 위하여 필요한 사업 등이었다.

이러한 문화재단의 실천사업 범위는 지나치게 넓다는 인상을 주기도 하지만 용인이 단기간에 정체성을 가진 개성 있는 문화도시로 탈바꿈하는 데는 반드시 해내야 할 일이라고도 생각된다. 이처럼 많은 일을 하려면 충분한 인력 조직이 필요함은 두말할 나위 없는 것이다. 따라서 재단은 처음에는 산하에 1국 5팀으로 조직을 구성했으나 해마다 사업의 증가로 조직정비를 변화시켜왔던 바, 두 번째 해인 2014년에는 2본부 7팀으로, 2015년에는 2본부 1센터 8팀 1TF로, 2016년 들어서는 2본부

1센터 1예술단 8팀 1TF로 확대 증가해오게 되었다. 그리하여 현재는 한 팀이 늘어난 9팀제로, 총인원 109명으로 일단 정착되었다고 하겠다.

그런데 이들이 관장하는 것은 산하 기관이라 할 포은아트홀을 위시하여 보정역 생활문화센터, 청덕도서관, 용인시문예회관, 그리고 전속예술단 단체 4개 등 여러 가지이고 성격도 각각 다르기 때문에 관리 운영하기가 쉬운 것은 아니다.

더군다나 문화재단이 다른 도시들보다 한참 늦게 출범한 것은 용인이 단순한 군청소재지에서 대도시답게 자리를 굳힌 것이 극히 최근이어서였다. 그럼에도 불구하고 용인문화재단은 평소 강한 애향심과 문화예술에 대한 이해도(理解度)가 높은 정찬민 시장과 참모들을 비롯하여 적극적인 시의회의원들, 그리고 공연예술분야에 경험이 풍부한 김혁수 대표 등 젊은 직원들이 삼위일체가 되어 역동적 활동으로 단 5년 만에 놀라운 성과를 올리고 있어 다른 도시들의 부러움을 사고 있다. 그렇다면 용인문화재단이 그동안 무슨 일을 했으며 당초 내세웠던 목표에 얼마나 근접해가고 있는가를 짚어보아야 할 차례다. 솔직히 어렵게 탄생한 신생 용인의 문화재단이 농촌에서 급격하게 현대도시로 탈바꿈하기 위한 문화도시로의 용틀임은 처절하기까지 했다.

문화재단이 제일 먼저 착수한 것은 기존의 문화인프라를 재정비하는 일이었다. 그동안 폐쇄되어 거의 버려지다시피 했던 보정 임시역사를 리모델링하여 문화센터로 혁신하는 것을 시작으로 하여 무성격의 용인시문예회관 역시 공연장으로 리모델링하여 처인홀로 재탄생시켰고, 청덕도서관마저 문화도서관으로 재정비한 것이다. 문화재단이 가장 먼저 문화인프라 재정비에 나선 것은 지식산업과 공연, 영상예술이 현대문화의 바탕이 되기 때문에 이것이 불비해서는 용인이 문화도시로 진화할 수 없다고 생각해서였다.

전술한 바도 있듯이 용인은 산지와 농지가 중심이 된 전형적인 농촌지역이어서 지난시절에는 군청소재지인 김량읍을 제외하고는 모두가 촌락들로 이루어진 지역이었다. 이런 지역에 변변한 공연장이라든가 도서관, 박물관 등이 있을 리 만무했으며, 1980년대 이후에 겨우 부실한 문화인프라가 몇 개 들어섰었다. 이들 마저 시대에 맞게 활용이 되지 못하고 있었기 때문에 문화재단이 가장 먼저 쇄신작업에 나선 것이었다.

문화인프라 정비작업 다음으로 문화재단이 착수한 것은 도시민들의 정서적 공동체 형성이었다. 이 말은 곧 한촌이 급작스럽게 대도시화되면서 각지에서 모인 다양한 시민들이 문화적인 면에서 황량하고 낯선 용인에서 정서적으로 안착하도록 하는 일이었으며, 그 일은 당연히 문화재단이 우선적으로 해내야 할 몫이었다. 사실 시민들의 정서적 공동체를 이룩하는데 가장 적합한 문화행위는 뚜렷한 목표와 세련된 내용의 축제(祝祭)와 공연일 것이다. 그리하여 문화재단이 2015년부터 시행하고 있는 '용인거리축제'가 대표적이다. 이는 온 가족이 체험과 놀이를 함께 즐길 수 있게 만든 종합축제로서 처음 시행부터 성공적이었다. 이어서 2017년부터 시행되고 있는 '용인 리빙유 콘서트 & 피크닉'은 기존의 '용인거리축제' 이상으로 많은 시민들이 참여하고 있다.

그런데 어느 한 곳에서 이루어지는 축제나 공연에 어느 도시보다도 넓은 용인의 모든 지역에서 시민들이 참여할 수가 있는 것은 아니었다. 따라서 문화재단은 직접 찾아가서 보여주는 방식을 택하기도 했다. 그것이 다름 아닌 '용인버스킨'과 '아트트럭'(2017년 시작) 운용이었다. 이런 방식을 최초로 시도한 인물은 작고 연극인 이해랑(李海浪, 1916~1989)으로서 1960년대에 이동극장이란 이름으로 6년 여 동안 전국을 순회하면서 수백만 명의 지방민들에게 문화를 공급한 데서 비롯되었다. 그 후로는 어느 지역에서도 그러한 방식을 시도 못했었는데, 용인문화재단이 그 방식을 현대적으로 변용시켜 새롭게 시도하여 소외지역 주민들의 문화갈증을 해소시키고 있는 것이다. 그렇지만 이런 방식으로 용인시민 전체에게 고품질의 예술을 제공할 수 있는 것은 아니다. 야외나 허술한 건물에서 제대로 된 예술 작품을 공연할 수는 없는 것이다. 그래서 문화재단은 대형 공연장인

포은아트홀의 효율적 운영을 통해서 양질의 예술을 공급할 수밖에 없다는 결론을 내리게 된 것이다.

포은아트홀은 외부 단체 초청과 자체제작 방식으로 시민들의 문화향수를 충족시킴과 함께 교육기능을 활성화시키는 방향으로 나아가고 있는 것이다. 그런데 전속단체가 청소년들의 오케스트라와 합창단(2016년에 재단소속으로) 및 금년에 창단한 성인합창단 정도 밖에 없는 상황에서 격조 높은 연극이라든가 뮤지컬, 오페라, 무용 등의 고급예술을 창조할 수 없기 때문에 주로 서울에서 공연되어 평가받은 작품들을 초청하여 용인시민들에게 저렴한 가격으로 관람케 하는 방식을 취하고 있다. 따라서 용인시민들이 군이 서울까지 가지 않고도 시설 좋은 우리 고장의 공연장에서 얼마든지 즐길 수가 있었으며 시민들의 반응 역시 좋은 편이다. 이러한 방식은 앞으로도 이어지겠지만 장기적으로 용인시의 재정이 넉넉해지면 포은아트홀에 연극이나 무용 등과 같은 전속단체도 두고 자체적으로 고품질의 작품도 제작하여 시민들에게 관람케 할 수 있으며 중앙문화와도 균형을 이룰 수 있을 것이다.

그런데 문화재단이 문예공급 못잖게 힘을 기울이는 것은 시민들의 인문, 예술 분야의 소양 교육과 자라나는 어린이 청소년들의 예술교육 프로그램 운영이라고 하겠다. 이는 장기적으로 문화의 저변확대를 꾀하면서 동시에 자체적으로 지역 예술인재를 육성하겠다는 목표에 두어져 있는 것이다. 가령 각 연령별로 고르게 교육을 실시하고 있는 용인시민 예술학교와 전문적이면서도 집중적으로 교육하는 창의 예술아카데미를 비롯하여 대단히 이색적이라 할 임산부들만을 상대로 한 태교교육 개발은 용인시문화재단만이 하고 있는 특수프로그램이라고 말할 수가 있다. 그 외에도 문화재단은 다문화가정 아동들만을 위한 미술학교 운용이라든가 시민모니터링단과 대학생 서포터즈 조직, 그리고 무대기술인 양성 등 다채로운 아이디어를 갖고 용인만의 다양한 예술운동을 역동적으로 전개하고 있다.

이상과 같이 지난 시절 문화 불모지나 다름없었던 용인시가 현대 문화도시로 탈바꿈해가는 모습이 가시화되자 그 공이 용인시와 시민의 전적인 지원과 협력에 힘입은 문화재단의 치밀하면서도 다각적인 노력의 결과로 인식하고 그에 대한 높은 평가를 아끼지 않았던 것이다. 가령 시가 출자·출연한 관내 여러 기관들 중에서 문화재단이 5년 연속 1등급(2017년 97.2점)을 유지했고, 용인시 관내를 넘어서 정부로부터도 '가족친화 우수기관 인증'(여성가족부)을 비롯하여 '공공부문 인적자원 개발 우수기관 인증'(교육부), 3년 연속으로 '웹 접근성 우수 인증'(미래창조과학부)을 받았으며 산업통상자원부로부터도 '한국서비스품질 우수기관 인증'을 받아냄으로써 용인문화재단이 전국에서 가장 모범적으로 운영되고 있음을 공식으로 높게 평가 받은 바 있다. 그런데 이는 사실 문화재단만의 영예가 아니라 용인시의 문화 복지 정책이 정부로부터 높게 평가받은 것이기도 하다.

그렇다고 해서 용인시가 당장 '생거용인(生居龍仁)'이 될 만큼 문화도시가 된 것은 아니다. 어느 누가 용인을 가리켜 문화도시라 부르는가. 용인이 문화도시가 되려면 오랜 시간이 필요하며 용인시만이 내세울 예술적 특장을 가져야 가능하다. 한 예로 독일 사람들조차 별로 주목받지 못하던 서부의 작은 도시 부퍼탈은 인구 36만의 평범한 지방도시에 불과했지만 유명한 안무가 피나 바우시가 부퍼탈 시립무용단을 세계적인 명문단체로 만들어 부퍼탈을 세계적인 문화도시로 부각한바 있다. 이탈리아의 제2도시 밀라노는 본래 음악으로 유명하지만 당대의 연출가 스트렐라가 피콜로극장 전속단체를 전 세계 5대 극단으로 끌어올림으로써 밀라노를 무대예술의 명품도시로 세계인들에게 각인시키기도 했다.

용인시도 정체성을 갖고 문화도시로 거듭나려면 이러한 경우를 타산지석으로 삼아 문화에 과감한 투자를 할 필요가 있다. 용인은 지역적으로 서울의 근교여서 최고의 배우와 무용가들을 쉽게 활용할 수가 있는 만큼 국립극장과 세종문화회관이 제구실을 못하고 있는 차제에 명품극단과 무용단을 조직하여 한국 최고의 전문예술단을 만들어 운영한다면 당장 문화도시가 될 수 있지 않을까 싶다. 나의 고향 용인시가 하루 빨리 세계적인 문화도시가 되기를 기원한다.

• 『용인문화재단5년』, 2017.12

사막 위에 일궈놓은 장미꽃밭 같은…

• 거창국제연극제 30주년에 대한 단상

경남 거창하면 떠오르는 이미지가 무엇일까? 아마도 지역적으로 오지(奧地)라는 것과 역사적으로는 신라와 백제의 접경지로서 선비의 고장이라는 이미지일 것이다. 그러나 상당수 사람들은 현재 인구가 고작 6만5천 명에 불과한 지역임에도 불구하고 예부터 웬만한 도시 이상으로 정치·경제·학술 등에 걸쳐 국가 발전에 크게 기여한 수많은 인재 배출의 고장이 바로 거창이라는 이미지도 지니고 있을 것이다.

이러한 거창에 대한 일반적 이미지는 솔직히 놀이문화와 어울리기보다는 전혀 상충하는 것이다. 왜냐하면 선비는 곧 양반계층과 맞닿아있고, 천민이 주도해온 연극과는 전혀 어울릴 수가 없기 때문이다. 그 점은 조선시대 양반출신의 명창 권삼득

(權三得)이 판소리를 놓지 못해 가문으로부터 파문당했던 경우에서도 극명하게 드러난다. 따라서 필자가 과문한지는 몰라도 그동안 거창출신의 유명 공연예술가를 만나본 적도 들어본 적도 없다. 그렇기 때문에 거창에는 이렇다 할 공연장 하나 없을 것임은 명약관화하다. 필자는 솔직히 아마추어극단 하나 생겨나기 어려운 곳이 바로 거창 같은 지역이 아닐까 생각해 왔다. 그러니까 적절한 비유일지는 몰라도 비교적 보수적인 거창은 딴따라(놀이) 문화와 관련해서는 사막과 같이 황량한 지역이 아닐까 생각했었다.

그런데 30여 년 전 어느 날 거창에서 국제연극제를 개최한다는 소식이 들려왔다. 그것도 아비뇽연극제 같은 것을 꿈꾼다는 소식과 함께…. 그 이야기를 듣고 필자는 누군가 참으로 어처구니 없는 일을 벌이는구나 하는 생각이 들었던 것이 사실이다. 왜냐하면 아비뇽은 종교도시인 동시에 수준 높은 시민의식의 문화도시로서 유서가 깊고 공연장은 물론이고 숙박시설 등도 잘 갖추어져 있음에도 불구하고 연극제가 성공하는데 꽤 긴 시간이 소요되었는데, 하물며 생판인 거창의 계곡유원지에서 그런 연극제를 개최한다고 했기 때문이다.

그래서 필자는 그런 무모한 일을 누가 벌이는가 하고 주변 사람들에게 물어보았다. 알아본 결과 이종일이라는 그 지역 중등학교 영어교사라고 했다. 그때 어렴풋이 떠오르는 인물이 있었다. 전국 지방연극제 초기에 특이한(?) 작품을 갖고 와서 상을 고대했던 그 젊은이였던 것 같았다. 필자의 기억으로는 그 작품이 실험성은 조금 보였으나 완성도가 너무 떨어져서 거론조차 되지 않았었다. 그러나 단 한 가지 잊혀 지지 않는 기억은 그 젊은이가 개성과 집념이 대단히 강한 인상의 경상도 사나이였다는 점이다.

그러나 필자는 거창국제연극제에 전혀 관심도, 기대도 하지 않았다. 그런 거창국제연극제에 대하여 이따금 매스컴에서 긍정적으로 평가하는 기사를 접한 경우는 있었다. 이에 필자는 현상을 가장 정확하게 파악하는 영남연극의 대부 김삼일 석좌교수에게 거창국제연극제에 대해서 이모저모를 알아보았다. 그런데 의외로 그의 대답은 성공적인 연극축제라는 것이었다. 한때는 연극제가 20여 만 명이라는 경이적인 관객을 동원했다고 추켜세우기도 했다. 그것이 사실이라면 우리나라에 몇 개의 국제연극제들 중 그만한 관객을 동원하는 경우는 별로 없었다고 볼 때, 거창국제연극제는 정말 놀라운 성공이라고 아니할 수가 없다. 전술한바 있듯이 어느 모로 보나 연극이 이루어지기 어려운 벽지 거창에서 국내연극제도 아닌 국제연극제를 성공시킨 일은 기적 같다는 생각이 들었다.

그렇다면 거창국제연극제의 성공요인은 무엇일까? 그것은 두말할 필요도 없이 이종일이라는 주도자의 집념과 열정, 그리고 끈질김에 의한 것으로 보아야 할 것이다. 그러니까 국제경험이 거의 없는 지방연극의 무모한 꿈이 기적 같이 현실화되는 데는 그의 일생일대를 건 모험과 자기 고장에 대한 애정, 헌신, 그 외에 주도면밀한 기획의 산물이라 생각된다.

그 다음의 성공요인으로는 거창군민의 절대적인 협조에서 찾아야 할 것 같다. 왜냐하면 연극은 혼자서 제작할 수 있는 것도 아닐뿐더러 연극제 처음 몇 년 동안은 거창군민이 관객의 70%가 되어준 점에서 그렇다. 관극체험이 부족해서 공연문화에 대한 이해도 높다고 볼 수 없는 거창군민들이 연극제를 외면하고 협조해주지 않았다면 연극제는 절대로 성공할 수가 없었다고 본다.

연극은 관객과 함께 만들어가는 것이 아닌가. 따라서 황량한 사막 위에 장미꽃밭을 일군 것과 같은 거창국제연극제는 이종일 감독의 인간승리인 동시에 거창군민의 문화적 승리라고도 말할 수가 있다. 그 연극제로 인하여 거창이 국내를 넘어서 국제도시로서 이름이 조금씩 알려지기 시작한 만큼 군 당국이 전폭적 지원에 나서야 할 차례다. 연극제도 이제는 비좁은 계곡을 벗어나 아비뇽 시처럼 거창군 전체에서 이루어져야 하며 '이종일의 연극제'를 넘어 '거창군민의 연극제'로 승화되어야 한다. 그래야만 국제연극제로서의 면모도 갖출 수가 있으며 세계적인 공연단체들도 다투어 참여할 것이다. 궁극적으로는 그 연극

제로 인하여 거창은 어느 지방 도시들보다도 앞서가는 현대 문
화도시로 탈바꿈해갈 것으로 확신한다.

제2부

뮤지컬의 급팽창과 앞으로 풀어야 할 과제

누가 뭐래도 오늘날 한국, 더 나아가서 전 세계의 공연장들을 가득 채우고 있는 연극 양식은 단연 뮤지컬이다. 그런데 흥미로운 점은 우리나라에서 처음 뮤지컬을 시작한 것이 1962년이므로 그 역사는 고작 63년 밖에 되지 않았다는 사실이다. 우리가 근대극 형태의 공연을 시도한 것이 1911년 가을이라고 볼 때, 백여 년 만에 온통 뮤지컬 세상이 된 것이다. 특히 간난신고(艱難辛苦)를 거치면서 근대극운동을 펴온 선구적인 연극인들이 과거를 되돌아본다면 아마도 놀랄 정도로 격세지감을 느끼지 않을 수 없을 것 같다. 왜냐하면 가난을 숙명으로 알고 연극을 해왔던 그들의 눈에는 우리나라 뮤지컬이 활발하게 전개된 지는 고작 30여 년에 불과하지만 그 시장 규모가 연간 3천억원이라고 한다면 기절초풍할 노릇이기 때문이다.

실제로 뮤지컬의 역사는 우리만 짧은 것이 아니다. 수천 년의 서양연극사에서도 보면 뮤지컬 역사는 고작 1백 20여 년 밖에 되지 않는다. 가령 그 기원을 1890년에 영국의 죠지 에드워즈가 런던의 게이어티극장에서 막을 올렸던 뮤지컬 코미디로부터 비롯되었다고 볼 때 그렇다는 이야기다. 그것도 40여 년 동안은 지지부진했었고, 제2차 세계대전을 전후하여 갑자기 미국에서 번창했다는 점에서 보면 세계 뮤지컬 역사는 더욱 짧다고 말할 수가 있다. 우리가 흔히 뮤지컬 하면 뉴욕의 브로드웨이를 떠올리는 이유도 바로 거기에 있는 것이다. 물론 죠지 에드워즈도 단번에 뮤지컬 코미디를 만들어낸 것은 아니었다. 그가 그런 시도를 할 수 있었던 배경도 실은 수십 년에 걸쳐 영국 등 유럽에서 유행해온 여러 가지 공연양식이 바탕이 된 것이었다.

죠지 에드워즈의 뮤지컬 코미디도 실은 음악, 무용, 마술이 중심이 된 희가극을 비롯하여 1인 코미디 단편들과 여성코러스, 춤 등이 주가 되는 벌레스크, 노래가 곁들인 짧은 희극이라 할 보드빌 및 버라이어티 등이 발전적으로 종합된 것이었다. 이처럼 뮤지컬은 노래와 춤이 바탕이 되고 변화무쌍한 풍자적 경희극이 융합되어 발전된 것임을 알 수가 있다.

이러한 서양의 뮤지컬을 우리나라에 처음 도입한 이는 선구적 극작가인 동랑 유치진(柳致眞. 1905~1974)이었다. 사실 6·25

전쟁 전 까지만 해도 해외정보가 미약했을 뿐만 아니라 연극인의 구미여행은 꿈도 꾸지 못했었다. 그러던 차에 록펠러재단의 후원으로 유치진이 1957년에 1년간 구미 연극여행을 하다가 브로드웨이에서 뮤지컬을 관람하고 충격을 받음과 동시에 그것이야말로 미래연극의 대표적인 형태가 될 것임을 예감하고 돌아왔다. 따라서 그는 드라마센터를 건립하자마자 1962년에 〈포기와 베스〉(헤이워드 부처 작)를 시험 삼아 가장 초보적인 뮤지컬 형태로 무대에 올려 보게 된 것이다.

그런데 낯선 공연에 대한 관객의 반응은 예상 외로 괜찮은 편이었다. 그 이유는 두 가지에 있었던 것이 아닌가 싶다. 본래 우리나라의 고유 연극양식이 가무가 주가 되어왔던 데다가 토종의 악극이 유행해왔던 터라서 서양식 뮤지컬에도 전혀 낯설어하지 않았던 것이라 보여진다.

그러나 드라마센터의 뮤지컬 시도는 그것으로 그쳐야 했다. 왜냐하면 당시의 연극 여건으로는 더 이상 뮤지컬을 제작할 수가 없었기 때문이다. 춤과 노래를 제대로 부를 수 있는 배우, 연출가, 작곡가 등등 인재의 부재는 물론이고 막대한 제작비가 없었던 데 따른 것이었다. 그래서 드라마센터는 일단 뮤지컬운동을 접어야 했다.

그런 때에 마침 군사 혁명정부에서 계몽적인 방편의 하나로 예그린악단을 조직함으로써 뮤지컬 양식이 다시 부상되었고,

드라마센터가 시도한 7년 뒤인 1969년에 창작뮤지컬 〈살짜기 옵서예〉가 세종문화회관 무대에 올려지게 된다. 그러나 정권이 안정되고 또 예그린악단 창립을 주도했던 김종필(金鍾泌)이 권력에서 물러앉음으로써 악단은 국립극장에 편입되었다가 다시 세종문화회관으로 소속이 바뀌는 등의 우여곡절 끝에 별 특색 없는(?) 가무단이라는 이름으로 존속되고 있다.

그런 시기에 뮤지컬의 바통을 이은 연극단체가 다름 아닌 젊은 극단 가교였다. 중앙대학교 연극학과 출신들이 조직한 가교는 미국선교회의 후원으로 불우청소년이라든가 재소자들을 위한 자선공연을 많이 하게 되면서 가무중심의 경쾌한 공연 형태가 선호되었고, 그에 따라 뮤지컬이 주된 레퍼토리가 된 것은 극히 자연스런 것이었다. 따라서 그들이 가장 많이 무대에 올린 레퍼토리가 바로 뮤지컬 〈아가씨와 건달들〉로서 큰 인기를 모으기도 했다.

그런데 1962년 드라마센터로부터 시작되어 예그린을 거치고 극단 가교에 이르는 10여 년 동안의 뮤지컬 흉내는 솔직히 서양의 그것에 전혀 미치지 못하는 음악극 수준이었고 대중의 큰 시선도 못 끌었었다. 그 이유는 대체로 세 가지에 기인한다고 말할 수가 있을 것 같다. 그 첫째가 인적 자원의 부재였고, 둘째로는 군소 극단들로서는 뮤지컬을 할 수 있는 재원조달이 불가능했으며, 끝으로 연극계의 리더들, 이를테면 이해랑, 이원경, 차

범석 등이 진중한 사실주의만을 바람직한 연극이라 확신하고
있었던데 따른 반항이라고 말할 수가 있다.

그러던 차에 감각이 뛰어나기로 이름난 극작가 김의경이
1977년 5월에 자신이 조직한 극단 현대극장을 이끌고 프랑스의
유명한 샹송 가수 에디트 피아프를 소재로 한 창작음악극 〈빠담
빠담 빠담〉을 무대에 올려서 많은 관객을 모으게 된다. 물론 이
작품에서는 인기 코미디안, 가수, 유명 아코디언 등을 기용함
으로써 지나치게 상업성만을 노린 것이 아니냐는 비판을 받기
도 했지만 일단 뮤지컬의 가능성을 보여주었던 것만은 사실이
었다. 이 작품을 제작한 김의경은 창작음악극을 하게 된 배경과
관련하여 "어느새 인가 엔터테인먼트의 자리를 빼앗긴 한국연
극을 재미와 감동의 엔터테인먼트로 변형시켜보려"(『도전과 응
전의 긴 여정』, p.133) 했다고 솔직히 고백하기도 했었다.

이러한 그의 고백은 연극인생에서 매우 중요한 의미를 지니
는 것이다. 왜냐하면 그가 1960년 가을에 '연극 아카데미즘'이
라는 명분을 내걸고 극단 실험극장을 창단하여 소위 동인제 시
스템의 프레임을 연 주역이었는데, 단 17년 만에 갑자기 오락
극을 주창하고 나섰기 때문이다. 이는 사실 그가 20대의 기분
으로 아카데믹한 연극을 제창했지만 장년이 되면서 연극의 대
중성을 깨달은 것이고, 또한 산업화시대에는 역시 그에 걸맞는
연극이 절실했음을 인식했던 것 같다. 그래서 찾아낸 것이 다름

아닌 뮤지컬 형태였던 것이다.

그러나 뮤지컬 여건은 여전히 어려운 상태였다. 그때 그가 생각해낸 것이 어린이 뮤지컬이었고, 과자 기업인 해태가 전적으로 지원함으로써 〈백설공주〉〈피터 팬〉 등을 무대에 올려서 수많은 어린이들을 감동시킴으로써 관중의 저변을 넓힌 바 있었다. 거기서 자신을 얻은 그는 마침 대형가수 윤복희가 뮤지컬을 선호함으로써 1980년에 드디어 제대로 된 브로드웨이식 뮤지컬인 〈지저스 크라이스트 수퍼스타〉(JCS)를 공연함으로써 본격 뮤지컬 시대의 막을 열게 된다. 극단 현대극장은 외국 전문가의 기술지원도 받으면서 본격적인 뮤지컬운동을 벌여 나갔는데, 가령 JCS에 이어 〈사운드 오브 뮤직〉〈웨스트 사이드 스토리〉〈레 미제라블〉 등과 창작뮤지컬 〈화랑 원술〉 등도 공연하면서 어린이 해태명작극장도 병행하여 1980년대에 전국에 걸쳐서 뮤지컬의 씨앗을 뿌리기도 했다.

가령 그들의 통계에 따르면 극단 현대극장이 12년 동안 1,637회 공연에 연인원 2백여 만 명을 동원했다고 하는데, 이는 사실 근대연극사상 한 극단이 그렇게 많은 관중을 동원하는 최초의 기록이기도 했다. 이는 곧 극단 현대극장이 1980년대를 자연스럽게 뮤지컬이 연극 팬들의 마음속에 친근한 연극형태로 자리잡도록 하는 역할을 한 것이어서 중요한 의미를 지니는 것이기도 하다. 이에 자극 받아 그동안 우리가 잃어버리고 있었던 토종뮤지컬(?)이라 할 악극도 덩달아 붐을 일으키기도 했다.

이상과 같이 1962년에 드라마센터에서 발아된 뮤지컬이 20여 년이 지난 1980년대에 와서 비로소 조그만 줄기가 생기고 이파리도 조금씩 돋아나기 시작한 것이다.

앞서 언급한바 있듯이 1980년대 초까지만 해도 십수 년 동안 뮤지컬이 시작되고 나서 공연 횟수가 겨우 통틀어 30여 편을 상회했다고 볼 때, 그것이 공연예술계의 한 지류에 불과했었음을 알 수가 있다. 그러나 1980년대 중반 이후부터 현대극장과 민중극단이 뮤지컬 공연에 뛰어들면서 상황이 조금씩 바뀌어가기 시작했다. 가령 미국에서 연출을 공부하면서 브로드웨이에서 관극경험을 가진 연출가 정진수가 민중극단을 이끌고 〈아가씨와 건달들〉을 무대에 올리면서 장기공연까지 할 정도로 관중의 흥미를 끈바 있었고, 국립극장에서 세종문화회관으로 옮긴 시립가무단과 88서울올림픽을 염두에 두고 출범한 서울예술단이 가무극을 제작함으로써 음악극이 대중의 시선을 끌기도 했다. 1970년대에 음악극의 문을 연 현대극장도 1990년대 들어서는 〈장보고〉 등 대형 창작뮤지컬을 여러 편 만들어서 관중을 자극하기에 열성적이었다. 1980년대 후반부터는 서서히 정통뮤지컬과 우리식의 가무극이 공연예술계의 한복판을 향하여 서서히 다가오기 시작했다는 이야기다.

그렇다고 해서 서양과 같은 모형의 뮤지컬이 정착하기에는 요원해 보였다. 왜냐하면 전문 인력의 부재로 여전히 흉내 내기에 불과했기 때문이다. 뮤지컬 배우의 기본이라 할 춤과 노래를 제대로 할 줄 아는 배우가 있었던 것도 아니고, 뮤지컬의 본질을 아는 연출가, 작곡가, 안무가 등이 전무하다시피 했었다. 그렇기 때문에 몇몇 극단들이 서양뮤지컬을 그대로 모사(模寫)하는 수준의 미숙한 작품을 만들거나 아니면 브로드웨이 작품을 그대로 수입해오는 경향으로 흘러갈 수밖에 없었다. 특히 뮤지컬 선호의 젊은층 관객이 증가하면서 그런 경향은 가속화되어갔다. 너도나도 돈벌이가 된다는 생각으로 서양뮤지컬을 수입하는데 경쟁적으로 나섰던 것이다. 그러면서 뮤지컬 수입에 맞춰 서양의 전문가들도 들어와 뮤지컬의 노하우를 전수하는 과정에서 우리의 뮤지컬이 날이 갈수록 진전되어 간 것이 사실이었다.

그런 때에 역시 미국에서 연극수업을 받은 중견연출가 윤호진이 본격 뮤지컬 단체인 에이콤을 출범시키면서 상황이 달라지기 시작했다. 특히 우여곡절 끝에 창작뮤지컬 〈명성황후〉를 성공시킴으로써 서울예술단이나 시립가무단 등의 이상야릇한 음악극과는 전혀 차원이 다른 우리의 이야기를 담은 서양뮤지컬의 본보기를 제시하고 나선 것이다. 이것이 우리 뮤지컬 역사의 전환점을 만든 계기가 되었다고 말할 수가 있다.

그 무렵 박명성이 이끄는 신시컴퍼니가 과거의 틀을 깨고 전문 뮤지컬 극단을 표방하고 나섬으로써 에이콤과 자연스럽게 양강구도(兩强構圖)를 형성하여 경쟁적으로 우리 뮤지컬 시장을 확장해서 갔고, 제작사도 과잉일 정도로 많이 생겨나기 시작했다. 그런데 두 주도 단체는 성격적으로 조금 달랐다. 신시컴퍼니가 대형뮤지컬의 수입에 전념한데 반하여 에이콤은 창작뮤지컬 개발에 주안점을 두었다. 특히 메이저 신문인 조선일보(스포츠조선)가 뮤지컬진흥에 앞장서서 시상제도를 만든 것은 뮤지컬 붐을 일으키는데 주요역할을 하기도 했다.

그러나 무엇보다도 주목할 만한 점은 1990년대 이후에 전문 연극인들이 적잖게 양성된 점이라 하겠다. 그러니까 뮤지컬이 공연예술의 주도 장르로 잡아가면서 부산 동서대학을 필두로 하여 뮤지컬학과가 생겨나기 시작했으며, 현재는 전국에 20여 개나 되며 현장에서의 자체수련으로도 능력 있는 배우들이 상당수 양성되어 오늘날 1천5백 여 명이나 활동하고 있다. 그 뿐만 아니라 전문연출가를 비롯하여 극본가, 작곡가, 안무가 등도 자연스럽게 뮤지컬 시장을 풍요롭게 뒷받침해주었다. 게다가 뮤지컬 전문극장도 여러 곳에 새로 건립됨으로써 뮤지컬이 단숨에 전성기를 향해 가는 듯이 보이기도 했다.

백 수십 개의 단체들이 연간 5백편 이상의 작품을 3천여 회에 걸쳐서 무대에 올리고, 연인원 8백여만 명의 관객이 뮤지컬을 보고 있다니 놀라운 일이다. 물론 고정관객은 아마도 1백만 명을 넘지 않을 것이다. 이 정도면 우리도 선진국의 공연예술 상황과 유사해졌다고 볼 수가 있다. 그만큼 우리나라의 공연예술 기반이 튼실해지고 있다는 이야기도 된다. CJ 등과 같은 대기업도 뛰어듦으로써 뮤지컬 시장에 연간 3천5백억 원 정도의 자금이 유통된다니 격세지감이 든다고 아니할 수 없다. 왜냐하면 신극 초창기에는 배우들이 제대로 먹지를 못해 공연 중 무대에서 쓰러지기도 했고, 1960년대까지도 연극인들이 알량한 주머니 돈을 털어 작품을 만들지 않았던가.

그렇다면 오늘날 뮤지컬상황은 문제가 없는가. 그렇지가 않다. 가장 큰 문제는 과잉생산으로 당장 구조조정에 나서야 할 판이다. 수요공급의 불균형이 문제라는 이야기다. 이 비좁은 시장에서(그것도 서울을 중심으로) 5백여 편의 공연은 무리다. 전문배우는 그런대로 양성되었다 치더라도 극본가나 작곡가, 안무가, 연출가까지 넉넉히 양성된 것이 아니고, 제작자본 역시 여유롭지 못한 상황에서 양질의 무대보다는 부실한 작품이 양산될 수밖에 없는 구조다. 그렇게 많은 공연에서 성공률이 겨우 5%라는 것이 그 단적인 예라 하겠다. 당장 제작사들로부터 구조조정에 나서야 하고 공연도 절제가 필요하다.

그러나 무엇보다도 뮤지컬 성공은 해외시장 진출에서 그 돌파구를 찾아야 한다. 특히 뮤지컬과 상관관계가 깊다고 할 수 있는 젊은이들의 K-POP의 성공이나 드라마, 영화의 해외에서의 인기는 그 가능성을 암시하고 있다. 이미 80년 전에 한국영화의 창시자 춘사(春史) 나운규는 우리 영화의 성공은 해외시장 진출로 가능하다고 예언한바 있다. 물론 에이콤 등 몇몇 뮤지컬단체는 일본과 중국의 공연에서 가능성을 찾아가고는 있다. 따라서 제작비가 많이 드는 뮤지컬의 해외진출을 위하여 정부나 대기업의 정책적 지원이 반듯이 뒤따라야 한다.

그에 앞서 자체의 역량도 크게 키워야 함은 두말할 나위 없는 것이다. 기술도 중요하지만 보편성 있는 작품(극본)이어야 해외에서 살아남을 수 있을 것이다. 특히 젊은이들만이 아니라 장년층도 공감할 수 있는 작품이어야 하고 브로드웨이식 뮤지컬만이 아니라 악극, 창극, 여성국극 등 음악극의 다양화도 시도해볼 만하다.

• 인아트, 2016.11~12

아름답고 환상적인 '어른들을 위한 동화'

• 창작뮤지컬 〈댄싱 새도우〉를 보고

상당히 오랜 기간을 통하여 탄생된 창작뮤지컬 〈댄싱 새도우〉가 예술의전당 무대에서 그 화려한 막을 올린 것은 2007년 7월 8일이었다. 물론 좋은 작품일수록 준비기간이 길게 마련이지만 이 작품이 많은 시간을 요한 것은 국내외의 전문가들이 참여하여 만든데 따른 것이었다. 우리나라의 대표적 극작가인 차범석이 40여 년 전에 쓴 수작 〈산불〉이 원작이 되고 거기에 남미의 세계적인 극작가 아리엘 도르프만이 극본을 새로 만들었고, 작곡 역시 스코틀랜드 출신의 에릭 울프슨이 맡음으로써 명실상부 세계적인 작품이 된 것이다. 이 작품이 세계적이라는 것은 뮤지컬 자체가 세계적 수준이라는 사실을 넘어 원작자와 배우만 한국인일 뿐 연출, 무대미술, 안무, 음악, 수피버전 편곡,

그리고 조명디자인까지 대부분을 서양의 전문가들이 총동원되다시피 해서 만든데 따른 것이다. 따라서 이 작품은 여러 면에서 그동안 만들어온 국내의 창작뮤지컬들과는 차원을 달리하는 것이다. 솔직히 작품을 전체적으로 보면 지루하게 느껴질 수도 있을지 모른다. 왜냐하면 작품 전개 자체가 상징과 은유가 많은 우화적인 내용이어서 난해함을 수반케 되기 때문이며 원작이 우리 것이라고 하더라도 영어로 극본이 된 것을 번역한 것이어서 언어가 명확하게 관객에게 전달되지 않았기 때문이다.

그러나 한 가지 결론부터 이야기한다면 여태까지 국내의 창작뮤지컬들 중에서 이 작품만큼 세련되고 우아하며 아름다운 작품은 없었다. 그것은 작품의 품격에서부터 음악, 그리고 무대미술과 조명 디자인에서 여타의 창작뮤지컬들을 압도했다고 말할 수가 있는 것이다.

주지하다시피 차범석의 〈산불〉은 우리나라 사실주의 희곡의 최고봉으로 자타가 인정하는 작품으로서 1950년 한국전쟁과 문명이 빚어내는 잔혹성과 인간성의 파괴를 묘사한 것이었다. 그런 희곡을 도르프만이 한국적인 토속성을 털어내고 보편적인 이야기로 전환한 것이었다. 소백산맥의 한 산골마을을 배경으로 하여 싸우고 있는 남·북한군을 추상적인 태양군과 달군으로 나누고, 숲을 삶의 터전으로 삼고 살고 있는 콘스탄츠라는 마을로 배경을 바꾼 것이다. 소위 보편적인 이야기로 바꾸기 위한 묘안이었다.

그리고 원작은 주인공 두 사람을 죽임으로써 처절한 비극으로 만든 것이지만 여기서는 비극을 초월한 희망의 드라마로 만든 것 역시 색다르다. 물론 전쟁을 배경으로 남편들을 잃은 과부들이 탈영한 남성을 중심으로 애욕의 대립을 부각시킨 것은 같은 주제의식이다. 가령 젊은 과부 점례를 숲을 생명처럼 아끼는 나쉬탈라(김보경 분)로, 사월이를 도시동경의 신다(배혜선 분)로, 늙은 과부댁을 마을의 촌장 아스터(김성녀 분)로, 그리고 교사출신의 탈영병을 목수 솔로몬(신성록 분)으로 바꿈으로써 토속성을 탈피시킨 것이다. 그뿐만 아니라 전형적인 사실주의 희곡을 상징적인 우화극으로 바꾸고 동시에 뮤지컬로 바꾸었기 때문에 원작을 알고 있는 관객들에게는 묘한 이질감을 줄 수밖에 없었다. 왜냐하면 원작이 내재하고 있는 살벌함이라든가 긴박함 같은 것이 제거되었기 때문이다. 특히 이 작품이 전반기 내내 지루함을 준 데는 시화된 언어들이 낯선 번역 투인 데다가 배우들이 제대로 전달을 못했던데 그 근본적인 원인이 있었다. 그리고 현대뮤지컬은 대사가 점점 줄어드는 추세인데 이 작품은 뮤지컬이라고 이름 붙이기 어려울 정도로 노래 못지않게 대사가 많아서 노래극이 된 데도 또 하나의 원인이 있었다고 보아야 할 것이다.

솔직히 작품이 전체적으로 역동성이 떨어질 수밖에 없는 것은 주제 자체가 전쟁을 혐오하고 자연에 대한 생명의식이라는 너무 고상하고 깊은 철학을 내포한데도 원인이 있었다. 그러나 이 작품을 수작으로 보는 이유는 다섯 가지에 있다.

첫째는 대단히 토속적인 이야기를 보편적인 이야기로 바꾸면서 시적 상징으로까지 끌어올린 주제와 언어에서 찾아야 할 것이다. 역시 도르프만은 세계적인 작가답게 원작을 아름다운 우화극으로 바꾸어 놓았던 것이다. 결국 현대 인류의 문제는 문명과 자연의 대립이라고 볼 때, 그가 원작을 그렇게 변환시킨 것은 매우 적절했다고 말할 수가 있다.

두 번째로는 역시 빼어난 음악을 평가할 수가 있다. 여태까지 창작뮤지컬로서 이만큼 고급스럽고 다양한 음악으로 극을 고양시킨 예가 없었다. 전체적으로 세미 팝클래식이라는 기조와 다양한 음악으로 극을 고양시킨 예가 없었다. 전체적으로 세미 팝클래식이라는 기조 아래 탱고, 삼바, 캉캉의 경쾌함을 적절히 가미하여 대단히 서정적이고 감미로움으로 무대를 가득 차게 만든 것이다. 이처럼 숲(자연)의 소리와 인간의 노래를 절묘하게 조화시킨 것은 울프스만이 해낼 수 있는 것이었다. 다만 음악이 너무 적은 것이 아쉬움이었다.

세 번째로는 뛰어난 무대미술에서 찾아야 할 것 같다. 울창한 고목나무 숲은 그렇다 치고 불 탄 뒤 거대한 나뭇등걸만이 앙상하게 남도록 한 것은 대단히 훌륭한 디자인이었다.

네 번째로는 연출에서 찾아야 할 것 같다. 외국인이어서 배우들이 대사를 제대로 전달하는지를 분별해낼 수 없었던 것이 작품을 늘어지게 만들긴 했지만 적절하게 춤을 삽입하는 등 작품의 구석구석까지 연출가의 손길이 닿은 것이 눈에 띌 정도로 전체적으로 매끄럽게 흐르게 한 것은 역시 연출의 솜씨였다고 본다. 다만 제1막의 늘어짐을 조여 준다면 작품은 한결 나아질 것이다.

마지막으로 배우들의 연기를 평가할 수 있는데, 이번 작품에서는 나쉬탈라 분의 김보경이 배역도 좋고 연기력도 돋보였다. 성량도 풍부하고 미성으로서 도르프만의 유년 시절에 대한 동경을 어느 정도 충족시켜준 것이 아닌가 싶다. 촌장 역의 김성녀는 워낙 노련한 배우로서 능수능란하게 극을 이끌었지만 중심축으로서 조금 더 카리스마가 있었으면 싶었다. 그의 노래가 적은 것도 아쉬움이었다.

이상과 같이 〈댄싱 섀도우〉가 첫 술갈에 배부를 수는 없겠지만 감미로운 주제음악이 극장 문을 나선 뒤에도 귀에 생생한 것으로 보아 일단 성공적으로 보아주어야 할 것 같다.

• 뷰티플 라이프, 2007.9

세계의 지붕 위에 울린 인간 자각의 소리

세계 여성해방의 바이블로 애칭 되는 희곡 〈인형의 집〉이 발표된 것은 1879년이었다. 19세기 후반이었던 이때는 유럽이 산업 사회로 이행되는 과도기였기 때문에 과거의 봉건적 가치관이 붕괴되고 개인주의가 크게 신장되는 시기였다. 그런 가운데서도 수천 년 동안 지속되어온 남성위주의 권위주의적 사회체계는 굳건하기만 했다. 그처럼 철벽같은 남권우위 사회에서도 여성들이 조금씩 사회 진출과 함께 한 인간으로서의 존립을 암암리에 모색하는 경향이 있었다. 그런 때에 사회는 한 위대한 작가 헨리크 입센을 만나게 된 것이다.

이 말은 곧 유럽을 방랑하면서 사상극에 몰두했던 헨리크 입센이 사회에 시선을 돌린 것을 의미한다. 그리고 그는 시대가 바뀌어도 좀처럼 변할 줄 모르는 사회인습과 위선적 권위의식을 정면으로 공격하고 나선 것이다.

입센이 여성문제에 관심을 갖게 된 것은 당시 유럽사회에서 남성의 견제 하에 부당하게 예속되어 있었던 여성의 지위를 향상시키고 가정에서의 남녀의 지위를 동등하게 만들어야 한다는 주장이 일고 있었기 때문이다. 물론 입센이 〈인형의 집〉을 쓴 것은 여성해방을 염두에 둔 것은 아니었다. 다만 그것은 그의 사적인 경험에 입각해서 여성의 내면적 자각의 경과를 써본 것이었다. 유럽 상류층 가정을 모델로 하고 있음은 노라의 남편이 변호사이며 은행장이라는 점에서도 알 수 있다. 그러한 지위의 남편과 네 자녀까지 두고 있는 집안이니 매우 유복하고 행복했음은 두말할 나위 없다. 또 남편도 매우 고지식할 정도로 가정적이고 아내 노라를 작은 종달새라 부르면서 귀여워 해주는 처지이다.

그러나 노라에게는 하나의 비밀이 있었다. 신혼 초 남편이 신병으로 전지요양 중일 때, 선친의 사인(私印)을 위조하여 돈을 빌려 쓴 일이다. 그 후 이 사실을 안 남편(헬머)은 자신의 사회적 매장만을 두려워 한 나머지 노라를 대단히 꾸짖었다. 다행히 채권자가 무조건 수표를 노라에게 돌려줌으로써 사건이 해결은 되었다. 그러자 남편은 다시 아내 노라를 사랑하는 척한다. 그러나 노라는 이미 자신에 대한 사랑이 진실이 아니었음을 알고 남편의 위선에 환멸을 느낀 것이다. 이때 노라가 느낀 것은 독립된 '인간'이 되어야겠다는 것이었다. 그렇기 때문에 이제까지 자신이 겪어온 환상과 기만에 입각한 결혼생활부터 청산해야겠다는 결심을 한다.

사랑하는 남편과 자녀, 그리고 안온한 가정을 박차고 눈보라 치는 문밖을 나서는 노라에게서 나는 솔직히 섬뜩함을 느꼈다. 왜냐하면 그러한 용기는 좀처럼 남자들에게서도 찾아보기 힘든 것이기 때문이다. 사람들은 특히 나이가 들어갈수록 안일하게 되고 타성에 빠진다. 그만큼 현실과 타협해 가면서 산다는 이야기이다. 도대체 자존(自尊)이 뭐고 인간적 삶이 무엇이길래 행복한 가정까지를 박찰 수 있단 말인가. 남편이 자기를 독립된 존재로 보아주지 않고 마치 인형처럼 대해 준다고 해서 배신감을 느끼고 절망하며 분노를 터뜨리고 집을 나선다는 것이 우리의 실정에서 보면 사치스럽게까지 보인다. 그렇다면 우선 부부가 헤어지기 직전에 나누는 대화부터 소개해 볼 필요가 있을 듯싶다.

노라 : 애써 보겠어요. 제 자신을 교육시키려고요. 당신은 그 일에 전혀 도움을 주지 않았어요. 저 혼자서 해나갈 수밖에 없군요. 그래서 여보 – 저는 당신 곁을 떠나가려는 거에요.

헬머 : 아니, 그게 무슨 소리야?

노라 : 제 자신을 결코 알 수 없을 거에요. 그래서 당신과는 더 이상 같이 있을 수 없어요. 당신이 그렇듯이 무엇보다도 먼저 저도 인간이라는 것을 저는 믿고 있어요. 적어도 그렇게 되도록 노력해야겠다는 것을 말에요. 저는 이 이상 더 남이 말하는 것 또는 책에 적혀 있는 것에 만족할 수 없어요. 내 스스로 생각을 해야겠다는 거예요.

이상의 대화 속에 매우 중요한 구절들이 있다. 자신을 교육시키려는 데 있어서 남편은 전혀 도움이 되지 못한다는 것과 현실을 직시하는 데 있어서 남편은 장애물만 된다는 것. 그리고 기존 윤리나 교육은 여성의 인간적 독립에 아무런 도움이 되지 못한다는 것 등이다.

나는 이상의 세 가지 내용 속에 서양 여성들의 세계관, 사회관, 인생관이 압축되고 있다고 생각한다. 서양 여성들은 이미 1백50여 년 전에 아내가 남편의 부속물이 아닌 독립적 존재라는 것을 자각한 것이다. 그리고 그 독립이라는 것이 어떤 내용이어야 하는 것도 알아낸 것이다. 그러나 그것보다도 더 중요한 것은 한 인간으로서의 독립과 자존, 자유는 그 어떤 부귀영화나 육체적 만족보다도 우위에 있고 소중하다는 것을 깨달은 점이라 하겠다. 그 점에서 노라로 대표되는 서양 여성들의 높은 지성에 감탄하지 않을 수 없다. 물론 그것은 위대한 리얼리스트 입센이 창조한 인물이다. 그러나 작가가 창조하는 인물은 시대정신의 축약이라는 점에서 노라가 당시 서양 여성들의 실제적 삶과 그렇게 동떨어진 존재는 아니었다는 사실을 기억할 필요가 있다.

당시 이 작품의 마지막 막(幕)이 내리면서 노라가 남편과 네 아이를 두고 집을 나갔을 때 "그 쾅하고 현관문을 닫는 소리가 온 세계의 지붕 위에 울려 퍼졌다."고 정한 평론가도 있었다. 그만큼 영향력이 대단했다. 이 작품이 우리나라에 소개된 것은 1922년(梁白華 譯)이었고 선구적 화가 나혜석(羅蕙錫)이 축시를 쓸 정도로 열광했다. 신여성들이 대단히 공감한 것이다. 그러나 나혜석은 남편에게 쫓겨나 거리를 방황하다 횡사했다. 그런 유형의 당시 선구여성들이라 할 시인 김명순(金命淳)은 정신이상으로 행방불명이 되었고, 김일엽(金一葉)은 출가를 하여 수덕사에서 여승으로 일생을 마쳤으며, 성악가 윤심덕(尹心悳)은 현해탄에 몸을 던졌다. 그만큼 우리 사회는 남권의 절대체제에서 여성들은 몸부림치고 있었다. 노라의 용기를 백 년이 지난 지금까지도 우리 여성들은 못 갖고 있는 것이 아닐까.

윤석화의 연극 〈딸에게 보내는 편지〉는 왜 여성 관객을 흥분시키는가

초여름 연극 가를 '윤석화 연기'가 휩쓸고 있다. 여성 연기자의 여성취향 연극이 여성 관객들을 사로잡고 있는 것이다.

이제 막 사춘기에 접어든 딸을 위해 편지를 보내는 35세의 여가수 이야기를 그린 극단 산울림의 〈딸에게 보내는 편지〉에는 20~30대 젊은 여성 관객들이 연일 장사진을 이루고 있다.

잘하는 연극과 잘 못하는 연극의 차이는 작품과 관중과의 감정교류가 이루어지느냐, 그렇지 않느냐의 차이라고 말할 수 있다. 시시한 연극은 무대 위에서 자기들끼리만 하는 것이고, 좋은 연극은 관중과 호흡을 함께 하는 것을 말한다. 그래서 관중은 한 편의 작품을 감상한 후 내면 속에서 최소한이나마 변화의 소리가 들려옴을 느끼게 되는 것이다. 그 변화란 무엇인가. 일상의 타성으로부터 잠시라도 벗어나는 것이고 경직된 관성이 깨지는 소리를 듣는 것을 의미한다.

많은 사람들, 그것도 대부분 중년 여성들이 서울 신촌에 있는 소극장 산울림을 찾는 이유도 바로 그러한 그들 자신의 저 깊숙한 내면에서 어떤 변화의 소리가 들려오는 것 같은 심정에서이리라.

주로 여성들의 삶의 문제를 집중적으로 조명한 작품을 선택해온 극단 산울림이 이번에도 여성취향의 작품으로 관중과 만나고 있다. 〈딸에게 보내는 편지〉가 그것이다. 내용은 아버지 아닌 어머니, 그것도 홀어머니가 열한 살 된 딸에게 편지를 쓰는 것으로 되어 있다. 이것은 우선 제목부터 한국의 어머니들에게 호기심을 끌 만하다. 왜냐하면 한국의 어머니들은 딸에게 뿐만 아니라 누구에게도 편지를 잘 쓰지 않기 때문에 이 작품제목은 흥미를 끌 만하고 또 한 가지 더욱 중요한 것은 한국의 부모들이 자녀의 인성교육에 등한하기 때문에 이 작품은 하나의 마력이 될 만하다.

사실 영국의 현존 극작가인 아놀드 웨스커는 연극이 생활과 유리된 한국의 중년층 관객에게 생소한 이름일 뿐만 아니라 그 작품도 처음 알려지는 것이어서 대중의 시선을 끌 수 있는 계제는 될 수 없었다. 그럼에도 불구하고 관객이 장사진을 이루고 있는 것은 앞에 말한 독특하면서도 극히 평범한 삶의 편린을 느끼게 하는 제목의 마력이 첫 번째 요인이다.

자녀를 학교에 입학시키고 자가용을 태워 보내며 좋은 대학, 좋은 학과에 입학시키기 위해 과외공부다 학원수강이다 하면서 극성을 떠는 것은 인생교육과는 별개의 것이다. 그것은 극히 공리적이고 자녀에 대한 부모의 욕망의 일부일 수 있다. 아직 어린 자녀들이 하나의 인격체로서 어떻게 성장해야 하는가의 문제를 깊이 생각하고 조언, 배려하는 것이야말로 진정한 자녀교육이고 가정교육인 것이다.

그런데 한국의 부모, 특히 어머니들에게서는 그런 면이 약해 보인다고 말할 수 있다. 이러한 점에서 웨스커의 〈딸에게 보내는 편지〉는 연극작품으로서는 더 없이 훌륭한 테마라 아니 할 수 없다. 우선 극작가 웨스커의 특출난 점을 지적해야 할 것 같다. 유독 자녀들의 가정교육, 그것도 민족의 정신교육에 남다른 유태인 출신답게 웨스커는 극히 범용한 모녀 간의 인간적 교류를 유별나지 않게 묘사해서 관중을 감동시킨다.

주인공은 딸 하나를 낳고 남편으로부터 버림받아 가수로 활동하는 35세의 여성이다. 그녀는 열 한 살 된 딸에게 자기 인생의 여러 측면을 편지 형식을 빌려 이야기해 준다. 마치 동화책을 읽어 주듯이, 열 한 살의 딸은 조숙해서 가슴이 나오고 감수성도 예민한 나머지 인생에 조금씩 눈을 떠간다. 그런 딸에게 어머니가 여러 가지 조언을 해주는 게 이 연극의 내용이다. 그런데 이 희곡의 매력은 그런 교훈적인 데 있다기보다는 오히려 35세 된 한 이혼녀의 인생이 솔직히 토로된다는 데 있다.

한 여자가 별다른 이유 없이 한 남자로부터 버림받는다는 것은 슬프고 충격적인 일이다. 그리고 혼자서 대중가수로 현란한 삶을 헤쳐 나간다는 것은 커다란 고통을 수반하지 않을 수 없다. 이 작품에서 주인공은 여자가 세상을 살아 나간다는 것이 얼마나 고달픈가를 고백형식으로 담담하게 이야기해 간다. 그러한 여주인공의 고백에서 반복되는 이야기, '인간관계는 하나의 지뢰밭'이라고 하는 말이야말로 작가의 인생관의 일단이다.

세상을 꿰뚫어보는 안목은 사실 작가 자신의 고통에 찬 체험에서 우러나온 것이라 볼 수 있다. 그러나 이 희곡이 관객의 가슴에 와 닿는 것은 생체험이 바탕이 된 작가의 통찰력과 함께 솔직성에 있다고 하겠다. 대체로 부모 자식 간에도 말할 수 없고, 또 말하지 않는 이야기가 많다. 권위주의, 체면, 위선 등이 뒤섞여서 부모자식 간에는 높은 장벽이 가로 놓여 있기 때문이다. 그럼에도 불구하고 웨스커는 모든 가식을 벗겨내고 솔직담백하게 여주인공으로 하여금 자기 인생을 토로케 했다.

특히 어머니, 더 나아가 부모에게 있어서 자식이란 무엇인가를 솔직히 토로하는 데서 중년 관객들은 커다란 공감을 느끼게 되는 것 같다. 여주인공은 참으로 말하기 어려운 것까지도 모두 이야기한다. 거기에 이 희곡의 리얼리티가 있는 것이다.

그렇다면 이 공연이 성공을 거둘 수 있는 두 번째 요인은 무엇일까. 그것은 두 말할 것도 없이 중진 연출가 임영웅이 극작가와 배우를 절묘하게 접목시킨 데 있다.

서른다섯 살의 여주인공 멜라니는 스타 윤석화와 닮은 데가 많다. 우선 연령에서 그렇고, 예술가로서 살아온 과정도 비슷하다. 배우가 한 작품에서 성공하려면 자기와 비슷한 주인공을 만나야 한다. 그 점에서 임영웅이 윤석화라는 여배우를 멜라니로 만드는 솜씨는 탁월했다. 결국 연출이라는 것은 희곡에 자신의 체험을 실어 해석하는 것인 만큼 〈딸에게 보내는 편지〉에서 보여지는 장년기의 임영웅 연출의 원숙성은 어떻게 보면 당연한

지도 모른다. 자식을 어렵사리 키워본 사람만이 작가가 제시한 세계를 실감나게 형상화낼 수 있기 때문이다.

또 하나 극작가와 연출가의 비슷한 인생관이 작품의 활력을 넘치게 만든 큰 요인이 되었다. 웨스커는 어려운 삶을 겪었지만 낙관주의자다. 그는 일종의 유태주의자라고도 볼 수 있다. 어떠한 시련과 절망 속에서도 인생을 긍정적으로 바라보는 웨스커의 자세야말로 한국적인 낙천주의와도 상통하며 임영웅도 그런 측면이 강한 연출가다. 진지하게 인간을 탐구하되 결코 이상을 저버리지 않는 자세가 바로 임영웅 연출의 핵심이라 말할 수 있다. 이번 작품에서 그것이 적나라하게 나타나고 있는 것이다.

세 번째로 이 작품이 히트할 수 있었던 것은 윤석화라는 스타

가 보여주는 혼신의 힘을 다한 열연에 있다. 이 작품이 무대에 올려지기 전에 이미 표가 불티나게 팔린 것은 윤석화의 개인적 인기 때문이다.

윤석화는 이미 수천 명의 고정팬을 갖고 있다. 물론 그녀의 연기투를 싫어하는 사람들도 없지 않지만 좋아하는 사람들이 훨씬 더 많다. 그는 언제나 전신으로 연기를 한다. 그러나 무엇보다도 그의 탁월성은 연출가의 조력 없이도 스스로 연극을 만들어갈 수 있는 능력을 갖고 있다는 점이다. 그는 무대 위에서 관중의 심리를 읽어내어 그들을 감복시킬 수 있는 몇 안 되는 배우이다. 게다가 그녀는 웬만한 가수를 뺨칠만한 노래 실력까지 갖추고 있는 배우이기도 하다.

그러나 이번 공연에서 그녀가 각광을 받을 수 있었던 것은 앞에서도 언급한 바와 같이 극작가가 창조해 놓은 인물과 배우 윤석화가 여러 면에서 유사점을 지녔다는 사실이다. 따라서 그녀는 그 어떤 작품에서보다도 열정의 연기를 보여주고 있는 것이다. 아니 연기라기보다는 마치 자신의 인생고백처럼 실감나게 연극을 하고 있는 것이다.

게다가 자작시 등 다섯 곡을 직접 부름으로써 생동감을 더해주고 있다. 연극을 보고 있노라면 윤석화라는 열정적인 한 여성이 자기의 삶을 어린 딸에게 연결시켜 털어놓고 있는 것처럼 친밀하게 느껴진다.

더구나 노래까지 직접 부르고 있어 작품처럼 느껴지지 않는다. 윤석화는 연극을 하지 않고 자기 인생을 이야기한다.

신진 무대미술가 박동우도 이제 노련해지고 있다. 극단 산울림의 식구들이 주인 임영웅 씨를 닮아서 하나가 되어가고 있는 느낌이다. 한국 연극계에 소극장이나마 산울림이 있다는 것은 하나의 성숙을 의미하는 것이고 연극 팬들에게는 사는 즐거움을 안겨주는 '축복'이기도 하다. 산울림은 예술의 힘이 얼마나 큰 것인가를 속삭여주고 있다.

• 『여성동아』, 1992.6

연극 〈품바〉는 왜 연일 만원사례인가

'독특한 가락과 저항의식이 관객을 열광케 한다.'

연극 〈품바〉의 열풍은 우리 사회의 병리현상을 보여준다고 해도 과언이 아니며 또 한국 사회에서만 일어날 수 있는 기현상으로 보지 않을 수 없다. 이 작품이 가난한 시절에 공연됐더라면 단 며칠의 공연도 버티지 못하고 관객한테 외면당했을 것이다. 지긋지긋한 가난을 다시는 보기 싫기 때문이다. 그러나 이제는 세상이 바뀌었다. 〈품바〉를 보러오는 사람들은 대부분 옷 잘 입는 얼굴에서 기름기가 흐르는 자가용족이다.

일부 뮤지컬과 산울림 소극장의 가정극을 제외하고는 적막

하리만치 조용한 연극 가에 걸인이야기인 〈품바〉극의 바람이 불고 있는 것은 참으로 기이한 현상이라 아니할 수 없다. 왜냐하면 동서고금의 연극사를 훑어보아도 처음부터 끝까지 걸인 주인공의 이야기로 일관된 희곡 작품도 찾아보기 힘들지만 그런 유형의 작품이 정통적인 예술작품을 능가하는 인기를 누린 경우는 없었기 때문이다.

바로 그 점에서 〈품바〉극의 바람은 우리 사회의 병리현상을 보여준다고 해도 과언이 아니며 또 한국 사회에서만 일어날 수 있는 기현상으로 보지 않을 수 없는 것이다. 만약 그 작품이 1980년대가 아닌 그 이전, 그러니까 산업사회 이전의 가난한 시절에 공연됐더라면 단 며칠의 공연도 못 버틸 정도로 대중한테 외면당했을 것이다. 그러한 지긋지긋한 가난을 다시는 보기 싫기 때문이다. 가뜩이나 가난해서 초근목피로 연명해가는 처지에 무엇하러 극장무대에서까지 그런 이야기를 다시 들어야 하느냐는 반발심리가 나오지 않았겠는가. 그러나 이제는 세상이 바뀌었다.

국민소득이 올라갈수록 인기도 올라

지방의 무명작가(김시라)와 무명배우(정규수)가 이 작품을 갖고 처음 서울에 왔을 때(1981년)만 하더라도 관객의 반응은 그저 덤덤했었다. 저런 연극도 있을 수 있구나 하는 반응이었다.

그러나 시간이 흐를수록 이 작품에 대한 대중의 호응은 열띠어 갔는데 이 말은 곧 국민소득이 올라갈수록 잘 살아갈수록 이 작품의 인기가 높아갔다는 이야기가 된다. 바로 그런 측면에서 이 작품은 산업사회, 더 나아가 자본주의 사회에서 있을 수 있는 한 역현상이고 또 한국사회에서만 일어날 수 있는 기현상이라 볼 수 있는 것이다.

적어도 한국은 예부터 궁핍을 삶의 일부로 해왔기 때문에 걸인도 많았지만 걸인에 대한 포용력도 남달랐다. 어찌 보면 거의가 걸인이었기 때문이다. 『고려사』만 읽어보더라도 춘궁기에는 10가구 중 9가구가 비어 있을 정도였다. 모두 입에 풀칠하기 위하여 뿔뿔이 흩어져 유랑걸식을 한 것이다. 이러한 사회경제적 배경과 짜임새 없는 야외놀이를 고유의 전통극으로 가진 우리 문화사가 오늘날 〈품바〉극이라는 독특한 무대양식으로 하여금 대중의 각광을 받도록 하는 것이다.

주지하다시피 〈품바〉는 각설이타령의 후렴구로서 일종의 장단 구실을 하는 의성어다. 그러니까 각설이타령의 후렴구를 작품 제목으로 삼은 사실에서도 알 수 있듯이 한 걸인의 일대기를 1인극으로 엮은 작품이다.

지난 시대에는 걸인이 워낙 많았기 때문에 조직 비슷한 것도 있었고 조직의 규율 또한 꽤 엄격했었다. 그뿐만 아니라 걸인도

146

생존경쟁을 해야 했기 때문에 하나의 예능을 개발했고, 그것이 다름 아닌 각설이타령인 것이다. 얻어먹으려면 나름대로의 대가 지급이 필요했고 그것이 노래였던 것이다.

오늘날 장년 이상의 사람들은 소년시절 시골 대문 앞에서 걸인들이 신나면서도 구성지게 불렀던 장타령을 하나의 추억으로 간직하고 있다. 〈품바〉극은 우선 그러한 사람들의 아련한 추억을 불러 일으켜준다. 동시에 사라져간 풍정에 대한 막연한 그리움도 지니게 된다.

그러면 왜 그런 추억이 없는 젊은층이 〈품바〉극에 매료되는가. 그것도 몇 가지 측면에서 분석될 수 있을 것 같다.

첫째, 각설이타령은 일종의 판소리투창의 아류인 데다가 우리 민족과 생성소멸을 같이 해왔다고 볼 수 있다. 그러니까 하나의 아키타임(원형심성)이 되었다. 민족의 원형심성의 한 갈래일 수 있다는 이야기도 된다. 그 독특한 가락이 한국 사람들의 잠재의식을 때려주는 것이다. 그래서 열광한다.

관중의 마조히즘을 유발하는 연극

둘째, 〈품바〉극에 깔려 있는 저항의식이 젊은이들을 흥분시킨다. 주인공은 식민지 시대부터 1950년대, 즉 자유당 시절까지 살면서 민족의 아픔을 가장 처절하게 겪은 걸인이다. 그러나 그가 비록 걸인이지만 나름대로의 민족의식을 가졌고 또 도덕성도 지닌 로맨티스트다. 따라서 비록 문전걸식하지만 비겁하지 않고 불의에 굴하지 않으며 이 땅과 민족을 사랑한 인물로 묘사되었다.

그러나 주제의식이 젊은층에 광범위한 공감대를 이루는 것 같다. 일본에 대한 저항과 독재정권에 대한 통렬한 비판이 젊은 관객을 자극한다. "세상이 거꾸로 돌아간다."고 외치는 것은 곧 일제의 식민통치, 분단, 전쟁, 독재정치, 도덕성의 타락 같은 것을 싸잡아 비판하는 대사다.

걸인은 체면이고 뭐고 무서울 것이 없다. 그렇기 때문에 모든 현상을 보는 눈이 매우 질직하고 투명하다. 그러면서도 도덕적이어서 대중의 정신적 나태와 타락에 충격을 준다.

주인공의 거침없는 독설도 재미있지만 그와 수반되는 열린 형식도 관객을 매료시킨다. 〈품바〉극은 재래의 모노드라마와도 형식을 달리한다. 즉 주인공이 자기 이야기만 하는 것이 아니고 관객과 끊임없이 대화한다. 또 즉흥성도 강하다. 문예사조에 연결해서 이야기한다면 포스트모더니즘의 한 양태라 말할 수도 있다.

여하튼 주인공은 지루하다 싶을 때는 관객에게 말을 걸고 또 관객을 연극 속에 끌어들이곤 한다. 정통적이고 규격화된 연극의 형식을 깨뜨리고 나오는 것을 관객이 좋아하는 것 같다. 사회는 어차피 엄격한 규율과 딱딱한 형식에 얽매어 있다고 해도 과언이 아니다.

그러한 것을 단번에 깨뜨려 버리는 것이 〈품바〉극이다. 이 작품은 처음에 선보였던 것과는 많이 달라졌다. 특히 형식에서 새로워진 것이다. 어떻게 보면 피터 한트케의 〈관객모독〉을 연상시킬 정도로 관객을 끊임없이 나무라고 모독한다. 이때 관중은 일종의 마조히즘 같은 쾌감을 느끼는 것 같다. 왜냐하면 주인공이 관중을 향해서 마구잡이 욕설을 퍼부을수록 관객은 즐거워하기 때문이다. 그 점에서 이 작품은 민속에 소재원천을 두면서도 매우 현대적이다.

149

씹을수록 맛나는 사투리도 예술

이와 같은 형식에 구애받지 않는 열린 형식이 보수적이고 경직된 사회분위기에 염증을 느끼고 있는 젊은층에게 설득력이 있는 것 같다. 그러나 궁극적으로 이 작품이 모든 관객으로부터 공감을 얻는 것은 역시 '인간은 엄밀한 의미에서 모두 거지다'라는 큰 주제에 있는 성싶다.

한국사상은 샤머니즘이라는 토속종교와 유불선(儒佛仙)이 뒤섞인 것이라고 말할 수 있다. 따라서 공수래공수거(空手來空手去)라는 무욕 초월적인 사고가 한국인들을 지배한다고 볼 수 있다. 그러나 산업사회 이후 배금사상과 황금만능사상이 팽배함으로써 우리 사회가 정신적 중병에 걸려 있는 상태다.

그런 때에 '우리 모두는 거지다'라는 〈품바〉극이 대중에게 신선한 감흥을 불러일으키고 있는 것이다. 특히 근자 투기와 과소비, 도덕성의 붕괴 등으로 천민자본주의에 혐오감을 느끼고 있는 사람들에게 〈품바〉극은 하나의 청량제가 될 수 있는 것이다.

객석에서 내내 터지는 웃음은 두 가지로 분석이 될 만한데, 그 한 가지는 못된 사람들에게 창피를 주는 쾌감에서 비롯되는 것이고, 다른 하나는 낙원을 상실한 비참하고 해체된 상태로서 인간존재를 인식하는 데서 비롯되는 허허로운 웃음이다.

〈품바〉극이 웃음 뒤에 페이소스를 깔고 있는 것도 관객을 유인하는 한 요소다. 가령 각설이의 젊은 아내의 죽음과 마지막 각설이의 죽음이 바로 그것이다.

〈품바〉극의 매력은 앞에서 언급한 형식과 주제뿐만 아니라 구수한 토속어와 천하지 않은 욕설, 그리고 독특한 효과음 등에도 있다. 오늘날 교통의 발달과 정보매체의 발달, 국어교육 등으로 인해서 표준어가 보편화 추세에 있다.

그럼에도 불구하고 〈품바〉가 쓰는 언어는 남도지방의 매력적인 토속어인 것이다. 씹을수록 묘미가 나는 남도의 사투리는 그 자체가 하나의 예술이라 해도 과언이 아닐 정도로 매력적이다. 다듬어지지 않은 그러한 언어가 관객을 매료시킨다.

　물론 이 작품이 희곡의 구성에 있어서의 엉성함이라든가 주제의 과잉, 그리고 절제되지 않은 애 낳는 표현 등 극예술의 기본을 벗어난 결함이 너무나 많다. 이러한 결함을 특히 중요시하는 연극에서는 가장 경계해야 할 요소들이다. 그럼에도 불구하고 우리의 역사나 사회현상의 특수성으로 인해서 〈품바〉극은 시간이 흐를수록 더욱 위세를 떨쳐갈 것이다.

연극 무대에도 에로티시즘 바람이 분다

    연극이 오랫동안 침체의 늪에 빠져 있게 되면 기발한 발상이 나오게 마련이고 이따금 해프닝도 일어나곤 한다. 관중의 시선을 끌어보기 위한 고육지책으로 말이다.

    그런데 그러한 해프닝이 연극인들에 의해서만이 아니라 외부의 압력에 의해서도 일어난다. 그 좋은 예가 다름 아닌 지난 시절 극단 실험극장의 〈에쿠우스〉 공연 중지사건이다. 연극계가 장기 침체기에 빠져 있던 1976년 여름 공연이 막 달아오르던 실험극장의 〈에쿠우스〉 공연이 돌연 공연윤리위원회로부터 중지명령을 받았던 것이다.

    그 표면적 이유는 극단의 공연 절차상의 조그만 하자라고 했지만, 실제로는 등장 여주인공의 바지가 너무 짧은 것이 주원인이었다. 극단 측은 처음에 항의를 해보았지만 결국 당국에 굴복, 핫팬츠를 짧은 반바지로 갈아입힌 후 다시 막을 올릴 수 있었다. 그럼에도 불구하고 그 작품은 반년이라는 연극사상 최장기 공연 기록을 세우는 한편 침체됐던 국내 연극계에 다시 불을 붙이는 계기를 만들었다.

그 후 시대는 급변했고 개방정책과 이데올로기의 벽마저 무너짐으로써 연극계도 자유의 바람을 한껏 구가하기 시작했다. 물론 상당기간 표현자유의 한계는 풀리지 않았고 1988년 바탕골소극장의 〈매춘〉 사건도 터진바 있다.

그럼에도 불구하고 1980년대 중반에 극단 자유극장이 〈엘레펀트맨〉 공연 때 여주인공의 웃옷을 벗기는 대담성도 보여주었고(물론 여주인공이 돌아앉아 있었다), 이후 브래지어만 걸치고 등장하는 것은 예사가 될 정도로 표현의 자유를 누리고 있는 것이다. 연극인들이 표현의 자유를 누리는 데 있어서 용기를 얻은 것은 아무래도 외국 작품들에서 영향을 받은 것으로 보이고, 또현대감각에 맞추기 위한 젊은 연극인들의 강한 충동이 여배우들의 옷을 벗기는 것 같다.

그런데 무대 위에서 배우들이 옷을 벗는 일은 그렇게 대단한 것이 아니다. 왜냐하면 사람 사는 일이 곧 옷을 걸치고 벗는 일상의 연속이라 해도 과언이 아니기 때문이다.

따라서 무대 위에서 배우들이 자연스럽게 옷을 벗는 것에 대해 외설이나 에로티시즘이라 말할 수는 없다. 적어도 외설적이라거나 에로티시즘이라고 말할 수 있으려면 벗기기 위한 벗기기 행위라든가 아니면 탐미의 극대화로서 성애(性愛)를 표현할 때라야 그렇게 부를 수 있는 것이다. 그러니까 어딘가 부자연스럽거나 너무나 노골적인 내용이나 장면을 가리켜 외설이나 에로티시즘이라 칭한다고 볼 수 있다.

그런데 예술에서 외설과 에로티시즘은 인류의 역사와 함께 발전해왔다고 해도 과언이 아니다. 성애의 서투른 표현이 외설이고 완벽한 표현이 에로티시즘이라고 볼 때, 양편을 왔다갔다 한 것이 바로 예술사라고 말할 수 있다는 이야기다. 우리 연극사만 되돌아보더라도 풍부한 에로티시즘의 전통을 가지고 있다.

가령 전통극 중 〈봉산탈춤〉에서는 둘째 마당 8목중 춤에서 첫째 목 중의 성행위 춤사위로부터 서민의 상징이라 할 말뚝이가 양반을 희롱하는 장면에서도 걸쭉한 표현들이 적잖이 나온다. 그런데도 그러한 것들이 별로 외설스럽게 느껴지지 않는 것은 역시 당시의 서민생활을 가식 없이 표현한 데다 해학(諧謔)이라는 자치로 포장했기 때문이다.

이러한 경우는 민속인형극 〈꼭두각시놀음〉에서 발가벗고 나와서 객석을 향해 소변을 보는 홍동지의 경우도 예외가 아닐 것이다. 판소리도 에로티시즘에 관한 한 둘째 가라면 서러워할 정도로 노골적이다.

〈춘향전〉이라든가 〈심청전〉도 그렇지만 〈변강쇠타령〉은 아예 처음서부터 끝날 때까지 외설적인 재담과 몸짓으로 일관되어 있다. 그런데도 그 내용들이 천박하거나 혐오감을 주지 않는 이유는 우리의 삶을 극히 자연스럽게, 또 해학이라든가 은유, 아이러니 같은 표현방법을 능숙하게 활용하기 때문이다.

이러한 각도에서 오늘날 자주 입에 오르내리는 연극공연에서의 에로티시즘을 한번 검토해 보기로 하자. 결론부터 말한다면 오늘날 우리 연극인들이 보여주는 것은 에로티시즘 이전의 경우가 태반이다.

가장 크게 두드러지는 것은 첫째로 오염된 상업주의 발상에서 비롯된 것이라 볼 수 있다. 그 단적인 예가 작품의 흐름과 특별한 관계없이 여배우의 옷을 벗기는 경우이고, 다음으로는 적어도 에로티시즘을 표현하려면 작품 주제가 인간의 성애(性愛)여야 하는데, 그렇지 못한 경우라 하겠다.

우선 최근 가장 관객의 시선을 끄는 작품으로 예당소극장이 장기 공연 중인 〈퍼포먼스와 콜걸〉(이병도 작, 황병도 연출)을 놓고 검토해 볼 필요가 있을 것 같다. 제목이 나타내주듯이 이 작품은 한 예술가와 창녀이야기다.

이 작품은 줄거리가 애매모호한데, 공연 내용도 애매모호하다. 막이 열리면 비뚤어진 창문이 보이고 추상화의 여인 나상과 그 앞의 안락의자 한 개와 화구, 그리고 양 옆에 드럼통과 무거운 쇠줄이 놓여 있다.

우선 화실치고는 너무 살벌하리만치 고문실 같은 분위기다. 전위화가인 주인공은 누군가를 기다리면서 고독 속에 새로운 작품세계를 모색하느라 고통스러워하고 또 몸부림친다. 그럴 때, 부르지도 않은 창녀가 들어와서 두 사람과 수작을 벌인다. 창녀는 차이코프스키의 발레 〈백조의 호수〉를 추고 화가와 뜨거운 정사를 가진 후 유유히 사라진다.

이 작품은 처음부터 끝까지 음산한 분위기 속에서 진행된다. 그런데 이 작품에서는 세 가지의 문제점이 드러난다.

그 첫째가 개연성의 부재다. 개연성 부재가 인물 설정, 플롯, 배경 설정 등 여러 곳에서 드러난다. 이 작품이 애매모호하고 무언가 석연치 않은 것도 그 때문이다. 두 번째로는 구태여 등장인물을 왜 사디스트나 마조히스트 비슷하게 성격을 구축했느냐 하는 점이다. 드럼통과 쇠사슬 묶기가 그 단적인 예다. 세 번째로는 인물설정의 억지를 성애로 커버하려 한 미숙성이다. 창녀와 고전발레 〈백조의 호수〉는 걸맞지도 않으며 발성의 무절제는 더욱 작품을 기괴적으로 흐르게 만들었다.

물론 창작극의 무대배경은 반드시 한국으로 하지 않아도 된다. 그러나 이번 작품처럼 분장, 발성, 행위 등 모두를 국적불명의 애매모호성으로 몰아가는 것은 결코 바람직하지 않다.

그러나 결론적으로 과감성에도 불구하고 이 작품이 실패한 데는 두 가지 이유가 있다. 첫째는 예술창조의 고통과 창녀의 성적 공격이 전혀 들어맞지 않기 때문에 관중에게는 벗기기 위한 벗기기로 비칠 가능성이 많다. 정말로 남녀의 성애를 승화시켜 보여주려면 주제가 사랑이 되어야 한다. 그럴 때 비로소 나체도 아름답고 작품도 자연스러운 것이다. 그런데 이번 작품은 정반대로 갔다. 그것은 포스트모더니즘도 아니다. 추(醜)함 그 자체일 뿐이다. 두 번째로 이 작품을 더욱 끌어내리는데 공헌한 것은 예술에서 가장 중요한 소위 '절제의 원칙'을 잃은 점이다.

다만 평가할 만한 것은 젊은 연극인들의 열정이며 주연배우 이민재의 뛰어난 집중력이 보이는 가능성이다. 예술은 자유를 먹고 자라는 나무다. 극단 서울무대와 예당은 이번 공연을 통해서 많은 것을 배워야 할 것이다. 특히 연극, 더 나아가 예술이 추구해야 되는 궁극적 목적이 무엇인가를 배워야 한다. 그들은 모험을 통해 성장할 것이다. 특히 한국인들의 고독성에 충격을 가하는 행위예술로 뭔가 정체의 늪에 빠져 있는 연극계에 변화의 바람을 일으킬 것 같다. 비록 찻잔 속의 미풍이라 할지라도….

• 『여성동아』, 1992.4

산울림23 한국신연극 100년

• 산울림이 펼치는 연극연출가 대행진(임영웅 편), 〈달이 물로 걸어오듯〉

우리도 이웃나라 못지않은 전통연극을 갖고 있다고 자랑하지만 실제로 우리 연극이 그처럼 세련되고 탁마된 예술인지는 의문스럽다는 것이 필자의 솔직한 생각이다. 물론 전통연극이 놀이성이나 사상적 깊이는 나무랄 데 없다고 보지만 미학적으로 조탁되었다고는 보기 어려운 것이 사실이다. 왜 그럴까. 조선시대까지만 해도 극예술을 아는 전문적인 연출가가 없었던 것이 가장 큰 이유 중의 하나이다. 그런 현상은 근대극이 시작되고도 한참동안 이어지다가 1930년에 일본에서 연극이론과 실제를 제대로 공부하고 돌아온 홍해성이 극단 활동을 하면서부터 연극이 제자리를 잡아가기 시작한 것이다.

그러니까 아주 오랜만에 우리 연극이 전문연출가를 갖게 된 것이고 동시에 계보도 생겨났는데, 가령 홍해성, 유치진, 이해랑, 임영웅 등이 바로 그들이다. 물론 홍해성 이후에 수많은 연출가들이 연극을 만들어 왔지만 유치진, 이해랑, 임영웅 등을 신극 산맥의 큰 봉우리로 보는 이유는 이들이야말로 연극이념과 창조능력, 그리고 예술성취 등에서 타의 추종을 불허하기 때문이다. 바꾸어 말하면 이들 세 사람이 한국 신극이 목표로 삼아온 서구적 근대극을 이 땅에 이식 정착시키고 업그레이드 하는데 절대적 역할을 한 연출가들이라는 이야기다.

따라서 이들이 만들어온 연극흐름을 가리켜서 주류연극 혹은 정통연극 줄기라고 부를 수가 있게 된 것이다. 그런데 유치진이 1930년대 극예술연구회부터 1950년대 신협 때까지 소위 사실주의 연극을 정착시키는데 헌신했다고 한다면, 이해랑은 1950년대부터 1970년대까지 사실주의를 심화시켰으며 그 뒤를 이은 임영웅은 이들의 연극이념을 단순한 계승이 아닌 극복 확대의 선봉에 서 있다는 점에서 차이가 난다고 말할 수가 있다.

임영웅은 연출가들 중에서 가장 오랜 동안 창조 작업을 하고 있는 연극인이다. 그가 1955년 학생 신분으로 연출을 시작한 이래 무려 50년 동안 창조 작업을 하고 있는 현역인 것이다. 물론 그에게 언론생활을 하던 동안의 공백기가 없지는 않지만 그 기간에도 현장을 누비는 기자로서 활동을 했기 때문에 예술 전반에 걸쳐서 스스로 수업을 한 것으로 볼 수가 있다. 그렇게 볼 때 1960년대 후반은 그가 큰 연출가로 뻗어 나가는데 있어서 하나의 출발점이 되는 시기이다. 그의 국립극단 연출과 창작뮤지컬 연출, 그리고 베케트 작품 연출 등이 바로 그런 것이다.

이는 사실 그의 연출 생애에 있어서 자의든 타의든 운명적인 것이었고, 그가 오늘날까지 한국연극을 주도하는 중심에 우뚝 서 있게 되는 지점이기도 했다. 가령 그가 국립극장 연출을 통해서는 우리 연극이 나아갈 올바른 방향은 어디까지나 '전통지킴'이라고 확신하면서도 거기에 머물지 않고, 창작뮤지컬과 베케트 연출을 통해서는 세계조류를 발맞춰 나아가야 한다는 전진적 자세를 취했다. 그렇다면 그의 '전통지킴'은 어떤 것인가? 그것은 곧 우리 신극선구자들이 이상으로 삼아온 사실주의를 기본으로 한 텍스트주의라고 말할 수가 있다.

연출가는 대체로 두 종류가 있는데, 하나는 희곡 원본을 존중해서 충실하면서도 철저하게 분석하여 작품을 만드는 경우이고 다른 하나는 연출가가 자기 취향대로 희곡을 마구잡이로 뜯어고쳐서 작품을 만들어내는 경우이다. 그렇게 볼 때 임영웅은 전자에 속한다. 그런데 소위 텍스트주의 연출가는 희곡에만 충실한 것이 아니라 배우도 연출가와 같은 자리에 놓고 작업을 하는 것이 특징이다. 그에게서 명배우들이 다수 탄생했던 것도 바로 그런 연출철학에서 비롯된 것이라고 볼 수가 있다.

그는 언제나 작품으로 말할 뿐 좀처럼 자기 작업에 대해서 중

언부언 설명을 늘어놓지 않는 거의 유일한 연출가이다. 그러니까 그는 자기 작품을 관객들이 어떻게 보든 상관 않는다. 이는 그가 관객보다는 연극을 먼저 생각하는데 따른 것이라고 볼 수가 있다. 그의 글이나 말에서 흥행이라는 단어를 한 번도 본 일이 없었던 것도 그런 그의 예술관에 따른 것이다. 사실 명작이란 여러 가지로 해석될 수 있는 작품을 말하는 것이 아닌가. 시원치 않은 작가일수록 자기의 작품에 대해서 장황하게 설명하는 경우가 있는데, 그는 정반대다. 그래서 좀처럼 그의 연극관을 알아내기가 쉽지 않지만 그의 작품을 깊이 들여다보면 대체로 알아낼 수가 있다. 그의 연극관은 매우 폭이 넓은 편인데, 가령 유치진이 사회에 포커스를 맞추고 이해랑이 인생탐구에 초점을 맞추었던데 비해 그는 사회와 인생 천착에 동등한 비중을 두고 작업을 해온 것으로 보인다. 그 점은 그의 레퍼토리 선택과 작품의 깊이에서 알 수가 있는데, 이는 곧 한국연극의 진전과 성숙도를 보여주는 것이기도 하다. 사실 그가 연출가로서의 명성을 드높인 것은 보다 근원적인 문제를 다룬 베케트의 작품이지만 실제로 1970년을 전후해서 극단을 조직하는 등 본격적인 연출가로 나서면서 보여준 것은 강한 사회의식이었다. 그 점은 그가 초기에 선택했던 레퍼토리나 창조 작업의식이 잘 보여주고 있다. 그는 연극의 사회적 기능을 누구보다도 깊이 인식하지만 분노하지 않고 현실을 천착하며 언제나 희망의 눈으로 인생을 바라보고 있다는 점에서 동양적 세계관을 지는 연출가다. 그의 그런 기조는 30여 년이 지난 지금까지도 그대로 유지되고 있다. 그러니까 그의 격동기를 정면으로 다룬 젊은이들의 미숙한 창작희곡들을 보듬으면서 간간이 연출한 것이나 1980년대에 유행한 페미니즘을 산울림 소극장에서 여과시켰던 것도 그런 그의 연극관에 따른 것이었다고 볼 수가 있다. 솔직히 예술보다는 상업주의가 유행하는 이 시대에 변함직도 하건만 그는 꿈쩍도 않는다. 이는 그가 자기만족이나 자기보선보다는 한국연극이 나아갈 방향을 먼저 고민하면서 작업을 진행해가기 때문이라 보고 싶다. 그러니까 국립극단이나 시립극단 등 관립단체가 전혀 제 구실을 못하고 있다는 것을 너무나 잘 알고 있는 그로서는 싫든 좋든 끝까지 우리 연극의 올바른 방향타를 잡고 있어야 한다는 생각인 것 같다. 그가 이따금 경영상의 어려움 때문에 자기 소극장을 폭파시키고 싶다고 푸념하지만 한국연극에 대한 사명감 때문에 절대로 그렇게는 못할 것이다. 필자가 그를 가리켜 '주류연극의 지킴이'라든가 '버팀목'이라고 부르는 것도 바로 거기에 있다.

근자에 정체성이 모호한 실험극이라는 것이 꽤나 대중을 혼란스럽게 하고 있지만 그가 세계적 명성을 얻은 바 있는 〈고도를 기다리며〉야말로 실험극의 전범이 아닌가. 실험은 별것이 아니다. 정석으로 표현할 수 없는 새 영역, 새 국면을 열려는 작업이 곧 실험이 아니겠는가. 그의 연극관이나 표현영역이 넓다는 것은 곧 그가 정석을 굳건하게 지키면서 또한 새로운 표현영역을 넓히려는 작업을 끊임없이 하고 있는데 따른 것이다. 그가 뮤지컬 연출에도 손을 대는 것도 이상스러운 것이 아니다. 연출가들 중에서 그만큼 음악을 아는 이도 드물기 때문이다. 선친이 음악가여서 그는 유년 시절부터 음악이 몸에 밴 연출가다. 그런 그가 최초로 창작뮤지컬을 연출한데 이어 근자에는 간간이 번역 뮤지컬도 연출하고 있다. 뮤지컬이 우리나라 연극계는 물론이고 세계연극의 대세로 굳어가고 있는 것을 그도 인정하지 않을 수 있겠는가. 그러나 그가 궁극적으로 해야 할 것은 '전통연극 지킴과 그 확대'라고 확신하고 있는 것 같다. 가령 그가 최근 산울림 소극장을 통해서 벌이고 있는 일련의 작업이야말로 바로 그 점을 잘 보여주고 있다. 연전의 창작극 발굴로부터 시작하여 '해외문제작시리즈' 그리고 '연극연출가 대행진' 등은 건강한 한국연극 토대 다지기와 인재양성을 염두에 두고 벌이는 또 다른 새 시대 연극운동인 것이다. 이는 사실 국립극단이나 시립극단 등 관립단체들이 해야 할 화급한 일이지만 이들이 방향을 잃고 헤매고 있기 때문에 그가 자신의 업으로 알고 어렵게 신촌의 작은 극장에서 외롭게 분투하고 있는 것이다. 그의 대선배 유치진도 어려움 속에서 그런 연극운동을 펼쳤고 이해랑도 그랬으니까 그도 해낼 수 있을 것이다. 그래서 우리가 그의 무

거운 어깨 위에서 어렴풋이나마 한국연극의 희망을 보게 되는
것이 아닌가.

[•] 2008.6

생활연극운동의 활성화를 촉구한다

• 한국생활연극협회 출범 1주년을 맞아서

165

　　우리나라뿐만 아니라 세계연극사에서도 그 유래를 찾아볼 수 없는 '한국생활연극협회'(이사장 정중헌)라는 비교적 특이하다 할 명칭의 사단법인 단체가 조용하게 출범한지(2017.7.25) 1년이 지났다. 그런데 몇몇 연극계 인사를 제외하고 그런 단체가 있는지, 또 무엇을 하고 있는지 아는 이가 많지 않은 듯싶다. 그렇지만 이 협회는 출범직후 축하공연으로 〈맹진사댁 경사〉도 무대에 올렸고, 각지에 지부도 설치되고 있으며 충북 영동에서는 2018년 8월에 한마당 축제도 열림으로써 소리 없이 생활연극 운동이 번져나가고 있다.

　　여기서 사람들은 도대체 연극은 다 생활 속에서 이루어지는데 '생활연극'이 뭐 따로 있는가고 의문을 가질 듯싶다. 실제로 세계 어느 연극서적을 들처보아도 '생활연극'이라는 용어는 물론이고 그 개념에 대하여 명료하게 정의해 놓은 글이 있을 리 만무하다. 이는 곧 그것이 깊은 철학적 의미를 지닌 연극개념이나 연극 장르는 아니고 그저 연극을 직업으로서가 아니라 일반인들이 생활의 일부로서 가볍게, 그리고 호사취미로 하는 연극 행위임을 가리킨다고 말할 수가 있다. 그러니까 비영리 연극 활동이라는 점에서 아마추어 연극을 다른 말로 표현한 것이라고 규정지을 수도 있겠다.

실제로 이 협회의 창립선언문에서도 보면 "배우가 되고 싶고, 무대에 서고 싶은 일반인들이 꿈을 이룰 수 있도록 프로연극인들이 지도함으로써 지역의 생활연극을 활성화시키고 회원 상호간에 친목을 도모함으로써 삶의 질을 향상시키는 것이 목표"라면서 "지역민들 대상의 생활연극 활동을 통해 예술치유는 물론 문화 복지를 실현하고, 궁극적으로는 연극예술의 창달 발전과 관객의 저변확대를 꾀하고자 한다."고 했다.

이러한 협회의 선언문을 자세히 들여다보면 생활연극 운동이 단순히 일반인들의 호사취미를 충족시키는 아마추어 연극 활동에 그치는 것이 아님도 확인할 수가 있다. 왜냐하면 생활 연극이 단순한 취미활동을 넘어 시민의 삶의 질을 높이는 문화 복지를 꾀하면서 궁극적으로는 연극창달과 관객의 저변확대를 추구하겠다고 했기 때문이다. 이처럼 협회는 생활연극 활동을 국민연극 운동으로 승화시켜 나가겠다는 야심찬 목표를 갖고 있어 보인다.

우리 근대연극사의 한 세기를 되돌아볼 때 유사한 연극운동이 두 번 있었는데, 그 하나가 3·1운동 직후에 도쿄유학생들이 일으켜서 전국으로 확산시켰던 소인극을 통한 민족계몽운동이었다고 한다면 다른 하나는 1963년에 신극선구자 동랑 유치진이 드라마센터를 중심축으로 삼아 아마추어 연극개발3개년 계획안을 발표한 경우였다. 그런데 전자가 목표달성에 어느 정도 성공했던데 비해서 후자는 당장은 큰 성과를 거두지는 못했다고 말할 수가 있다. 물론 두 번 다 어려운 시대상황 하에서 주도자들이 법적 뒷받침이나 관(官)의 경제적 도움 없이 맨주먹으로 의욕만 갖고 벌인 연극운동이어서 생명력은 약했다.

그럼에도 불구하고 1920년대의 민족계몽을 위한 아마추어연극운동이 어느 정도 소기의 목적을 달성할 수 있었던 것은 탄압 속에서도 오로지 독립을 갈구했던 민중의 열화 같은 지원에 힘입은바 컸다. 반면에 유치진 개인이 시도했던 아마추어연극운동은 6·25전쟁 직후의 피폐함 속에서 민중이 한가한 예술운동에 신경을 쓸 겨를이 없었고, 그 결과 겨우 중등학교 연극경연대회 실현과 연출가 이해랑이 1960년대 중반부터 7년여 동안 '이해랑이동극장' 운동을 일으키는 배경이 되는 정도에 그쳤던 것이다.

그렇게 볼 때, 이제 막 시작단계인 생활연극 활동은 지난 시절에 비해서 천지개벽할 만큼 발전한, 우리로서는 대단한 호시절을 만났다고 말할 수가 있다. 그 이유는 크게 네 가지 배경 때문이다. 그 첫 번째는 두말할 나위 없이 총체적으로 우리가 생활연극 운동을 벌이기에 대단히 좋은 조건 속에 놓여있다는 점이다. 솔직히 일제강점기나 6·25전쟁 직후는 정치경제 상황도 열악했지만 연극수준이나 대중의 연극수용 의지 역시 낮았기 때문에 아마추어연극운동을 벌인다는 것 자체가 무모한 것이었다. 그러나 오늘날 우리는 누구나 여가를 즐길 만큼 풍요로운 사회에 살고 있으며 정부의 1년 예산의 1% 가량이 문화계에 지원되고 있는 만큼 노력 여하에 따라 얼마든지 정부나 지자체의 뒷받침을 받을 수가 있는 상황이다.

두 번째로는 생활연극 운동을 벌이기에 넘칠만큼 인적 물적 인프라가 갖추어져 있다는 점이다. 전국 곳곳에 수백 개의 잘 지어진 극장들이 들어서 있고 중앙과 지방의 수십 개 대학들이 연극학과를 설치하여 연간 2천여 명 가량의 연극인들을 배출하고 있다.

세 번째로는 정부도 2016년에 문화의 일상화를 위한 법적 기반을 마련했는데, 그것이 다름 아닌 '지역문화진흥법'이다. 이 법의 제2조에 보면 "지역의 주민이 문화적 욕구 충족을 위하여 자발적이거나 일상적으로 참여하여 행하는 유형, 무형의 문화적 활동을 지원한다."로 되어있다. 따라서 정부는 이를 바탕으로 하여 앞으로 생활문화진흥원을 설립하고 생활문화센터를 조성하며 생활문화동호회를 지원한다는 계획을 세웠던 것으로 알려졌다. 아직 이러한 계획이 현실화되지는 않았지만 가능성은 열려 있다고 보아진다.

정부가 지역문화진흥법까지 제정하고 구체적으로 여러 가지 지원책을 세운 데는 경제 발전에 비하여 정신문화가 지체되고, 따라서 문화예술이 실생활과 유리됨으로써 여러 가지 부작용이 다발적으로 발생하고 삶의 질도 떨어지고 있기 때문일 것이다. 주지하다시피 경제발전도 문화의 뒷받침이 없으면 한계에 봉착하지 않는가.

네 번째로 새 정부 들어서 노동법 개정에 따른 주 52시간 근무제로 바뀌면서 직장인들이 문화와 여가로 발길을 돌리는 현상이 나타나고 있다는 점이다. 그러니까 직장인들이 자기개발보다는 취미생활에 관심을 갖고, 미술, 음악, 연극, 영화 등에 깊은 관심을 갖는 소위 '1인 1 취미'를 목표로 삼는다는 것이다. 사람들이 성취보다는 일상의 소소한 행복을 찾는 경향으로 바뀌었다는 사실이다. 이런 추세야말로 아마추어연극 활동을 벌이기에 더없이 좋은 때라 말할 수가 있다. 물론 아마추어연극이 직장인들의 주도로만 전개되는 것은 아니다. 다만 직장인들이 대체로 3, 4, 5, 60대 중장년들로서 사회의 중추를 이루는 세대

이므로 아무래도 이들의 활약이 절대적인 것을 부인하긴 어렵다. 그리고 청소년들과 장수시대에 따른 실버들의 여가활동도 어느 시대보다 활발하다.

그런데 문제는 앞에서 열거한 여러 가지 좋은 조건을 시의 적절하게 활용하여 생활연극 활동을 범 국민연극운동 차원으로까지 끌어올리는 동력(動力)이 없다는 데 있다. 즉 정부와 지자체가 생활연극의 중요성을 인식하지 못함으로써 법적 장치까지 마련해 놓고도 활력의 물꼬를 못 터주고 있는 것이다.

따라서 앞에 언급한 대로 지난해에 중진언론인 정중헌 박사가 적절한 시기에 사단법인 단체를 출범시켰지만 정부와 지자체의 도움이 전무함으로써 고군분투하고 있는 처지다. 솔직히 자금이 있어야 사람이 모이고 여러 가지 사업도 벌일 수가 있는데, 정부와 지자체들이 무관심하기 때문에 전혀 진척이 없는 상황이다. 오늘날 자본주의와 개인주의가 발달한 시대여서 사람들이 단순히 애향심이나 문화사랑 만으로 자기 호주머니를 털어가면서까지 예술 활동을 하지 않으려 한다. 바로 그 점에서 정부와 지자체는 지역문화진흥법 제정의 초심을 되살려서 공연예술의 바탕이 되는 생활연극을 적극적으로 지원함으로써 연극의 생활화를 꾀하는 동시에 지역에 문화예술의 뿌리가 깊숙이 내리도록 발상의 전환이 절실한 때라 하겠다.

• 인아트, 2018.9~10

다 못 태운 예술혼

• 오영진의 경우

한국연극사를 수십 년간 연구해오면서 수많은 연극 종사자들을 만나는 행운을 누릴 수 있었다. 은퇴 원로 배우(俳優)를 위시하여 극작가, 무대디자이너 등 다양한 사람들을 만나면서 느낀 것은 같은 연극 종사자들임에도 분야에 따라 성향(性向)이 달랐다는 사실이다. 가령 배우의 경우는 매우 감정적이고 인간적이었던데 비해서 극작가나 연출가는 대체로 냉철하고 이성적인 것이 특징이다. 그만큼 연기(演技)는 감성을 필요로 하고 극작이나 연출은 지성이라든가 논리를 요하는 것 같다. 나 역시 학문을 하다 보니 냉정하고 협량해서 감정이 풍부하고 활달한 배우들보다는 차갑지만 이지적인 작가나 연출자들과 자주 교유해온 것이 사실이다. 그런데 나는 솔직히 배우를 좋아하고 있음을 고백하지 않을 수 없다. 그러나 어디 호탕한 술자리 한번 제대로 못 만드는 주제에 그 멋진 배우들을 친구로 사귈 수가 있겠는가. 그런 가운데서도 나는 연극계 어른들을 존경하고 따랐었다.

내가 30대 초반의 팔팔할 때 만난 연극계 어른들은 장년이거나 노년으로서 뉘엿뉘엿 인생의 황혼길을 재촉하거나 아쉬워하는 처지에 놓여 있었다. 그런 인물로서는 배우 변기종(卞基種)을 비롯하여 복혜숙(卜惠淑), 연출가 박진(朴珍), 이해랑(李海浪), 작가 유치진(柳致眞), 오영진(吳泳鎭) 등 10여 명에 이른다. 같은 또래나 나보다 젊은 연극인들보다 원로들을 만나면 인생의 풍부한 경륜은 말할 것도 없고 지난 시절의 연극 뒷얘기를 들을 수 있어 좋았다. 나는 앞에 열거한 여러분들 중에서도 유치진, 오영진, 이해랑 등 세 분과 오랜 교분을 가지면서 많은 것을 느끼고 배운 바가 컸다. 세 분 중 두 분은 작가이고 한 분은 연출가였다. 재미있는 것은 세 분간의 인연에 있고 다음으로는 나와의 인연이라 하겠다. 세 분은 각각 경남 통영(統營), 서울, 평양 등 한반도의 북·중·남쪽에서 출생했지만 해방을 전후해서 깊은 인연을 맺었다.

물론 최연장자인 유치진이 장로이고, 10여 년 정도 연하인 두 분이 제자인 셈이다. 유치진은 일찍이 이해랑, 오영진 두 출중한 인물을 알아차리고 한 사람은 연극계를, 다른 한 사람은 영화계(시나리오와 영화 이론으로서)를 이끌도록 했었다.

그러나 유치진의 구상은 뜻대로는 되지 못했어도 비슷하게 들어맞았던 것이다. 가령 오영진의 경우 괴팍한 성격과 건강으로 인해서 영화계를 주도하지는 못했지만 이해랑의 경우는 뜻대로 70년대 이후 연극계의 대부(代父)로서 역할을 다 했다. 세 분 중 유치진이 가장 먼저 작고(1974년 2월)했고, 오영진(1974년 10월), 이해랑(1989년 4월)이 뒤따라 세상을 떴다.

그런데 내가 구태여 이들 세 분을 잊지 못하는 것은 연극계에 남긴 탁월한 업적 때문만이 아니다. 내가 이 분들을 잊지 못하는 것은 한 인간의 생애를 마감하는데 있어서 보여준 장렬함 때문이다. 장렬했다니까 무슨 영웅의 극적인 최후를 연상할지 모른다. 그런데 내가 장렬함이란 용어를 쓴 것은 그런 뜻에서가 아니라 예술가의 강렬한 집념을 두고 하는 말이다.

가령 유치진만 하더라도 연극 때문에 세상을 더 일찍 떴다고 해도 과언이 아니다. 그분은 연극인 모임에서 연극 발전을 도모하다가 뇌내출혈로 세상을 뜬 것이다. 마침 정부에서 연극사상 처음으로 연극인회관을 마련키로 했었다. 그런 중요한 모임에서 유치진은 회관은 새로 짓거나 사야 뜻이 있는 것이지 임대는 큰 의미가 없다는 것을 역설하다가 쓰러진 것이다. 물론 그분은 고혈압으로 항상 조심하고 있는 처지이기는 했다. 그런데 여기서 간과해서는 안 될 것이 그분의 고혈압 발생 원인이다.

유치진은 우리 신극이 제대로 발전 못하는 가장 큰 원인이 변변한 극장이 없음에 기인한다는 생각으로 고심하다가 6·25전쟁 직후 미국 록펠러 재단 후원으로 남산 중턱에 드라마센터를 건립한 바 있다.

필생의 사업으로 시작한 드라마센터 건립이 그렇게 쉬운 일이 아니었다. 우선 록펠러 재단에서 약속한 만큼의 돈을 대주지 않아서 수십 년 살아온 집까지 팔고 빚을 얻어서 건물을 짓느라 병을 얻은 것이다. 내가 찾아가 뵐 적마다 유치진은 극장의 썰렁한 객석이 아니면 건물 뒷방에서 한국연극 중흥을 위해 노심초사하고 있었다. 그분에 대해서 비난하는 사람도 없지는 않지만 단 한 가지, 그는 한국연극만을 마치 자기의 숙명인 것처럼 생각했고 결국 그 진흥을 모색하다가 세상을 떴다는 사실이다. 남을 비난하기는 쉽지만 깊이 이해하기는 어려운 일이다. 여하튼 한 인간이 어떤 일을 성취하기 위해 심신을 소진(燒盡)하는 모습은 너무 아름다워서 잊을 수가 없다.

오영진의 경우, 평양의 유복한 독립지사의 아들로 태어나 80% 문맹의 우리 민족을 위해 영화작가를 택한 민족주의자였다. 해방직후에는 평양에서 반공운동을 하다가 월남하여 북한에서 따라온 테러리스트의 총격으로 중상을 입기도 했었다. 〈맹진사댁 경사〉와 같이 주옥같은 시나리오를 쓴 바 있는 그는 만년에 신경성 질환으로 병원을 드나들기도 했다. 내가 유럽에서 공부를 끝내고 돌아와 보니 그는 이대(梨大) 부속병원에 입원해 있었다. 문병을 갔을 때 마침 그는 병실에 없었다. 한참 기다리니까 창백한 얼굴로 돌아왔다. 어디를 다녀왔는가 하고 물었더니 그는 의사 모르게 국립극장엘 다녀오는 길이라고 했다. 그러면서 그는 "김소희(金素姬) 명창이 부르는 판소리 〈심청가〉를 듣고 왔다"면서 "나는 여태까지 〈심청가〉 만한 작품 한 편 못 썼다"고 장탄식을 하는 것이 아닌가. 그래서 나는 "선생은 〈시집가는 날〉 같이 뛰어난 작품을 여러 편 썼는데 무얼 후회하느냐"고 했다. 그분은 퇴원하면 좋은 작품을 쓰겠다고 몇 번씩 나에게 다짐했지만 나와의 그런 대화 후 보름 만에 세상을 떴다. 병실에 앉아 가을의 떨어지는 낙엽을 바라보면서 걸작에 대한 집념을 떨쳐버리지 못하고 작고한 그분의 초췌한 모습이 기억에서 좀처럼 지워지지 않는다.

이해랑은 위 두 분과 조금 다르면서 인생의 종결은 매우 비슷했다. 왕족의 후예로서 광대 노릇을 한다고 집안에서 빈축당한 그였지만 불굴의 집념으로 한국 현대극의 가장 큰 산맥을 만들어 놓은 분이 바로 이해랑이다. 매우 낙관적(樂觀的)이고 소탈했던 그는 아들 또래의 우리들과 스스럼없이 어울려서 안주 없는 맥주만 들었다. 그에게서 받은 가장 큰 인상은 그가 항상 고차원의 입장에서 작품에 임한다는 점이었다. 가령 유치진 선생이 우리 연극을 진흥시킨 선구자(先驅者)의 모습이었다고 한다

면 오영진은 민족에 대한 여한을 못 풀어서 자책감에 빠졌던 분
이라고 할 수 있고 이해랑은 모든 것을 넘어선 차원 높은 예술
가로 남기를 바랐던 것이 아닌가 싶다. 그가 말년에 노년의 삶
과 죽음을 다룬 〈황금 연못〉이라든가 〈들오리〉와 같은 작품을
연출한 이유도 거기에 있을성 싶다. 그런데 내가 그분을 잊을
수 없는 것은 10여 년 전까지만 해도 유유자적하던 분이 작고하
기 수년 전부터는 거의 1년에 한 편 꼴로 대작 연출에 자신을 불
태웠고 급기야는 〈햄리트〉 연출 도중에 쓰러진 사실이다. 결국
그분의 유작(遺作)이 되는 〈햄리트〉는 장례를 치르는 과정에서
공연되어 많은 연극 팬들을 울렸었다.

　나도 이처럼 연극계의 지도자로서 편안하게 있어도 괜찮은
분들이 한국연극을 위해서 끊임없이 심신을 불태우다가 결국
쓰러지고 만 세 분 선구자를 도저히 잊을 수가 없다.

• 크라운, 1991.9

채만식(蔡萬植)의 희곡세계

한 작고 소설가의 작품이 국립극장 무대에 올려지는 것에 대해서 많은 사람들이 의아해 할지도 모른다. 그러나 과거에도 안수길의 소설 『북간도』가 공연되어 호평을 받은 일이 있는데다가 채만식 또한 역량 있는 작가이기 때문에 오히려 국립극장 무대를 새롭게 할 가능성도 없지 않다. 주지하다시피 백릉(白菱) 채만식(1902~1950)은 뛰어난 풍자작가로서 근대문학사에서 독특한 위치를 차지하고 있는 소설가이다. 와세다대학 영문과를 다니다가 동경 대지진 재해를 만나 중도 자퇴하고 귀국한 그는 동아·조선일보 기자를 하면서 소설을 쓰기 시작했다. 1924년에 단편소설 『새 길로』를 써서 문단에 데뷔한 그는 장편 『태평천하』로 예리한 사회분석 작가라는 평가를 받았다.

다작의 소설가였던 그는 희곡에도 손을 대기 시작하여 1927년 단막극 〈가죽버선〉 이후 30여 편의 장·단막극을 남겼다. 그의 소설세계에 대해서 문학연구자들은 「식민지시대의 한국사회의 정신적 변동에 관한 중요한 고찰의 기록」(김치수)이라 평하는가 하면 다른 평자들은 「식민지교육의 모순과 고리대금업, 도박과 같은 비정상적 자본이동의 현상」(김현, 김윤식)을 묘사했다고도 말한다. 이러한 소설세계는 그대로 희곡세계에도 연결됨은 두 말할 나위 없는 것이다.

식민지시대 정신사(精神史)를 굴절 없이 표출하다보니 자연히 초점은 민족의 궁핍화 현상에 맞춰질 수밖에 없다. 채만식의 희곡세계는 예외라 할 장막극 〈심봉사〉를 제외하고는 대체로 서너 가지로 압축해서 말할 수 있다. 그 으뜸의 주제가 바로 식민지시대의 궁핍화 과정의 묘사이다.

남의 돈 떼어먹고 간도로 도망치는 이야기의 〈간도행(間島行)〉, 그리고 한해 농사를 뼛골이 빠지도록 지어보아야 소작료도 낼 수 없다는 〈부촌(富村)〉은 소작인은 사음에게, 사음은 지주에게, 지주는 다시 일제(日帝)에게 착취당하는 과정을 적나라하게 보여주고 있다. 〈인테리와 빈대떡〉, 〈행랑들창에서 들리는 소리〉, 〈당랑(螳螂)의 전설(傳說)〉 같은 작품들이 그러한 계열에 드는 것들이다. 이들 중 〈당랑의 전설〉이 궁핍화와 몰락과정을 가장 리얼하게 묘파한 작품인데, 이것은 〈태평천하〉와 마찬가지로 한 가족 삼대를 묘사한 것이다. 이들 두 작품은 다같이 한 시대의 몰락을 아주 침통하게 묘사하고 있다. 그 점에서 채만식은 동시대의 극작가들과 궤를 같이 하고 있다. 이러한 삼대그리기는 다음 작품 〈제향(祭饗)날〉로 연결된다. 19세기 말에서부터 1930년대까지 온갖 민족의 수난을 다 겪은 한말(韓末) 세대의 할머니가 손자에게 남편 기일(忌日) 밤 과거를 회상시켜주는 줄거리로 되어있는 것이 〈제향날〉이다. 따라서 동학, 3·1운동, 그리고 당대(1930년대)가 묘사되는 것이다. 그런데 삼대 중에서도 마지막 세대에 인식의 초점을 맞추고 있는 느낌이다. 바로 그 점에서 채만식은 사회주의를 식민지시대의 한 돌파구로 생각했음을 알 수 있다. 이와 같은 기의 일면은 장막극 〈심봉사〉에서도 엿볼 수 있다. 고전 〈심청전〉을 희곡으로 재구성한 이 작품은 불교적인 윤회와 환생을 부정하고 있다. 그는 현실과 환상으로 짜여 있는 〈심청전〉에서 후반의 환상부분을 배격하고 있다. 가령 심봉사를 눈뜨게 한 것이 심청이 아닌 왕비와 장승상 부인이라는 사실에서도 확인할 수 있는 것이다. 그가 구태여 〈심청전〉을 리얼하게 끌고 간 이유도 실은 환상을 거부하는 사회주의적 성향에 따른 것이라 볼 수가 있는 것이다.

　그러나 이러한 성향은 어디까지나 한 작가의 문학관과 사상에 입각한 것인 만큼 별 문제가 되지 않는다. 그것은 오히려 채만식이 불운한 시대를 맞아 그에 강하게 대처한 사회학자적인 면을 보여주는 것이라는 점에서 높이 평가되어야 하는 것이다. 그는 어둠의 시대에 등불을 밝힌 작가였다. 불빛이 있어야 어둠 속의 현상을 볼 수 있지 않은가. 이처럼 그는 식민지시대의 어둡고 긴 터널에 조그만 등불을 밝혀놓고 사람들로 하여금 시대를 투철하게 인식토록 고군분투한 풍자작가였고 철저한 리얼리스트였다.

• 국립극단 제137회 팸플릿, 1989.6

한국역사와 극작가로서의 동랑 유치진

181

　전통사회에서는 전문 극작가가 따로 존재하지 않았기에 결국 근대 연극사 백 수십 년 동안에 수많은 작가들이 부침했지만 동랑(東朗) 유치진(柳致眞) 만큼 큰 업적을 남긴 인물은 찾아보기 어렵다. 왜냐하면 동랑만큼 폭넓게 활동하면서 한국연극의 진로를 바르고 견고하게 닦아 놓은 연극인은 없었기 때문이다. 솔직히 연극의 한 분야에서 이정표적(里程標的)인 업적을 남기기도 어려운 판에 동랑은 연극운동가로 시작하여 극작, 연출, 연극이론, 연극교육, 그리고 극장설립 등에 이르기까지 누구도 따를 수 없을 만큼 호한(浩瀚) 방대한 업적을 남김으로써 오늘의 한국문화가 꽃필 수 있도록 초석을 다진 인물이다.

　그런데 여기서는 문인(文人)인 동랑을 조명하는 자리인 만큼 극작가 동랑의 희곡세계만을 살펴보기로 하겠다. 잘 알려져 있다시피 1905년 을사늑약의 해에 경남 통영에서 한의사의 8남매 중 장남으로 태어난 동랑 유치진은 오광대(五廣大) 탈춤을 보고 자라면서 나이 스무 살에 일본 유학길에 올라 도야마(富山) 중학교를 졸업할 무렵 동적인 연극을 통한 민족계몽의 뜻을 세우고 릿쿄대학(立敎大學) 영문학과에 진학한다. 그 이유는 셰익스피어와 영미 근대연극을 공부하기 위해서였다. 그가 대학에서 특히 영향을 많이 받은 영미극작가들 중에서 셰익스피어를 제외하고는 굴곡진 역사가 우리와 유사했던 아일랜드 문예 부흥 운동을 앞서서 이끌었던 존 밀링턴 싱그와 숀 오케이시 등이었으며 자신도 조국에 돌아가 그들처럼 활동해야겠다는 결심을 하게 된다.

따라서 그는 대학을 졸업하자마자 즉시 귀국하여 유학 중 사귄 소위 해외문학파 동지들과 1931년부터 극예술연구회를 조직하여 연극 활동을 시작했고, 1932년에 처녀희곡 〈토막〉을 발표하면서 서구 근대희곡에 닿아있는 사실주의 극을 처음 개척한 신예극작가로 화려한 각광을 받게 된다. 이어서 그는 〈버드나무 선 동네 풍경〉〈빈민가〉 그리고 〈소〉 등을 연달아 발표하면서 신파극이 주류를 이루고 있던 이 땅에 근대극의 새 길을 놓는다.

주지하다시피 이 희곡들은 당시의 빈궁문학 계열에 속하는 작품들로서 일제의 수탈과 착취로 인하여 참담하게 몰락한 서민들의 비극적 삶을 묘사한 것이었다. 그가 내세웠던 인물들이 최서해(崔曙海)라든가 이기영(李箕永) 등 빈궁 문학가들이 창조했거나 싱그나 오케이시 등이 구축했던 인물성격과 닮은 것이 사실이지만 그 나름대로의 우리 무대에 걸맞는 성격으로 재생시킴으로써 독창성을 확보한 것이다. 특히 꽉 짜인 구성은 빈틈이 없고 희곡을 문학으로서보다는 공연 대본화한 것은 그만의 특징이었다고 말할 수가 있다.

그런데 그가 거기에 그치지 않고 연출전문 홍해성(洪海星) 동지가 생활을 위해서 1935년 동양극장으로 옮겨 앉자 만부득이 극예술연구회의 연출까지 전담함으로써 연극운동가로서의 스펙트럼을 넓혀갔으며 연극계몽가로서도 여러 지면에 글을 쓰게 된다. 그가 나이 겨우 30 초반에 연극계의 젊은 리더로 부상했던 것도 바로 그러한 정통적이면서도 열정적 활동을 편 대 따른 것이었다. 이러한 그가 일본경찰의 감시 대상이 되기도 했지만 그동안 자신이 써온 일련의 처절한 현실고발의 팩션(Fact+Fiction)형 사실주의 연극이 대중에게 예술적으로 무슨 의미를 던지는가에 대해서 회의를 느끼기 시작했고, 표현의 자유가 차단되어 있는 처지에서 역사극과 상징극으로 변해가게 된다.

가령 그의 대표작 중의 하나라 할 〈마의태자〉야말로 그가 생각해낸 탈출구로서 처음 쓴 역사극으로 당대의 참담한 현실을 우회적으로 비판도 하는 동시에 작품을 애연하면서도 아름답도록 엮어낸 희곡이었다. 그러한 그가 일본군국주의자들이 대동아전쟁을 벌이면서 물화말살정책을 쓰게 되는 1940년대를 맞아서는 강제적으로 국책극을 쓰는 곤욕을 치르게 된다.

그는 극단 현대극장을 창단, 이끌면서 소위 분촌(分村)운동을 미화하는 〈흑룡강〉, 〈대추나무〉 등을 쓰면서도 가능하면 조국에 보탬이 되는 내용을 담으려고 노력하기도 했다. 예를 들어서 그는 이들 작품을 통하여 분촌운동을 내세우면서도 다른 한편으로는 과거 부여와 고구려 시대에 우리 민족의 고토(古土)였던 만주 땅에 대한 개척정신의 고취라는 시각으로 교묘하게 위장술을 쓰기도 했다. 이처럼 그가 당시 거의 유리하게 창씨개명을 하지 않았던 데서도 확인할 수 있듯이 그의 일제에 대한 협력은 어디까지나 마지 못해 한 것이었음이 여러 지점에서 나타나고 있는 것이다.

그러다가 일찍이 함석헌 옹의 말대로 1945년 8월에 민족해방이 도둑처럼 찾아옴으로써 갑자기 새 세상이 열리고 그의 연극행로도 큰 변화를 가져오게 된다. 주지하다시피 해방직후 수개월 동안에는 적어도 연극계에서는 이념적인 분화나 대립 같은 것은 없었다. 그래서 일제강점기 때처럼 모두가 함께 어울려 연극을 했었다. 예를 들어서 나중에 월북한 함세덕, 황철 등이 이해랑과 1년 반 동안이나 낭랑극회라는 극단을 함께 했던 것이야말로 하나의 좋은 본보기라 하겠다.

그러다가 분단정치가 예술을 지배 통제하기 시작하면서 그 것은 곧바로 연극계로 전이(轉移)되어 이념분화와 극렬한 갈등 으로까지 치닫게 된다. 어제의 동지가 오늘의 적(敵)이 되어 작 품과 사석에서 패싸움 판을 벌이는 것도 예사였다. 1946년부 터 연극계가 좌우로 양분되었는데 좌익연극이 절대 우위를 차 지하기 시작했다. 그럴 수밖에 없었던 것이 당시 국민의 이념성 향이 우리나라가 사회주의로 가야한다는 것과 자유민주주의로 가야한다는 비율이 75% 대 25%로서 기울어진 이념의 운동장 이어서 인텔리들 중 민주주의에 대한 확고한 신념이 서 있지 않 은 이들은 너도나도 사회주의로 쏠리는 현상이 나타나기도 했 다. 일찍이 연출가 박진(朴珍)이 그의 책 『세세연년』에서 지적 한 바 있는 것처럼 "인텔리들은 공산주의연하는 것이 당시 시 대분위기"였다.

이 시절 유치진은 그동안 마음껏 쓰지 못했던 창작에 전념하 여 〈조국〉, 〈남사당〉들을 쓰는 한편 이념적으로 기울어진 운동 장을 바로잡는 우익민족연극의 기틀을 다지는 일에 앞장선다.

가령 신협의 모체가 되는 극예술협회(1947년)를 조직하는가 하면 〈자명고〉라든가 〈원술랑〉 등 역사극을 통하여 외세(外勢) 배격과 민족의 자주독립 및 자강(自强)을 강조하기도 했다. 이 는 당시 남북한에 소련과 미국이 군정을 펴고 있는 것을 비판

풍자한 것이었다.

특히 그가 앞장서서 설립하여 민족연극의 요람으로 삼아 활동했던 국립극장이 6·25전쟁으로 인하여 문을 닫고 대구에서 다시 개관했지만 그는 창작에 몰두하여 전쟁 중에도 피난지를 옮겨 다니며 쉬지 않고 많은 희곡을 썼는데, 과거의 작품들과는 다른 방향으로 흐른다. 가령 〈처용의 노래〉나 〈가야금의 유래〉 등에서 확인할 수 있듯이 역사극을 쓰더라도 일제강점기와 해방 직후처럼 현실에 대한 우회적 비판 등과는 달리 민족의 정체성 찾기와 가무를 삽입한 음악 무용극을 시도했는데, 이는 그가 '연극은 일단 재미가 있어야 한다.'는 연극관의 변화에 따른 것이었다. 결국 그가 얼마 뒤 브로드웨이 풍의 뮤지컬 시도로까지 진전되는 것이다.

그렇다고 해서 그가 평생의 화두로 삼았던 사실주의를 폐기한 것은 결코 아니었다. 왜냐하면 그가 전후에도 분단 및 동족 전쟁의 무모함과 폐해를 반공(反共)의 입장에서 리얼하게 묘사한 희곡들을 여러 편 썼기 때문이다. 가령 〈청춘은 조국과 더불어〉라든가 〈나도 인간이 되련다〉, 그리고 〈한강은 흐른다〉 등의 그런 유형의 대표작들이다.

그런데 흥미로운 점은 이 시기에 그가 시나리오 형식으로도 역사와 현실을 풍자하는 작품을 여러 편 발표한 사실이다. 거제도 포로수용소의 혼란을 리얼하게 묘사한 〈철조망〉을 비롯하여 이승만 대통령이 중심이 된 1948년 대한민국 건국의 정통성을 김옥균(金玉均)의 개화운동과 연결시킨 〈개화전야〉, 그리고 유관순(柳寬順) 열사의 처절한 항일독립투쟁을 사실적으로 묘사한 〈유관순〉 등이 바로 그런 계열의 작품들이다. 이처럼 그는 희곡과 시나리오로 한국역사 전체를 재구(在構)해보려는 시도를 했었다.

그러나 더욱 주목되는 점은 그가 희곡 〈까치의 죽음〉과 〈청개구리는 왜 날이 궂으면 우는가?〉 등에서 볼 수 있는 것처럼 요즘 일부에서 유행하는 생태주의(生態主義) 작품을 처음으로 시도했으며, 그가 궁극적으로 쓰고 싶어 했던 인간의 구원문제를 추구한 무언극 〈별승무(別僧舞)〉도 한 편 남겼다는 사실이다.

한편 그는 서구추수적(西毆追隨的)인 신극의 구태를 털어내고 정체성 있는 '우리극'을 창조하기 위하여 전통예술의 재발견과 법고창신(法古創新)의 길을 제시함으로써 오늘날 문화계 전체가 그러한 방향으로 흐르도록 만들기도 했다. 이처럼 그는 아무도 생각 못했던, 또 설사 생각했더라도 실천 못했던 것을 실현해낸 한국현대문화의 그랜드 디자이너였던 것이다. 그 외에도 첨단적인 무대의 드라마센터를 세워서 프로시니엄 스타일의 구태 극장을 일거에 극복함으로써 한국근대극이 현대극으로 업그레이드 되도록 하는 모멘텀을 마련했으며 수많은 공연예술계 인

재를 육성하여 오늘날 한류(韓流)의 기초를 닦은 선구적인 인물
이었다.

국립극단(장)의 수호신이 되어주소서

· 장민호·백성희 두 고인에 대한 회고적 단상

'드는 자리는 잘 보이지 않아도 나는 자리는 크다'는 옛말이 허언은 아닌 것 같다. 왜냐하면 국립극장을 가거나 국립극단의 공연을 볼 때마다 무대에 서 있어야 할 누군가의 부재(不在)를 절절하게 느낄 때가 적잖게 있기 때문이다. 그 누군가는 바로 국립극장과 극단을 평생 지켜온 장민호(張民虎)와 백성희(白星姬) 두 분을 가리킨다. 솔직히 1950년 국립극장과 전속단체가 생겨난 이후에 초대극장장 유치진을 비롯하여 수많은 공연예술인들이 무대를 거쳐 갔지만 이 두 분만큼 자신의 예술생애를 온전히 마칠 때까지 국립극장을 지켰던 경우는 없다. 그들이 현대 한국공연예술의 발원지라 할 국립극장을 끝까지 지킨 일 한 가지만으로도 그 공로는 대단한 것이다. 특히 이 극장에 올

적마다 빈자리를 크게 느끼게 되는 것은 국립극장과 극단이 한국공연예술의 중심축으로서 기능했던 시기인 1960년대 초부터 1970년대 초까지 10여 년 동안 그들이 배우로서 만개(滿開)했던 무대여서이다.

따라서 여기서 이들의 행적과 공로를 간단하게나마 짚어보는 것은 매우 중요한 일일 듯싶다. 물론 그동안에 출간된 각종 서적에 이들에 관한 기록이 적지 않아서 관심가진 사람들은 지난 행적에 나름대로 식견을 지니고 있기는 하다. 이들은 우선 동년배다. 장민호가 1924년생이고 백성희가 1925년생으로 호적에 기재되어 있다. 그런데 흥미로웠던 점은 장민호가 공식적으로 1947년에 데뷔하고 백성희가 그보다 4년 앞선 1943년에 데뷔해서 그런지는 몰라도 생전에 백성희는 장민호를 선배로 대접하지 않으려했다. (사석에서 농담 비슷하게 장민호가 월남하면서 호적 나이를 늘렸다는 것이다.)

다 알려지다시피 이어순이(李於順伊)란 이름의 백성희는 서울 토박이 양가의 장녀로서 5년제 동덕고녀(동덕여대의 전신)를 채 마치기도 전에 잡지 화보에 실려 있던 일본 타가라츠카 소녀 가극단에 매혹되어 그런 꿈을 갖고 잠시 무용연구소를 거쳐 빅터 가극단에 입단한 것이 우리 나이 17세였던 1941년이었다. 처음에는 단역으로 몇 번 무대에 선 후 이듬해 조역을 맡아 악극 〈심청〉에서 뺑덕어멈 역을 맡았었는데 당시 그 작품을 연출했던 서항석은 그녀에 대하여 "18세의 소녀로서 그 변덕 많고 호들갑스럽고 야멸차고 익살맞기까지 한 중년 녀 뺑덕모를 거뜬히 해낸" 신예로서 천부적 재능을 지녔다면서, 즉각 정극단 현대극장에 입단시켜 〈봉선화〉 무대에 세운 것이 1943년이었다.

그리하여 그녀는 최연소 현대극장 단원으로서 해방될 때까지 대부분의 작품에 출연하면서 당시 연극계의 젊은 리더 유치진과 서항석의 사랑을 받으며 계속해서 연기활동을 지속케 된다. 그녀가 특히 춤과 노래를 좋아했기 때문에 해방직후에는 정극과 악극을 오가면서 연기활동을 펴기도 했다. 그런 그녀가 정극의 히로인으로서 명성을 얻기 시작한 것은 1950년 4월 국립극장 전속배우로서 활동을 펴면서였다. 그때까지만 해도 장민호는 기성배우가 아니었기 때문에 백성희는 그를 몰랐고, 한 해 연상의 그를 평생 후배처럼 여긴 이유도 바로 그런 후발에 따른 것이 아닌가 싶다.

실제로 장민호는 황해도 신천에서 태어났지만 일찍 재령에 나와 학교를 다녔기 때문에 재령을 고향처럼 여긴다. 재령의 유일한 명신중학을 졸업할 때까지 부친이 세운 교회에서 성극을 했지만 평생 예술인이 되겠다는 생각은 별로 하지 않았었다. 그런 그가 창씨명이 우에하라였는데, 당대 일본의 영화배우 우에하라(上原謙, 1909~1991)와 동명이어서 막연히 자신도 그런 명배우가 되려나 하는 망상은 했었다고 한다. 흥미로운 점은 그런

망상이 현실화되리라곤 그 자신 꿈에도 생각 못했지만 해방과 함께 대학을 가려고 서울에 첫발을 디뎠을 때 운명의 여신이 인도한 곳이 다름 아닌 조선배우학교였다. 거기서 연기의 기초를 닦으면서 선구적 연극인 현철(玄哲)에게 가능성을 인정받았고, 이듬해 이보라(李保羅)가 종교극단으로 조직한 원예술좌의 창립공연 작 〈모새〉로 정식 데뷔케 된다. 이어서 그는 순전히 생활을 위하여 KBS 성우로도 활동의 폭을 넓히던 중 한국전쟁이 발발함으로써 부산으로 피난을 가 평생의 스승인 이해랑을 만나 신협의 신예 단원으로서 두각을 나타내기 시작했다. 그러다가 그는 1960년 국립극장의 〈안네 프랑크의 일기〉에서 명연기를 보여줌으로써 극단의 중심배우로 우뚝 서게 된다.

따라서 그동안 장민호를 대단찮게 여겨오던 백성희도 그를 인정하지 않을 수 없는 처지가 되어 이때부터 성(性)은 다르지만 두 사람 간에 평생 경쟁과 협력의 시대가 열리게 되었다. 이처럼 그들이 전쟁 기간에는 한 무대에 설 기회가 별로 없었지만 1957년 국립극장이 대구에서 환도하고 전속극단이 재 발족되면서 한 배를 타게 된 것이다.

물론 국립극장이 환도 직후 신협을 끌어들이는 과정에서 이들의 스승인 유치진과 이해랑의 국립극단 기피로 인하여 잠시 혼란을 겪기도 하고 여러 배우들이 들락거렸지만 오롯이 극장을 지킨 배우는 장민호·백성희 뿐이었다. 특히 국립극단이 정식으로 출범하면서는 자연스럽게 두 사람이 모든 작품의 남녀 주역으로서 명동 국립극장의 좌청룡 우백호로서 단장도 장민호가 먼저 맡는 입장으로 선회했다.

이들이 천부적 재능을 타고 난데다가 노력파이기도 했지만 명배우로서 더욱 빛날 수 있게 된 배경에는 당대의 탁월한 연출가 이해랑의 뒷받침도 빼놓을 수가 없다. 왜냐하면 정통리얼리스트인 이해랑이 이들에게 감정의 세로(細路)를 걸을 수 있도록 예술적 혼을 불어넣어 주었기 때문이다. 이들이 어느 누구보다도 뛰어난 내면연기를 할 수 있게 된 것도 바로 이해랑의 꾸준한 지도에 의한 것이라 말할 수가 있다.

이들은 모두 중부(서울과 재령) 출신이어서 어려서부터 표준어를 써왔고, 중산층 가정에서 자람으로써 구김살이 없었으며, 정상적인 교육을 받았기 때문에 어떤 문학작품에 대해서도 이해도가 빨랐다. 그리고 배우로서의 체격조건 역시 표준이었으며 꾸준한 체력단련(장민호는 골프, 백성희는 수영)과 절제된 생활로 끝까지 무대를 지킬 수가 있었다. 특히 이들은 동서양인의 이미지를 두루 갖추고 있었기 때문에 창작극이나 번역극 어느 역을 맡아도 완벽하게 형상화해낼 수가 있었다. 두 사람 모두 작품에 대해서는 호불호가 분명했어도 배역만은 크게 신경 쓰지 않았다. 그렇지만 국립극단의 설익은 실험극에는 질색이었다. 가령 오태석의 〈물보라〉나 〈산수유〉까지는 인정했으나 그 외의 몇 작품에 대해서는 극단의 정체성에 문제가 있다고 거부감을 가졌었다.

솔직히 1960년대 이후 국립극단이 우리나라 정극의 모델이될 수 있었던 것은 이 두 명배우가 있었기 때문에 가능했으며소위 사실주의 연극이 견고한 토대를 다질 수 있었던 데도 이들의 역할이 컸다고 말할 수가 있다. 굴곡진 국립극단의 역사였던이들은 단순한 배우가 아니라 연극작품 그 자체였다는 생각이든다. 왜냐하면 이들은 대사 한 마디 없이 무대 한 귀퉁이에 서있기만 해도 연극이 생생하게 살아났기 때문이다. 장민호는 만년에 〈3월의 눈〉에 출연하면서 '연기 아닌 연기를 하겠다'고 했었다. 이는 곧 그가 배우로서 '무아(無我)의 경지'에 이르렀음을스스로 고백한 것이나 마찬가지다. 실제로 그는 만년에 임권택연출의 영화 〈천년학〉과 〈3월의 눈〉에서 천의무봉(天衣無縫)의경지를 보여주었다.

이들의 명연기를 다시 볼 수 없는 아쉬움이 있지만 오현경(吳鉉京)과 손숙(孫淑)이 두 선배의 예맥을 거뜬히 계승하고 있어다행이다.

전방위 연극인

• 김의경론(金義卿論)

　　김의경은 한국신극사에 있어서 가장 젊은 나이에 연극계의 젊은 리더로 부상된 몇 안 되는 인물 중의 한 사람이다. 왜냐하면 그는 이미 24살에 실험극장(實驗劇場)이라는 동인제 극단을 만들어서 단 몇 년 만에 연극계의 가장 촉망받는 극단으로 키워 놓았기 때문이다. 물론 그에 앞서서 신극 초창기에 임성구(林聖九, 1887~1921)라는 인물이 같은 나이에 이 땅에 신파극이라는 새로운 연극 장르를 이식시킨 일도 없지는 않았다. 그리고 3·1운동 직후 박승희(朴勝喜, 1901~1964)가 22살에 극단 토월회를 창립하여 이 땅에서 과도기적인 근대극 운동을 펼친 경우가 있었다. 이들 세 사람은 다같이 20대 초반에 연극운동의 새 전기를 마련했다는 점에서 공통점을 지니지만 임성구와 박승희는 김의경 만큼 장기적으로 연극계를 주도하지도 못했을 뿐만 아니라 연극의 한 분야에서 확고한 자기 위치를 확보하지 못한 점에서 김의경에 뒤진다고 말할 수 있다. 가령 임성구는 1911년부터 사망(1921년)때까지 겨우 10년 동안 연극 활동을 했고, 박승희는 토월회 창립(1923년)때부터 1939년 태양극장 해산 때까지 활동했으므로 중간 휴식을 감안하지 않더라도 16년 동안 연극운동을 주도했을 뿐이다. 그러나 김의경은 1960년 가을부터 지금까지 40년 가까이 연극계의 맨 앞에서 왕성한 활동을 하고 있다. 그뿐만이 아니다. 임성구가 배우 겸 극단 운영자였고, 박승희가 극작가 겸 극단 경영자였다면, 김의경은 극작가로 확고한 자기 위치를 확보한 상태에서 연극 기획자와 극단 경영자로서도 일가를 이루고 있는 것이다.

그는 또 국내 연극 활동에 만족하지 않고 김정옥(金正鈺)과 함께 국제연극인으로서도 돋보이는 활동을 하고 있는 데서 전술한 두 사람의 신극 선구자와 구별되어진다고 하겠다. 어떻게 보면 전방위(全方位) 연극인이면서도 대단히 앞서가는 연극인이기도 한 그는 1936년에 평안남도 순안에서 교육자 김연묵(金連黙)의 9남매 중 막내로 태어났다. 그곳에서 소학교를 다니다가 해방과 함께 가족이 모두 서울로 이주해서 정착케 된다. 그의 나이 10살 때였으므로 서울은 그의 고향이나 마찬가지이다. 명석한 두뇌의 소유자인 그는 학교 성적이 언제나 우수했지만 특히 아이들을 모아 집단놀이 하는 것을 좋아했다고 한다. 가령 종이 놀이 같은 것을 좋아했는데, 이때부터 그는 이미 공동제작 같은 것에 흥미를 가졌음을 알 수 있다.

서울사대 부속중학교에 진학해서도 교지를 만드는 등 매사에 적극적이었고, 고교에 진학해서는 시와 소설을 쓰면서 타교생들과 문예서클을 조직하기도 했다. 이처럼 그는 일찍부터 문재(文才)를 보이면서 같은 생각을 가진 사람들과 어울려서 어떤 조직체를 만드는 것을 좋아했다. 그러니까 그는 개개인이 아이디어를 내서 그것을 바탕으로 어떤 문화적 조직체를 만들어내고, 그런 문화적 조직체에 많은 사람들을 참여시키고 또 문화적 혜택을 줄 수도 있다는 생각을 갖기에 이르렀다. 이런 생각을 가진 그가 대학 진학을 앞에 놓고 여러 가지를 구상하는데, 결국 재능을 인정받는 소설가로서의 입신을 위해 철학을 공부하기로 했다. 철학을 공부하면 깊이 있는 소설을 쓸 수 있고 문화운동을 펼쳐나가는데 있어서도 큰 도움이 되리라 확신했기 때문이다. 물론 그가 서울대학교 철학과에 진학한 데는 평소 논리적인 사고의 습성과 독일 철학에 대한 막연한 동경 같은 것도 작용했던 것이 아닌가 싶다. 그런데 막상 철학과에 입학해서 소설을 써보려고 했을 때, 그것이 여의치 않았다. 그 원인은 전후(戰後)의 불안정한 사회와 차분히 앉아서 글만 쓰고 있을 수 없는 성격 때문이었다. 실제로 그의 호기심을 자극한 것은 역사와

197

연극이었다.

그가 일찍부터 조직에 흥미를 느껴왔던 터라서 뜻을 같이 하는 선후배 동료들과 연극회를 조직해서 공연활동을 벌여나갔다. 대학시절 그에게 있어서 연극운동은 철학공부 못지않게 중요한 것이었다. 이때 그는 평생 연극운동에 정진키로 결심을 굳히게 된다. 그렇기 때문에 대학을 졸업하자마자 새로운 극단 조직에 나서게 된다.

전후 신협(新協)이 독주하던 시대에 그는 신협시대를 마감하고 새로운 연극문화를 열어 나가야겠다는 생각을 한 것이다. 그는 대학시절 주변 대학 연극반 학생들과 폭넓은 교류를 가져왔기 때문에 동지를 모으는데는 어렵지 않았다.

1960년 가을 그는 극단 실험극장(實驗劇場)을 창단했다. 실험극장에서 그가 맡은 첫 직책이 섭외(涉外)였던 점에서 그의 성향을 잘 보여주고 있다고 하겠다. 그러나 그런 직책보다도 실험극장이 내건 목표가 주목을 끌만하다. 우선 철저한 동인제(同人制)라는 것과, 대단히 아카데믹한 점이 과거의 극단들과 구별된다. 가령 극단을 '연극을 위해서 자기희생조차 감수할 동인들'로 구성한다든가, '이념에 찬 연극을 이 땅에 수립'한다든가 '연극의 모든 부분에 일반이론을 지양하며 실험적인 작품을 창조한다'는 등 당시로서는 놀랄 만큼 진취적인 목표를 내걸었다. 특히 실험극장이 창립공연으로 당시 연극계나 일반 대중에

는 대단히 생소했던 부조리 극작가 이오네스코의 〈수업〉을 선
택한 것은 그의 한 발 앞서가는 감각과 시대의식을 보여주는 예
이다. 그뿐만 아니라 극단 운영 면에서도 기성 연극계와는 전혀
달랐다.

실험극장이 당초 연구와 실험을 내걸었던 데로 그들은 작품
선정에서부터 공연에 이르기까지 치밀한 연구와 분석을 전제
로 했다. 그 과정에서 끊임없는 회의와 토론, 그리고 외부 전문
가들까지 초빙하여 자문을 받았다. 그는 공연만을 능사로 삼지
않고 항상 연구하는 자세로 극단 주최의 연구발표회와 세미나
를 가졌다. 끊임없이 새것을 추구해야 직성이 풀리는 그는 '새
연극의 탐구, 새 연극의 발견'이라는 명제를 내걸고 KBS홀에서
매주 토요살롱이라는 것도 시도했다. 그는 생활을 위해서 MBC
방송국의 창설멤버로 참여하여 PD로도 일했지만 극단 운영에
더 열정을 쏟아 부었다. 그는 신극사상 최초로 극단후원회라는
것도 조직하여 부족한 재원을 메꾸기도 했다.

서양 연극사를 읽으면서 그는 근대극 초창기에 서구 연극인
들이 시도했던 방식을 실험극장을 통해서 실천해본 것이다. 지
난 시대의 연극 인습을 타파하고 극계에 새로운 바람을 일으키
기 위해 부단히 노력한 그는 1966년에 들어서는 극단경영의 합
리화와 과학경영(科學經營)이라는 것을 내걸기도 했다. 당시 연
극계로서는 전혀 생소한 용어들이었다.

그는 거기서 한 발 더 나아가 '연극계에 있어서의 가치기준의 통일'을 제창하면서 연극운동의 조직화를 부르짖었다. 그가 특별한 이념도 비전도 없는 하루살이 극단들의 부침을 경계한 것이다. 그는 1967년도의 실험극장 활동계획과 관련하여 "연극적인 현실과 사회적인 현실이 너무 멀어지고 있다. 연극에서 이야기하고 있는 것은 많은 사람들이 하고 싶던 이야기여야 하고 또 그것이 우리의 근본문제이어야 한다"(한국일보, 1967.1.24)고 했다. 이는 곧 연극의 위상을 높이고 사회적 기능도 확대하고 싶은 그의 야심의 일단을 피력한 것이었다. 그러면서 그는 실험극장이 리 스트라스버그의 액터즈 스튜디오 같은 것을 만들어 인재양성을 하고 싶다고도 했다. 이 역시 당시로서는 아무도 생각 못한 선진적인 것이었다. 그는 돋보이는 활동으로 국제극예술협회 한국본부 사무국장에 임명됐고, 제12차 ITI총회에 한국대표의 한 사람으로 참석하기도 했다.

그는 극단 운영자로서만 그치지 않고 몇 편의 희곡을 발표했지만 스스로의 부족을 절감하고 있었다. 해외에 한두 번 다녀보면서 공부를 더 해야겠다는 생각도 했다. 결국 그는 1968년 미국 유학길에 오르게 된다. 브랜다이스 대학원에 진학한 그는 대학시절에 못했던 연극공부를 체계적으로 하게 된다. 이에 10여 년간에 가까운 현장경험이 있었기 때문에 그의 연극수학은 새에 날개를 달아주는 것과 같았다. 그는 단 2년 만에 우수한 성적으로 연극학 석사학위를 받고 귀국할 수 있었다. 체계적인 연극지식을 갖추고 귀국한 그는 2년여 만에 실험극장 대표로 복귀하여 또 한 번 도약의 날개를 펴게 된다. 마침 실험극장이 10주년을 맞이하면서 그의 새로운 구상이 연극계에 신선한 충격을 던지게 된다. 그는 한 인터뷰에서 "우리 연극인이 지금까지의 고식적인 연극의식을 1백80도 전환해야 할 시기에 왔다고 전제하고 연극에 대한 보다 명확한 존재이유를 가지고 전문직으로서의 성격을 부각해 나가야 할 것"(조선일보, 1970.10.15)이라고 했다.

이러한 그의 주장은 당시 연극계로서는 받아들이기 쉽지 않았다. 왜냐하면 프로와 아마가 구별도 되지 않는 당시의 열악한 연극계 상황에서 연극을 전문직으로 굳혀 나가겠다는 것은 보통 앞서 가는 주장이 아니었기 때문이다. 그러나 그보다 더욱 놀라운 것은 그가 실험극장 10주년 기념으로 내놓은 몇 가지 기획이었다. 그는 창단 10주년을 맞아서 기념공연으로부터 시작해서 전시회, 『실험극장 10년』지와 기관지 『우리무대』 발간, 연극연구반 및 직장연극인 서클결성, 회보 『돌보기』 간행, 그리고 연극가족 1만명 확보운동 펼치기 등을 발표한 것이다. 그런데 특히 주목되는 발상은 '연극가족 1만명 확보운동'이었다. 당시에는 고정관객이라야 대학생(그것도 여대생) 기천 명이 고작이었을 때 1만명 연극가족 확보운동은 우선 신선한 계획이었다. 왜냐하면 그가 신극사의 고질을 혁파해 보겠다는 의지였기 때문이다. 그는 관객확대를 위해서 특별회원권, 동반회원권, 학생회원권으로 구분된 시즌 티켓을 발매하고, 구입한 회원들에게 여러 가지 특전을 주기도 했다. 가령 회원들에게 극단의 스타단원들과 촬영대회를 가질 수 있게 한다든가 함께 야유회를 간다든가 하는 것이다. 대단히 새로운 경영기법임을 알 수 있다. 이처럼 그는 당시 연극계에서 아무나 착안하지 못한 새로운 아이디어를 내어 놓음으로써 연극인들을 놀라게 했다.

그는 거기에 그치지 않았다. 그가 당시 내건 것을 보면 우선 극단의 기업화와 함께 '우리 극 정립'을 위해서 창작금고의 설치, 전문화를 위한 연극도서의 계발, 비전을 가진 공연장 운영, 그리고 연극인의 국제교류 등 대단히 폭넓은 것이었다. 그가 이런 생각을 하고 주장을 편 배경에는 한국연극에 대한 그의 절망적 상황판단에서 비롯된 것이었다. 유학에서 돌아와 쓴 글에서 그는 "오늘의 한국의 연극인은 꿈도 없고 포부도 없다. 막연히 연극이 좋아서 한다느니 안하고는 배길 수 없어서 주머닛돈을 털어서 한다는 거다. 한국의 연극은 우선 이 유치한 짝사랑에서부터 깨어나야 한다. 각 극단은 그들 나름의 명분과 구실을 가지고 이 사회가 필요로 하는 일을 하지 않으면 안 된다. 바람직한 연극을 만들기 위해서 젊은 연기자들을 전문적으로, 조직적으로 훈련시키고 극단을 합리적으로 운영할 수 있는 과학적 연구가 필요하다. (중략) 부강한 국가가 되기 위해서는 부강한 정신이 앞서야 하는 법이다. 온 국민에게 감명을 주는 것은 경제적 성장도표보다 인간이 인간답게 사는 모습을 절실하게 보여주는 한 편의 드라마이다"(조선일보, 1970.12.13)라고 설파한 바 있다. 이는 곧 국가로부터 보호받지 못하고 있는 고급문화에 대한 옹호발언이라 볼 수 있다. 그런데 이 시기에 정부에서는 문예진흥법을 구상하면서 장충동에 새 국립극장을 짓고 있었다. 그런 흐름을 감지한 그는 긴급동의로서 새 국립극장 운영의 획기적 방안 마련과 극장 중심의 연극구조 전환, 그리고 극단의 동인체제로부터 기업체제로의 전환 등을 제시했다. 여기서 특히 주목되는 것은 그 자신의 변화이다. 그가 10여 년 전 실험극장의 창단 주역으로서 동인제를 제창했지만 10년 동안의 활동으로 그 한계를 절감한 것이다. 적어도 그가 전문연극을 하려면 그런 체제로는 불가능하다는 것을 깨달았던 것이다. 이 시기에 그는 잠시 대학(서라벌 예술대)에 몸을 담게 된다. 그가 애지중지하던 실험극장을 떠난 것이다.

그는 교수로서 또 극작가로서만 홀가분하게 일할 수 있었던 것이다. 그러나 연극계가 그를 가만히 놔두지 않았다. 새로 개관한 신축 국립극장에서 그를 픽업해간 것이다. 이는 사실 그의 연극인생에 중요한 전기를 마련한 것이었다. 왜냐하면 연극계의 젊은 지도자가 관리(공연과장)로 탈바꿈한 것이기 때문이다. 그로서는 하나밖에 없는 국립극장을 제대로 키워서 한국연극을 중흥시켜보겠다는 포부를 가졌었는지 모르지만 관리로서의 역할의 한계를 미처 깨닫지 못했던 것이 아닌가 싶다. 따라서 그는 단 몇 년 만에 자의반 타의반 국립극장을 떠나 삭막한 연극계로 다시 나오게 된다. 이때가 그에게 있어서는 여러 가지 면에서 가장 시련기가 아니었던가 싶다.

그러나 그가 그렇게 쉽게 좌절할 사람은 아니었다. 그는 오히려 위기를 기회로 전환할 수 있는 지혜와 능력을 갖고 있었다. 그는 이 기회에 시대를 앞지르는 본격 전문극단을 만들기로 결심케 된다. 그는 유학 후부터 전문연극을 주창해왔던 만큼 그 꿈을 당장 이루고 싶었던 것이다. 그는 평소 교분이 두터웠던 표재순, 김준길, 이반 등의 동지와 배우 김성원, 이치우, 오지명, 함현진, 박주아 등을 모아 1976년 9월 극단 현대극장을 창단했다. 그의 연극 생애에 있어서 두 번째 극단 조직이었다.

그는 현대극장을 출범시킴에 앞서서 "예술적으로 완성된 연극을 위해 과감히 투신(投身)한다"고 대단히 비장한 각오를 내비쳤다. 그럴 수밖에 없는 것이 나이 40대에 접어들어서 동료들은 이미 각 분야에서 중견으로 자리 잡고 있는 터에 자신만은 또다시 장래가 불투명한 극단을 만들어 운영해야 하는 절박함이 있었기 때문이다. 그는 현대극단 창단을 연극생활의 마지막 도전이라는 각오로 혼신의 열정을 쏟아 부었다. 그는 연극의 전

204

풍성한 문화예술계의 밑받침

문화, 과학화, 직업화를 기업적 차원에서 한다는 각오를 내세워 우리의 기술적 낙후를 영국 연극의 후원으로 메꿔 나간다는 방침을 세웠다. 따라서 그는 영국문화원과 교섭하여 로열 셰익스피어 극단과 제휴하는 길을 모색하기도 했다.

현대극장은 1967년 10월에 이오네스코의 〈막베트〉로 창립공연을 가졌으나 관객의 반응은 별로 좋지 않았다. 그는 다음 해에는 영국과 제휴하여 셰익스피어의 4대 비극을 공연한다는 야심찬 목표를 세웠다. '예술적으로 세계수준에 도달한 한국연극의 창조'가 궁극적 목표라는 현대극장이 뭔가를 보여주어야 했기 때문에 조급할 수밖에 없었다. 그는 현대극장이 여타 극단들과 다른 모티브를 보여주려고 애를 썼는데, 그 하나의 예가 장기적 관객의 저변확대를 위한 어린이 청년극장 개발 계획이라 하겠다. 이를 위해서 그는 극단 조직의 일부를 청소년연극개발부로 돌리고, 장차 공연할 레퍼토리 〈보물섬〉, 〈벌거벗은 임금님〉, 〈왕자와 거지〉, 〈피터팬〉 등을 예시하기도 했다. 그러나 그는 재정난이라는 최대문제에 봉착했다.

그는 관중과 약속한 것도 있고 해서 봄에 청소년을 위한 〈햄릿〉 공연을 했고, 곧이어 본격 뮤지컬 공연을 준비했다. 그는 전후 세계를 휩쓴 바 있는 프랑스의 샹송 가수 에디트 피아프의 노래와 사랑을 뮤지컬 화한 〈빠담 빠담 빠담〉을 유관순기념관에서 공연하여 성공을 거두었다. 5일간 8회 공연에 총 1만 2천

3백여 명이라는 관객을 끌어 모았던 것이다. 역시 그의 뛰어난 기획력과 현실을 꿰뚫어보는 통찰력의 승리였다. 그러나 현대 극장의 〈빠담…〉 공연에 대한 평단의 반응은 대단히 신랄한 것이었다. 그것은 그가 그동안 쌓아온 이미지와는 너무나 다른 상업극을 선보인데 따른 우정 어린 질책으로 볼 수도 있었다. 그러나 분명한 것은 그가 70년대 중반에 상업극, 특히 뮤지컬의 가능성을 제시했다는 점에서 그의 앞서가는 연극의식이랄까, 감각의 일단을 보여주었다는 사실이라 하겠다.

그는 작품이 저속했다는 비판에 대하여 "〈빠담…〉은 앞으로의 뮤지컬을 가늠하는 실험적이고도 모험적인 시도였다. 여기엔 극작가를 비롯한 많은 연극인과 작곡가, 가수, 연주가, 안무가와 무용수가 동원된 창작극이었다. 뮤지컬의 시작(試作)에서 가수가 노래를 부르지 말아야 했을까? 우리 연극의 주도는 관객–젊은 대학생들에게 친숙하지 않은 에디트 피아프라는 소재가 유행과 시류란 말인가? 또는 프랑스의 대중가수 피아프 자체가 저속하다는 뜻인가? 아마도 그는 이 공연이 너무나 의외의 관객이 찾아온 것 자체를 상업근성의 발로로서 파악한 것인지도 모른다. 그것은 대단한 오류이다. (중략) 소위 지식인 집단으로 자처하는 극단이 대중을 위하여 즐거움을 제공하겠다는 의도가 나쁘기만 할 이유가 없다고 나는 믿는다"(일간스포츠, 1977.7.31)고 반박했다. 이러한 그의 반박은 어느 정도 설득력을 지닌 것이었다. 연극도 오락이기 때문이다. 당시 논쟁의 본질은 뮤지컬을 잘 아는 그와 순수연극만을 선호하는 평단과의 시각차 외에 아무것도 아니었다.

그는 연극에 있어서 예술성이 깊어지면 자연히 대중성도 넓어진다고 믿고 있었기 때문에 연극의 대중화가 곧 흥행화나 통속화는 아니라고 본 것이다. 이러한 신념에 따라 그는 〈백설공주〉, 〈피터팬〉, 〈올리버〉, 〈오즈의 마법사〉 등과 같은 어린이, 청소년 취향의 대형 뮤지컬을 만들어 갔고, 〈지저스 크라이스트 수퍼스타〉로 2백만 관객을 동원하기도 했다. 물론 그가 대형 뮤지컬을 만들 수 있었던 데는 세종문화회관이라는 공연공간이 생겨난데 따른 것이기도 했다. 그는 그 공간을 유효적절하게 활용하여 연극의 대형화, 형태의 다양화, 관중의 광역화를 꾀해 나갔다. 그는 정통연극만 가지고는 거의 한정되다시피 한 관객층을 확대할 수 없다고 보고 어린이, 청소년층으로의 관객 확대를 통해서 장기적으로 연극의 저변을 넓힐 수 있다고 본 것이다.

그는 일찍부터 연극의 사회적 기능과 함께 교육적 기능에 대해서도 관심이 많았다. 그는 국제연극회의에 자주 다니면서 선진국 연극인들로부터 연극을 보는 안목을 넓힐 수 있었다. 특히 그가 1975년 ITI총회 때 미국 연출가 헤럴드 클러먼으로부터 "한국 연극의 영세성과 낙후성을 타개하려면 먼저 어린이 연극을 시작하라"는 충고를 받고나서 그런 분야에 눈을 돌리게 되었다고 한다(서울신문, "이 세기의 인물탐구"〈164〉, 1998.3.20 참조). 그 후 그는 관극을 학교수업의 한 부분, 또는 연장이라는 캠페인을 벌여나가면서 공연장을 아예 어린이 회관의 무지개극장이라든가 이화여고 강당인 유관순기념관 등으로 옮겨 갔다. 연극을 어린이와 청소년들의 최근접 거리에 갖다놓기 위해서였다. 이런 그의 어린이, 청소년 연극운동은 국제아동청소년 연극협회 한국지부 창설(1986년)로 연결되고 한국청소년공연예술진흥회 조직으로 이어졌다. 그는 조직의 명수답게 끊임없이 사람들을 모아서 뭔가를 만들어 갔다. 한국연극협회 이사장을 하면서 대학로의 문화 환경을 관찰하고 그 문제점이 심각하다고 판단한 그는 대학로지역 극장연합회(1990년)라는 것을 조직하기도 했다.

극장이 몰려있는 대학로가 문화와 예술의 거리가 아닌 먹고, 마시고, 즐기는 본능분출의 거리로서 피폐되어 가는 것에 충격을 받은 그가 그곳에 윤리적 바탕을 깔아 놓아야겠다는 생각을 한 것이다. 그는 극장연합회라는 것을 조직하여 대학로에서 정기적으로 축제(시화전, 거리굿, 재즈댄스 등)를 벌임으로써 황폐화를 막고 개성있는 문화의 거리로 만들어 가겠다는 것이다. 이처럼 그는 언제나 연극의 좁은 틀을 벗어나 문화 전반을 생각하곤 했다.

근자에는 또 중국, 일본 연극과의 관계로까지 시야를 넓혀서 베세토라는 연극협회 기구를 만들기도 했고, 시립극단 초대 단장으로서 새로운 연극 인생을 펼치고 있다. 그로서는 세 번째로 극단을 만들어서 책임을 맡게 된 것이다. 그가 좌우명 비슷하게 좋아하는 경구, "다른 사람보다 한 걸음 더 걸어라"를 항상 머릿속에 갖고 있다는데, 그가 걸어온 삶을 보면 그 경구를 잘 실천해 온 것 같다. 왜냐하면 그는 항상 남보다 한 발 앞서 나가는 연극인생을 살고 있기 때문이다. 끊임없이 새로운 아이디어를 개발하여 연극계에서 새바람을 일으키곤 했지만 그가 주변으로부터 원하는 만큼의 존중을 받는 것 같지는 않다. 그 이유의 한 가지는 이 땅에서 그의 장기라 할 기획이라는 것이 창작이나 연출, 연기 등과 같은 창조행위만큼 존중받지 못하기 때문이다.

오히려 그것의 중요성에도 불구하고 그는 약삭빠른 사람으로 폄하되기도 했다. 그렇기 때문에 그는 자신이 주위로부터 한 사람의 극작가로 대우받기를 원하는 것처럼 보인다. 그가 초창기 실험극장을 운영하면서 희곡을 쓰기 시작하여 지금까지 25편이라는 적지 않은 희곡을 발표했음에도 그를 작가로서 보다는 기획자나 제작자로 보려는 사람들이 많은 것은 그가 연극운동가로서 돋보이는 일을 많이 해놓았기 때문에 전방위 연극인으로서의 명성이 작가로서의 업적을 덮는 면도 없지 않다.

다른 한편으로 비평가들 중에는 그가 희곡사에 남을 만한 작품을 몇 편이나 썼는가라고 묻는 이도 없지 않다. 그러나 그런 의문은 아무래도 그가 주로 역사극을 써 온 것에 따른 것이 아닌가 싶다.

이러한 일부 부정적 시각에도 불구하고 그는 우리 시대의 중요한 극작가 중의 한 사람임에 틀림없다. 그것은 그가 쓴 희곡의 양과 질, 양면에서 나름의 뚜렷한 족적을 남겼다고 보기 때문이다.

그가 쓴 25편 중 대부분이 장막 역사극이다. 초기에는 현실소재의 희곡을 쓰다가 1974년 〈남한산성〉(5막)을 발표하면서 역사극을 써나가기 시작했다. 그가 철학을 전공했으면서도 역사학에 더욱 흥미를 느낀 것은 아무래도 미국 유학시절 그 자신뿐만 아니라 조국의 정체성에 대한 깊은 성찰을 하면서부터였던 것 같다. 식민지 시대에 태어나 해방, 분단, 전쟁, 혁명의 소용돌이 속을 살아오면서 한 젊은 지성인이 우리 역사에 대해서 성찰하는 것은 어떻게 보면 자연스런 것인지도 모른다. 더구나 그가 연극인이라는 처지에서 무대의 역사를 반추해 보는 장으로 활용하고 싶은 것 역시 자연스러운 것으로 보인다.

그가 한 인터뷰에서 "우리나라의 외침의 역사가 너무 길고 또 그 내용을 보면 우리가 정신 차리고 살지 못했던 것에서 오는 것도 지정학적 요소 못지않게 주요한 요인이었다. 그렇다면 어떻게 이런 것들을 교훈으로 삼아서 후회 없는 미래를 맞을 수 있을까에 대한 생각을 많이 했다"고 술회한 바 있다. 그는 희곡을 쓰는 행위나, 연극을 만드는 일을 민족에 기여하는 것으로 확신하고 있었기 때문에 오늘을 반성하고 미래를 준비하는 행위로서 역사극을 쓰게 된 것으로 보아야 할 것 같다. 따라서 그는 스스로 밝힌 바 있듯이 역사극을 쓰는 것이 "혹독한 수난의 운명을 긍정하고 수락하기 위한 부정"이라 생각한 것이다. 이런 그의 역사극관은 역사적 사건 선택이나 사극 창작 방법에서도 잘 나타나고 있다. 가령 초기에 쓴 작품들로서 〈남한산성〉, 〈함성〉, 〈북벌〉 등이 있는데, 이들은 모두가 외침의 시련기를 냉철하게 되돌아 본 작품이다. 즉 병자호란의 치욕으로부터 그것을 극복해 보려는 북벌계획, 그리고 의병운동으로 이어진다. 그는 일찍부터 우리 연극에서 부족한 아카데미즘을 자신의 창작으로 극복해 보려는 듯이 사학자 못지않은 치밀한 사실 추적과 고증을 바탕으로 역사를 재구(再構)하는 방법을 쓴 것이 특징이다.

그는 브레히트의 영향을 받은 데다가 기록극에 흥미를 느꼈기 때문에 예술성보다도 사실성에 기울 수밖에 없었다. 이는 감성적이기보다 이성적인 그의 성향과도 맞아 떨어진다. 주지하다시피 기록극이란 정치적인 협상 기록문 등 기록 증빙서류를 통해 실제 일어난 사실을 무대에다 옮겨놓기 위한 드라마가 아닌가. 김의경은 바로 그런 성향의 역사 극작가인 것이다. 그런 그가 〈남한산성〉과 〈함성〉을 쓴 뒤 〈북벌〉에서는 종래의 자세를 벗어나 픽션 사극으로 나아갔다. 왜 그랬을까? 그 이유는 간단하다. 인조(仁祖)의 수모를 극복하고 효종(孝宗)의 대륙웅비 의지를 환상적으로나마 구현하고 싶었기 때문이었으리라. 이는 곧 그 자신의 애국심의 발로이고 역사의지이기도 하다. 그는 아마도 인조에서부터 효종, 소현세자에 이르는 역사의 굴곡과 비상의지를 3부작으로 쓰고 싶었는지도 모른다. 그러나 소현세자 이야기는 아직도 나오지 않았다.

이어서 그는 〈삭풍의 계절〉을 씀으로써 일제침략기의 강인한 민족의지를 그려냈다. 이것은 〈함성〉과 연결되는 것이고 멀리 북벌의지와도 정신적으로 맥락이 닿을 수 있다고 보아야 할 것 같다. 그는 역사극을 쓰면서 때때로 우리가 역사에서 가지고 있는 자괴감과 한을 어떻게 풀 것인가를 고뇌한다고 했다. 그래서 그는 근세사와 현대사에서 응어리가 될 만한 부분을 작품으로 엮어냈고 또 철저하게 객관화시키려고 애썼다. 1980년대 들어서 발표한 〈식민지에서 온 아나키스트〉와 〈잃어버린 역사를 찾아서〉만 하더라도 1923년 관동대지진 사건과 무정부주의자들의 항일투쟁을 묘사한 작품이다. 이 작품 이전에 3·1운동을 다룬 작품을 쓰지 않은 것은 이상하지만 여하튼 그는 일제강점기의 비극적 현실과 그 속에서 민족적 자존을 지키기 위해 일어서는 투사들의 강인성을 묘사해내고 싶었던 것 같다. 그는 조선 중기 인조로부터 시작해서 효종 그리고 일제침략기의 면암 최익현 등 의병들, 이어서 3·1운동 직후의 무정부주의자, 해방을 전후한 화가 이중섭(〈길떠나는 가족〉)을 차례로 써냈다.

이중섭을 쓴 다음에 그는 동시대의 잊혀진 영웅이라 할 〈반도와 영웅〉을 냈고 최근에 다시 일제침략 초기로 되돌아가서 〈대한국인 안중근〉을 발표했다. 이처럼 그의 전작은 조선 후기로부터 해방 때까지의 거대한 대하 사극이라 말할 수 있다. 냉철하게 역사를 객관화시키는데 있어서 그는 문장까지 딱딱 끊어지는 단문을 활용했기 때문에 대단히 드라이하다. 그가 중등학교 때부터 주어와 동사만 쓰는 문장훈련을 쌓은 탓에 서사극과 기록극 문체로서는 안성맞춤이다. 서사극과 기록극은 다같이 재판극의 성격을 띠므로 주관이나 정서를 배제한 간결문체가 돋보일 수밖에 없다.

희곡사적으로 볼 때, 그는 유치진(柳致眞)의 사실주의극 노선 위에 놓이고, 역사를 복원하여 교훈의 수단 또는 반성의 자료로 삼은 점에서도 유치진의 애국주의적 계몽사극 선상에 놓인다. 두 작가 간의 차이점이라고 한다면 유치진이 국사교육의 부재 하의 식민치하에서 비분강개와 감상주의로 역사에 접근한데 비해서 김의경은 서사극과 같은 현대적 기법을 동원하여 보다 지적(知的)이고 냉철하게 역사를 분석한 점이라 보겠다. 이순(耳順)의 가파른 중턱에 접어든 그가 이제는 연극운동보다 창작의 깊은 심연에 침잠하는 것이 그 자신뿐만 아니라 한국 연극의 진전을 위해서 보탬이 되지 않을까……

• 길떠나는 가족, 1998

자신의 연출세계를 이론화 한 안민수

• 안민수론(安民洙論)

215 　　　우리시대의 개성 강한 연출가들 중 한사람인 안민수를 필자
가 처음 만난 것은 1965년 봄쯤으로 기억된다. 필자가 동랑 유
치진에 관한 대학원 논문을 쓰기 위해 드라마센터를 드나들 무
렵, 그는 부설 서울연극학교 학생이었다. 크지도 작지도 않은
평균치의 균형 잡힌 그의 체구가 배우로서는 제격이겠구나 하
는 생각을 불러일으키게 한 기억이 남아 있다. 게다가 해맑은
얼굴에 웃음기가 있어 보이는 표정이 누구에게나 친근하게 느
껴지게 만들었던 것 같다. 그는 성품 역시 모나지 않고 순수하
고 담백해서 격렬한 갈등을 유발해야 하는, 배우로서는 어딘가
잘 맞지 않을 것 같은 느낌을 받은 것도 사실이었다. 그러한 필
자의 느낌은 어느 정도 적중했다. 왜냐하면 그가 주연급으로 출

연함 몇몇 작품에서 성실성은 보였지만 배우로서는 특별한 개성이 드러나지 못했기 때문이다. 그는 다만 배우가 되고 싶은 강한 욕망과 성취를 위한 진지하고 끈질긴 노력만을 보여주었던 것이다. 그는 중부 사람 특유의 온화한 성품과 지적 바탕, 그리고 표준어 구사로 인해서 무슨 작품, 무슨 역을 주어도 충분히 소화해 내긴 했지만 강렬한 이미지를 내뿜는 성격배우는 될수가 없었다.

이러한 그가 개성 있는 연출가로 새롭게 태어난 것은 1970년대 들어서였고 결혼과 미국 유학이라는 통과의례를 거쳐서였다.

오늘의 중진 연출가 안민수는 1939년 12월 경기도 광주에서 사법서사 안종뢰와 박재희의 장남으로 태어났다. 고향에서 초등학교를 마치고 상경하여 덕수중학교에 입학했다. 소년시절부터 예능에 소질이 있었던 그는 6·25전쟁 후의 폐허 위에서 사춘기의 방황기를 맞았고, 정신적 갈등을 연극과 영화 감상으로 해소해 보려 했다. 따라서 그는 이미 중학교 때 명동의 시공관을 찾게 되었고 거기서 극단 신협의 대표작 〈햄릿〉을 관극케 되었다. 명배우 김동원이 햄릿 역으로 최고의 기량을 발휘하는 무대를 접한 그는 깊은 감동을 받게 되었고, 막연하나마 장차 김동원과 같은 배우가 되겠다는 생각을 마음속에 품게 되었다. 그러나 중학생이었던 그가 당장 어떻게 할 수 있는 것은 아니었기 때문에 학업에만 열중했다. 고등학교는 상업을 특색으로 하는 실업학교여서 별 흥미를 느끼지 못하고 외국어 공부에 심혈을 기울였다. 영어와 불어 과목에 재미를 붙인 그는 고교를 졸업하자마자 곧바로 한국외국어대학교 불어과로 진학했다. 그는 장차 연극배우가 되겠다는 꿈을 버리지 못했기 때문에 우선 문학공부를 택한 것이다. 물론 당시에 서라벌 예대나 한양대 등 두세 곳 대학에 연극과가 갓 생겨났지만 마음에 드는 학교가 아니었던데다가 당시에는 실존주의문학 유입과 함께 프랑스 문학이 한국 젊은이들에게 어필해 있었기 때문에 외대의 불문학과를 택하게 된 것이다. 대학시절 학도병으로 군복무를 마친 그는 복학하여 주로 프랑스 희곡을 공부하면서 희곡 습작도 했다. 대학을 졸업하자마자 그는 취업을 포기하고 곧바로 드라마센터부설 연극학교에 입학하는 용단을 내렸다. 솔직히 1964년이면 전쟁 전후여서 모두가 넉넉지 못했기 때문에 안 씨 가문의 장남으로서는 당연히 취업을 했어야 했다. 다행히 사법서사를 하는 부친의 이해와 경제적 안정으로 인해서 서울연극학교에 입학할 수 있었다. 서울연극학교는 각종학교로서 동랑 유치진이 드라마센터 문을 닫은 직후 인재양성 기관으로 만든 것이었다.

그는 거기서 배우술과 극작 등 연극 전반에 대해서 이론과 실기를 배울 수 있었다. 그가 흠모하던 대가 유치진의 강의를 직접 듣는 것은 대단한 즐거움이었다. 2년여 공부한 그는 1966년에 졸업하고 극단 드라마센터에 가입함과 동시에 강사로 위촉받는 영광을 누리게 되었다. 그만큼 그가 성실하게 학교생활을 했다는 이야기가 된다. 그는 처음부터 배우가 되는 것이 꿈이었기 때문에 드라마센터 공연에는 단 한 번도 빠지지 않았다. 1965년 동랑회갑기념 공연 때 〈나도 인간이 되련다〉(유치진 작. 오사랑 연출)에 처음 출연한 그는 이듬해에 〈이름 없는 꽃들〉(이원경 작), 〈소매치기〉(김길호 작) 등에 연속으로 출연했다.

때마침 신예 여류연출가 유인형(柳仁馨)이 미국 유학 후 돌아와서부터는 그녀와 함께 작업을 하기 시작했다. 최초의 브로드웨이풍 뮤지컬인 〈포기와 베스〉(유인형 연출)에서 스포팅 라이프 역으로도 출연했고, 〈인간적인 진실로 인간적인〉(오혜령 작)에서는 주인공 신부 역으로 출연하여 좋은 인상을 남기기도 했다. 그는 드라마센터의 공연에서는 반드시 주연급으로 무대에 섬으로써 간판 배우로 이미지를 굳혀갔다. 그러는 동안 연출가 유인형과 사랑에 빠지게 되었고 1969년 초 만 30세의 나이로 결혼을 하게 된다.

그가 4년 동안 드라마센터의 간판배우로 활약은 했지만 연기자로서는 별 특징이 없었다. 그의 지적이고 분석적인 성향이 배우로서보다는 오히려 연출가나 작가적인 면이 강했다. 그의 대부라 할 유치진도 그의 배우로서의 가능성에는 회의를 갖고 있었다. 그것을 잘 알고 있었던 아내 유인형은 결혼하자마자 곧바로 유학길에 나섰다. 아내가 그의 재능을 알고 그것을 계발해주기 위해서 하와이대학으로 간 것이다. 그는 부족한 영어를 배우면서 대학 강의를 열심히 청강했고, 부설 케네디극장의 기술조교로서 실기도 익혔다. 그의 치열한 탐구정신은 제임스 브랜든과 같은 교수들의 인정을 받는 계기를 만들었고 유학 2년 여 만에 에드워드 올비의 〈Sand Box〉와 같은 작품을 연출하게끔 해주었으며, 케네디극장 공연의 〈맥베드〉에 출연도 하게 해주었던 것이다. 그가 하와이대학에서 공부하는 동안 한국에서 배우지 못한 서구의 첨단적인 연극이론을 습득할 수 있었고, 특히 미국 실험극의 선봉장들이라 할 롬 오하간, 로버트 윌슨, 리챠드 쉐크너, 쥴리안 멕 등으로부터 절대적인 영향을 받았다. 그런데 그가 실험극의 영향만을 받은 것이 아니었다. 주지하다시피 하와이대학은 동서연극의 집합 장소였고 동시에 교류지이기도 했다. 따라서 그는 인도, 중국, 일본, 인도네시아 등 동양의 여러 형태 고전극도 처음 접할 수가 있었다.

고국에서 겨우 탈춤과 판소리, 꼭두각시극을 공부한 그가 양식화된 가부끼나 노오(能), 경극, 카타칼리 등과 같은 아시아 고전극을 접할 수 있었던 것은 하나의 감동이었고 동시에 경이였다. 그는 그때부터 아시아의 전통극양식과 전위극을 어떻게 조화시킬 수 있을까에 대한 생각을 하기 시작했다. 그러나 그보다도 더욱 심각하게 생각한 것은 자신의 정체성(正體性)에 대한 것이었다. 그러니까 그는 자신은 누구인가에 대한 생각을 깊이 하기 시작했다는 이야기이다. 극동의 조그마한 나라에서 태어나 성장기부터 갖가지 고난을 겪고 동서문물의 혼란 속에서 가치관을 형성해온 그로서는 연극의 본질에 접근하면서 자꾸만 자신의 내면세계를 되돌아보지 않을 수 없었던 것이다. 가령 그가 태어난 해는 일제 식민지치하(1939년)였고 대동아전쟁이 전개되던 때였다. 그는 유년 시절 교회당에서 들려오는 찬송가 소리를 들었고, 수염을 기른 구식 조부로부터는 한자문을 익혔으며 앞산의 암자에서 들려오는 목탁소리도 들었다. 해방의 감격과 6·25 동족전쟁의 살육장면도 목격했고 전선(戰線)의 보초도 서보았다. 학생혁명과 군사쿠데타도 옆에서 지켜보면서 프랑스 문학, 특히 실존주의 철학에 심취한 것도 바로 그 시기였다. 따라서 그는 젊은 날 쓴 한 에세이에서 "내 세대의 의식세계는 보다 더 단순하지가 않다. 그 속에는 상투머리도, 히피도, 전쟁과 평화도, 저항과 좌절도 맹자, 공자, 부처님도, 그리고 예수 그리스도도 모두가 구분할 수 없게 혼재(混在)해 들어있다. 그 어느 한 부분에다 기대어 이것이 바로 너다라고 들이대면 얼른 수긍하기 어렵게 아리송하다. 그런데도 나는 뚜렷한 한국인이고 물론 내속에는 분명한 한국적 전통이 들어 있다. 이것이 바로 내일의 전통을 이어갈 오늘의 주체가 아닐까"(조선일보, 1974.7.14) 라고 술회한 바 있는 것이다.

이와 같이 복잡한 의식구조를 지닌 그가 동양의 원초적인 공연예술에서 뭔가 찾아보려고 서양의 첨단적 연극이론을 공부하면서 많은 생각을 하지 않을 수 없었다. 도대체 뭐가 뭔지 모르는 혼돈 속에서 자신의 의식저변(意識底邊)을 더듬지 않을 수 없었다는 이야기가 된다. 이런 혼란 속에서 그는 한국에서 해온 배우생활을 돌이켜 볼 때마다 한숨짓는 경우가 적지 않았다. 잘 짜여진 희곡을 분석하여 연출가가 지시하는 대로 로보트처럼 움직였던 지난 5년여의 배우생활이 우스꽝스럽게 느껴진 것은 너무나 당연한 것이었다. 그때까지의 한국연극은 바로 그런 것이 아니었던가.

더욱이 그가 케네디극장의 기술조교를 하면서 무대의 구석구석을 익힐 수 있었고 연극이 어떻게 탄생되는지도 알게 되었다. 그는 일본, 중국, 인도 등의 고전극의 양식도 세밀하게 살필 수가 있었다. 동양과 서양의 만남을 어떻게 변증법적으로 승화시킬 수 있을까 하는 것이 그의 최대의 과제였다. 그는 케네디극장 공연의 단역배우로 무대에 서면서 동양배우의 독특하면서도 신비스러운 분위기를 보여줌으로써 서양인들을 놀라게도 했다.

그런 그가 하와이대학에서 연극이론과 실재에 접하면서 연기만 가지고서는 자신의 연극철학을 마음껏 펼칠 수 없다는 것을 느끼곤 했다. 특히 첨단적인 연극공부와 극장의 기술조교의 경험을 통해서 연극의 건축사는 궁극적으로 연출가라는 것을 확신케 되었다. 그가 배우로서는 이미 5년여 동안 여러 작품에 출연해 보았던 만큼 연출에 대한 갈망이 내면으로부터 솟구치기 시작했던 것이다. 그런 기미를 알아차린 것은 그의 아내와 지도교수였다. 따라서 그는 케네디극장 공연의 〈매스터 피에르패들린〉이라는 작품연출을 맡게 되었고 에드워드 올비의 〈샌드 박스〉도 연출했다. 그것이 1970년도이므로 그가 유학길에 오른 1년 반만의 일이었다. 그는 전형적인 미국현대극을 동양, 특히 한국 전통극의 양식을 부분적으로 대입시켜서 색다른 작품으로 창조해내기도 했다. 이런 그의 독특한 작업이 미국 교수들과 학생들의 주목을 끌었음은 두말할 나위 없었다.

그는 3년여 유학생활 동안 혼란스러울 정도로 많은 것을 보고 배웠으며 또 체험으로 느꼈다. 그가 유럽을 여행하면서 동양인으로 서양문명의 본체도 보았다. 동양과 너무나 다른 서양문화를 접하면서 과연 동서문화를 조화시켜서 하나의 세계성을 띤 보편적인 예술을 창조해낼 수 있을 것인가에 대한 생각도 했다. 여하튼 그가 미국유학 중 대단히 현대적인 연출관, 더 나아가 연극관을 갖추었음을 다음 글에서 확인할 수 있다.

희곡은 물론 내게도 제일의 재료임이 틀림없다. 그러나 절대의 재료일 수는 없는 것이 나의 의식과 감격에 정확히 내어주는 것이 쉽게 찾아지지 않기 때문이다. (중략) 말이란 어차피 논리와 이성의 산물이므로 그것이 인간의 근저적 감정표현 자체가 되지는 못한다. 여기에 새로운 공간언어의 필요성을 나는 느끼게 된다. 화술을 포함해서 무엇이건 근저적 감정의 표현을 가능케 하는 소리, 빛 등을 통틀어 하는 말이다. (중략) 내게 있어서 무대는 완전히 주어진 하나의 조형시의 창조장이다. 그것은 이차원(二次元)의 세계가 아니다. 이곳에서 새로운 공간언어의 필요성을 더욱 절감하며 아무래도 시각화의 경향은 전통적 화술 중심의 연극을 보는 눈으로는 역시 시비를 낳게 하기도 한다.

• 『한국연극』, 1976.2

223

이상과 같은 그의 연출노트에 나타나 있는 것을 보면 그가 고돈 크레이그로부터 아르또에 이르는 현대극의 큰 줄기에 탐닉되어 있음을 알 수 있다. 이 글의 문맥은 마치 고돈 크레이그의 『연극예술』이란 책의 핵심부분 같기도 하고 아르또의 책 『연극과 그 환영』이란 책의 내용과 부합되기도 하다. 그러니까 그가 3년여 하와이대학에서 공부하고 실습한 것은 대단히 현대적인 연출중심, 즉 움직임 중심의 극술이었다는 이야기가 된다. 이는 분명히 화술 중심, 심리극, 또는 리얼리즘연극 사조에 대한 반역이고 더 나아가 초극(超克)이라고 말할 수도 있다. 이런 경향은 아르또 이후 그로토우스키 등에서 잘 나타나지 않았는가. 첨단적인 현대극술로 무장한 그는 배움이 좀 부족한대도 어쩔 수 없이 경제적인 문제 등 여러 가지로 인해서 귀국 결심을 했다. 그는 유학길에 오른 지 3년 반만인 1972년 8월에 귀국하여 드라마센터의 서울예전 전임강사로 강단에 서게 되었다. 그의 엄한 스승이면서 장인이기도 했던 유치진은 좀처럼 그에게 작품 제작 기회를 주지 않았다.

때마침 유덕형이 신예연출가로서 각광을 받고 있던 때였던 터라서 그의 재능을 제대로 알고 있지 못하던 동랑(東朗)이 그에게 연출 기회를 줄 리가 없었다. 그는 내면 깊숙이에서 끓어오르는 창작에의 열정을 억누르면서 후진 양성에만 진력하고 있었다. 그러던 어느 날 동랑은 독일의 천재작가 뷔흐너의 〈보이체크〉를 연출해보라는 지시를 했다. 주지하다시피 〈보이체크〉는 미완성 작품이라고까지 평가되는 난해한 희곡이다. 그는 드라마센터 팀을 데리고 〈보이체크〉를 새롭게 해석해내는 연출을 했다. 그러니까 칼을 던지며 바다로 들어가는 마지막 장면을 원작 못지 않을 만큼 역동적으로 해석하는 연출 솜씨를 보여준 것이다.

그의 재능에 의구심을 갖고 있던 동랑이 드디어 그를 조금씩 인정하기 시작했다. 그의 가까운 장인이면서도 공포의 대상이었던 대가 동랑이 10년 만에 처음 그를 인정했다는 것은 그에게 있어서는 생애 최대의 기쁨일 수도 있었다. 귀국 1년 만에 그를

테스트한 동량은 그에게 〈리어왕〉 연출을 맡겼다. 〈리어왕〉 연출은 그가 그동안 갈고 닦은 연출로, 더 나아가 새로운 연극관을 보여줄 호기였다. 그는 우리 신극이 그동안 금과옥조와 같이 지켜온 리얼리즘 연극술을 뒤집은 새 형식의 연출 솜씨를 보여주려 했다. 그러기 위해서 그는 셰익스피어의 원작부터 대폭 손질했다. 손질했다기보다는 오히려 한 발 더 나아가 번안했다는 표현이 적합할 듯싶다. 우선 무대부터 화려한 궁전이 아닌 도시 변두리의 서커스단 가설무대처럼 꾸몄고 리어왕을 철저하게 바보로 만든 해석부터 관중을 당혹케 했다. 그러니까 셰익스피어비극이 갖는 숭고미는 말할 것도 없고 질서의 세계를 철저하게 파괴하고 바보 어릿광대극의 그로테스크미학으로 가져간 것이다. 전쟁장면의 슬라이드 활용과 전자기타음악 반주에다가 칠판을 두드리는 시끄러운 효과음도 특이할 수밖에 없었다. 그가 〈리어왕〉을 그렇게 가져간 것은 이 세상을 부조리의 세계로 바라본 데 따른 것이다. 이는 그가 프로그램에서 인간세상은 "존엄성도 사랑의 위대함도 아닌 그로테스크의 세계이며 무리한 얘기의 전개와 과정으로서만 얘기 전개가 가능한 성격 등은 곧바로 부조리극의 세계"가 아니겠는가고 쓴데 잘 나타나 있다. 그만큼 그는 〈리어왕〉에서 충격적일만큼 기존의 가치관을 뒤집어 놓았던 것이다. 결론적으로 말하면 그의 작업은 기존 질서의 세계에 대한 철저한 파괴로부터 출발한 것이었다. 따라서 그 표현은 격렬하고 충격적이며 잔혹성으로 나타날 수밖에 없었다. 그는 일찍이 연출하는 자세를 두 가지로 나누어 말한 적이 있다. 즉 해석자적 위치에서 지휘자의 역할만을 하는 연출가와 완전한 창조자로서의 연출자세이다. 그런 측면에서 보았을 때 그는 후자, 즉 완전한 창조자로서의 연출가이기를 바랐다. 그렇기 때문에 그는 무슨 작품이든지 일단 연출을 하게 되면 대본부터 손대기 시작한다. 그는 희곡을 연극 창조의 필요악으로 파악하고 자기의 세계관에 입각해서 재구성했다. 그것은 첫 번 연출작품인 〈보이체크〉에서부터 시도했었다.

그런데 흥미로운 사실은 우리가 막연하게 생각하는 파괴가 그에게 있어서는 반대로 창조행위의 한 표현방법이라는 점이다. 그가 파괴한다는 것은 위선과 거짓으로 가득찬 세계의 배면절개(背面切開)에 다름 아니다. 그와 관련하여 그는 "배면(背面)에의 침투와 투시는 우주질서의 신장 가운데 서려있는 부조리를 응시하며 그 부조리를 이루는 힘의 원천은 내게 있어 자연질서에 대한 끊임없는 파괴력으로 나타난다고 파악한다. 여기에서 나의 연극은 어쩔 수 없이 재현된 의미의 잔학성을 노출하게 마련"이라고 실토한 바 있다. 그가 특히 부조리한 세계인식과 그로테스크 미학을 강조한 것에 대해서 당시 평단에서는 셰익스피어학자 얀 코트의 이론과 피터 브로크의 연출기법의 영향을 받은 것으로 파악하면서도 대단히 주목할 만한 신진 연출가의 등장이라는 데는 아무도 이의를 제기하지 않았다. 물론 보수적인 연극인들 중에는 그의 기존의 연극문법 파괴를 부정적으로 보는 이도 없지 않았다. 그럴 수밖에 없는 것이 수백 년 동안 지켜온 셰익스피아극을 송두리째 뒤엎어 놓았기 때문이다. 솔직히 그는 당시로서는 대단히 앞서가는 실험극을 시작한 것이었다.

사실 그가 바라보는 현대는 그동안 견지해온 연극방식으로서는 도저히 표현할 길이 없다고 생각했다. 우선 그는 전통(傳統)을 조상들의 지혜의 축적이라는 단순논리로 인식하지 않는다. 그가 한 에세이에서 "전통은 옛것을 말할 수는 없다. 전통이란 고정(固定)되어 있는 관념으로 나는 믿지 않는다."면서 그것은 변화 발전하는 과정으로 파악해야 한다고 했다. 그러면서 그는 "내가 분명 한국인이고 내 속에 전통이 있을 텐데 내 자신에게 충실하면 전통의 파괴처럼 보이던 그것이 종국은 전통 확립의 과정이 될 것"이라는 역설적 해명도 했다.

이러한 시각에서 작품을 창조해가는 그의 자세는 고루한 관객에게는 충격이었고 지적 관객에게는 눈을 번쩍 띄울 만큼의 신선감으로 다가올 수밖에 없었다. 그가 한 신문과의 인터뷰에서 "우주(宇宙)의 구심점에 서 있는 인간의 숙명적인 존재"라고 한 것은 그의 실존주의적 세계관의 일단을 보여준 것으로서 "그런 존재 밑바닥에 깔려있는 어떤 파괴력 같은 것을 취급한 작품을 좋아한다."(일간스포츠, 1974.4.20)고 한 것은 부조리한 세계의 이면(裏面) 노출을 연극미학으로 삼겠다는 것을 표명한 것이다.

그는 〈리어왕〉 연출에 이어서 오태석의 화제희곡 〈태(胎)〉를 연출했다. 〈태〉는 우선 희곡부터 새로웠다. 재래의 사극처럼 역사의 재구(再構)나 사실(史實)의 재평가가 아닌 역사의 이면에 조사(照射)된 어떤 영감이나 이미지를 극화한 희곡이었다. 여기서 영감이라는 것은 선대와 후대를 이어주는 생명의 끈, 모든 종족의 멸종을 거부하는 생명의 끈으로서의 태(胎)에 대한 신앙이며 인과(因果)의 고리로서의 태에 대한 외경 같은 것이다. 이 희곡을 접한 안민수도 〈태〉가 비록 "역사에서 소재를 빌어왔다고는 해도 결코 통념상의 역사극은 아니다. 왜냐하면 이 작품에는 사실의 저 뒤쪽에 생명의 근원을 찾아 방황하는 존재 파악의 처절한 궤적이 그려져 있기 때문"이라 보았던 것이다.

솔직히 이런 역사극은 그가 연출하기 좋은 희곡이었다. 그는 〈리어왕〉의 경험을 바탕으로 한 단계 더 나아가는 작업을 했는데 그것은 우리의 전통극을 좀 더 과감하게 활용한 점에서 그렇다. 그 단적인 예가 판소리의 활용이었다. 가령 도창(導唱)에서부터 장면과 장면 사이를 판소리로 연결고리를 만든 경우 등… 또한 희랍비극의 코러스를 연상시키는 사육신의 배치, 사육신의 고문과 학살 장면의 처리, 그리고 해산장면에서의 태의 상징화는 압권이었다. 그가 이 작품에서는 〈리어왕〉 이상으로 잔혹 극적 기법을 드러냈는데 사육신의 처형장면을 마치 도살장 같은 음산 괴기 장면으로 반출한 것이라든가 단종의 죽음장면에 기관총 소리를 냄으로써의 관객 놀래킴 등에서 그 점이 잘 드러나고 있었던 것이다.

이와 같은 그의 사극연출은 신극사에 있어서 역사극의 새 지평을 연 것이었다. 그렇게 보는 이유는 두 가지에 있다. 첫째로는 선배 연극인들이 해왔던 역사 교육의 일환으로서의 역사재현을 극복한 점이고, 두 번째로는 역사를 사실로서가 아니라 그 이면에 도사리고 있는 진실 천착이라는 차원에서, 그것도 아방가르드적인 실험적 표현기법으로 접근했다는 점이다. 그는 귀국 세 번째 작품으로 새로움을 추구하는 신예연출가로서 확고한 위치를 정립할 수가 있었다. 따라서 그는 그동안의 연출 작업을 인정받아서 연극협회가 주는 한국연극상을 받았고 중앙일보의 문화대상도 받았다.

1975년에 들어서는 그가 전에 연출했던 〈보이체크〉와 〈태〉를 재공연하고 유치진의 대표작 〈소〉를 아내(유인형)와 함께 공동 연출했다. 그는 소에 대한 독특한 이미지를 갖고 있었다. 그것은 마치 화가 이중섭(李重燮)처럼… 〈소〉의 연출노트에서 "소는 민족의 젖줄기, 이 소를 잃으면 우리는 고향을 잃는다."라고 씀으로써 소를 원초적 고향의 이미지로 파악했다.

그의 아내가 절제를 요구했기 때문에 〈소〉에서의 안민수의 배면절개는 두드러지지 않았다. 〈소〉 연출을 끝내면서 그는 다시 셰익스피어 작품으로 눈을 돌렸다. 그가 진정으로 연출하고 싶어 했던 〈햄릿〉을 새롭게 형상화하는 작업에 착수한 것이다. 안민수는 대학시절 극작실습을 해보았기 때문에 번안에는 어느 정도 자신감을 갖고 있었다. 그는 우선 〈햄릿〉을 한국의 〈하멸태자〉로 가져오기로 하고 시대와 장소도 대체로 삼국시대쯤으로 잡았다. 따라서 등장인물들의 이름부터 하멸(햄릿) 미휼(클로디어스) 가희왕비(거트루드) 파로(로니어스) 호려소(호레시오) 오필녀(오필리어) 대야손(레어티즈) 지달왕(선왕) 등으로 한국화시켰고 로즌 크렌츠와 길든 스턴은 제외시키고 그 역할을 플로니어스가 하도록 했다. 그 외에도 주제가 바뀌지 않는 범위 내에서 잔가지를 쳐내고 바꾸기도 했다. 가령 원작에서 햄릿이 포틴브라스에게 왕권을 넘기지만 〈하멸태자〉에서는 아무 말 없이 죽는다든가 오필리어와 거트루드를 한국적 여인상으로 바꾸어 놓은 것이 그런 예에 속한다. 장소만 하더라도 덴마크는 아사라, 영국은 타사도로 표현하며 수녀원은 사찰, 천당은 열반 등으로 바꿈으로써 기독교가 아닌 불교적 관점으로 전환시켰다. 안민수 자신도 한 신문(중앙일보)과의 인터뷰에서 "서양적 상황, 전통, 감각 속에서 나타나는 햄릿의 고뇌와 갈등이 한국의 문화적 전통, 의식, 감각 속에서 어떻게 용해돼야 하는가를 형상화시켜보려 한다."고 실토한 바 있다. 결국 1976년 10월에 드라마센터 무대에 올려지면서 찬반양론 속에 화제가 폭발했다. 가령 "동양 여러 나라의 연극형태와 우리 전통형식을 시도하고 있다."(동아일보. 1976.10.19)는 긍정적 평가와 대단히 일본적이라는 부정적 평가가 동시에 나온 것이다. 이 작품이 일본적이라고 본 이유는 우선 무대에서부터 사무라이와 같은 결투장면, 〈노오〉의 분장 같은 진한 백색 얼굴, 의상 등에서 잘 나타난다는 것이다. 이런 비판에 대해서 안민수는 침묵했지만 여하튼 화재를 불러일으킨 것만은 분명하다. 솔직히 그가 이 작품에 가면극의 춤사위라든가 승무형태, 그리고 아악의 가락을 삽입한 것이 사실이지만 하와이 대학시절 깊은 인상을 받은 일본 고전극의 영향도 무시할 수는 없는 것이다. 이 말은 곧 그가 한국뿐만 아니라 동양 전통극 전체를 염두에 두고 〈햄릿〉을 새롭게 만들어 본 것이라 말할 수 있다. 그렇기 때문에 구미 순회공연에서 〈하멸태자〉가 그들에게 대단히 이국적으로 비치고 주목을 끌었다고 보여지는 것이다. 〈하멸태자〉 공연에 대해서 구미 관객들은 대부분 호평하는 가운데 뉴욕의 한 신문은 "안민수는 이 서양의 고전극을 시간과 공간의 동양적인 개념과 혼합하여 관객이 언어의 장벽 없이 그것을 감상할 수 있다고 느꼈다. 그리고 그들은 관객들로부터 열광적으로 10분 동안의 기립박수를 받았다. 전통적인 한국 춤과 음악에서 사용했던 차원의 개념

은 깜짝 놀랄 정도의 극적인 효과를 창조하는데 전념했다. 그를
통하여 배우들의 뛰어난 절제와 집중력은 고도의 에너지를 뿜
어냈고 그날 저녁은 하나의 완전한 연극적인 경험이었다."(더뉴
스월드뉴욕. 1977.4.1)고 극찬한 바 있다. 특히 화려한 궁중의상과
역동적인 움직임, 독특한 효과음과 동양음악 등이 서양인들을
매료시킨 것 같다. 이처럼 〈하멸태자〉는 국내에서보다 구미에
서 절찬을 받았다. 그로부터 그는 3년여 침묵했다. 더욱이 부친
의 타계로 심적인 충격도 컸다. 우연이긴 했지만 10·26정변 마
저 일어나서 광주에서는 숱한 죽음이 있었다.

그는 한 예술가로서 이러한 삶의 질곡을 어떻게 그려낼 수 있
을까를 골똘히 생각하기 시작했다. 그는 자기의 깊은 심중을 그
려줄만한 극작가를 찾기가 쉽지 않다고 판단했다. 따라서 그는
자신의 내면에서 솟구치는 고통을 직접 희곡으로 써서 공연키
로 했다. 그는 〈초혼(招魂)〉이라는 200자 원고지 80매 분량의
첫 희곡을 썼다.

그는 소년 시절 한 때 시인을 꿈꾼 적이 있었고, 대학시절에
는 극작가가 될 수 있을까 하는 생각에 습작도 한 적이 있었기
때문에 희곡창작에 대한 두려움을 갖지는 않았었다. 그런데 여
기서 주목할 만한 사실은 일반적으로 희곡의 양식을 파괴한 작
품을 낸 점이었다. 희곡은 14명의 등장인물이 처음부터 끝까지
"어이고 어이고 애고 애고 어이고"의 반복으로 구성되었다. 아

리스토텔레스의 희곡론으로는 도저히 풀 수가 없고 서사극이나 부조리극 이론으로도 풀기 어려운 이색적 희곡이었다. 이 희곡을 읽으면 그가 일찍이 자신의 연출관에서 밝혔던 "말은 일종의 필요악"이라고 한 주장이 떠오른다. 이런 연극관에 입각해서 그는 그동안 선보인 작품에서 심리갈등의 언어극이 아닌 움직임, 소리, 빛깔 등으로 혼합된 일종의 스펙터클한 공간 언어극을 창출했던 것이다. 그동안 과잉표현도 서슴지 않던 그가 처음 발표한 이 간절한 희곡이 색다를 수밖에 없었다. 많은 연극인들이 그의 희곡을 읽어보고 고개를 갸우뚱한 것은 극히 자연스런 것이었다. 무대에 올린 작품을 보고는 사람들을 당혹케

했다. 왜냐하면 상복차림의 배우 14명이 처음서부터 끝까지 2시간여 뛰면서 "어이고 애고…"의 호곡(號哭)을 반복하면서 뛰기 때문에 배우들은 땀과 눈물로 온몸을 적셨다. 솔직히 이 작품은 일종의 제의극(祭儀劇)이다. 여기서 호곡은 우리나라의 전통적 장례의식의 한 부분이며 혼(魂)을 부르기도 하고 떠나보내기도 하는 의미를 지닌 산자의 정서적 표현이다. 예부터 전해오는 이야기로는 부모의 혼은 자식의 슬픈 호곡소리를 타고 저승에 간다고 했다. 그렇기 때문에 우리나라에서는 장례의식에서 유독 호곡을 권장하고 강조해왔다. 그만큼 호곡은 주술적(呪術的) 기능도 지닌 것이다. 그런데 안민수에게 있어서 1980년도는 광주에서 수많은 억울한 죽음과 부친의 슬픈 죽음을 위한

진혼(鎭魂)굿도 필요하다는 생각을 했을 법하다. 물론 소년 시절에 겪었던 동족상잔 과정에서의 죽음, 4·19 학생 혁명 과정에서의 억울한 죽음도 끊임없이 그의 뇌리에서 맴돌았을 것임은 두말할 나위 없다. 그러나 그는 훨씬 뛰어 넘어서 보다 원초적인 명상을 한듯싶다. 그러니까 그는 당초부터 연극의 사회적 기능에 대해서는 별로 관심이 없어 보였다는 이야기이다. 그는 자신의 철학적 고뇌의 세 가지로서 인간의 상실, 자신의 복합적 의식구조, 그리고 연극언어의 자유분방함이라 말한 바 있다. 여기서 드러나는 것은 실존주의자로서의 비관적 세계관과 전통과 현대 사이에 끼어있는 동양인으로서의 복잡한 의식구조, 그리고 전위적인 공간언어 창조자로서의 자세라 하겠다. 〈초혼〉을 그린 맥락에서 본다면 그로서는 더 한 발짝 전진하고 있는 것이라 말할 수 있다. 왜냐하면 표현을 단순화시키고 보다 본질적인데로 다가가려 한 점에서 그렇다. 가령 대사는 "어이고 어이고 애고 애고 어이고"로 압축시켰고 소위 그가 강조한 공간언어라는 고정된 조명 불빛 속에 울면서 뛰는 것밖에 없었기 때문이다. 그 자신도 이 작품의 연출노트에서 "내게 있어서 예술은 궁극적으로 본질을 규명하려는 데 있다. 지난 여러 해 나는 현상을 헤집고 실존(實存)에 보다 가까이 접근하려고 애쓰면서 내 삶의 움직임에서 눈을 떼지 않았다. 그러면 그럴수록 모든 형체는 부서져 내 뒷전으로 빠져버리고 그러던 중 하나의 소리를 볼 수 있었다. 시공(時空)이 끊겨져 있는 고요의 자리로부터 천지간에 홀로 떨어져 나오던 태초의 순간, 눈도 귀도 뜨지 않은 채 울던 소리가 그것이며 그리고는 끝없는 변주(變奏)가 있을 뿐이었다. 이 모든 것은 하나의 농경(農耕)스러운 체험이 있으며 내 연극은 바로 그것"(〈招魂〉 프로그램)이라 했다. 그러면서 그는 호곡성과 관련하여 "이 세상에 아이가 태어나는 순간 우는 소리는 무의미한 소리가 아니라 최초의 의식이 담긴 소리라고 생각해요. '어이고'는 인간이 잃어버리고 있는 원초적인 의식을 확인시켜 주는 소리"(서울신문 1980.10.2)라고 했다.

그가 말을 절약하고 구질구질한 형식과 언어를 걷어내어 본질만 내보인다는 점에서는 베게트를 닮아갔지만 현상에 머물지 않고 보다 본질에 다가가려 한 점에서는 실존주의 사상을 지닌 인문주의자(人文主義者)의 모습을 보여주기도 한다. 그는 일간스포츠(1974.4.20)와의 인터뷰에서 "우주의 구심점에 서 있는 인간의 숙명적인 존재와 그 존재 밑바닥에 깔려 있는 어떤 파괴력 같은 것을 취급한 작품을 좋아한다."고 말한 바 있다. 여기서 '인간이 우주의 구심점에 서 있다'고 본 것이야말로 '현상이 본질에 앞선다'는 실존주의 사상의 한 면을 보여준 것이라 말할 수 있다.

이런 그는 1년 뒤에 다시 모노드라마 〈제24시〉라는 희곡을 써서 무대에 올렸다. 〈초혼〉 이후 그에 쏠렸던 대중의 관심이

줄어들어서였는지는 알 수 없으나 〈제24시〉 공연은 조용히 지나갔다. 한 사나이의 자기 구원을 찾는 이 작품은 나중에 〈거울이 있는 방〉으로 개제되어 공연 되었지만 역시 관객의 반응은 그저 그랬다. 그런 그가 1981년 2학기부터 동국대 연극과로 직장을 옮겨 가르치는 일에 많은 시간을 할애했다. 그러면서 과거 그에게 명성을 안겨주었던 〈리어왕〉과 〈보이체크〉를 다시 무대에 올리고 세 번째 희곡 〈길〉을 써서 학생들을 데리고 공연을 했다.

네 개의 에피소드로 구성되어 있는 이 작품에는 등장인물이 여러 명이다. 그 중에서도 아이들이 길에서 놀다가 지쳐서 홍얼홍얼 부모를 찾는 덩치 큰 한 여인이 아이들을 업어가는 이야기와 편지 한 장을 놓고 문맹자와 전장에 아들을 보낸 아버지 등이 등장해서 전쟁의 참혹함과 공포 등으로 인해 울다가 한바탕 "웃음으로 끝나는 내용이 주다. 결국 어처구니 없는 허허…"로 끝나는 이 작품의 배경과 관련하여 평론가 구히서와의 대담에서 "법당에서 다시 찾아낸 어린 시절의 체험 같은 길 연극으로 만들자는 욕심에서 생겨나온 작품"(구히서, 「연출가 안민수Ⅴ」)이라고 실토한 바 있다. 그러니까 그가 40대 중반까지도 내면 깊숙이에서 솟구치는 어떤 열정(그것도 고통스런)같은 것을 가라앉혀보려고 절을 드나들었고 그 과정에서 고향의 유년 시절의 아득한 체험과 자연스럽게 만난 듯싶다. 이 지점에서 다시 오네스코의 이야기가 떠오른다. 즉 이오네스코는 일찍이 유년 시절의 공포 등과 같은 체험이 작품의 바탕이 된다는 이야기를 한 적이 있다. 안민수도 자신의 내면의 소리를 유년 시절의 체험에서 끄집어 내보려한 것 같다. 그러나 그는 자신의 작품에서 여전히 실제, 승화되지 않고 솟구치는 열정에 실망했다고 한다. 사실 그가 초기에는 존재의 근원을 탐색하는 과정에서 관객에게 파괴로 비칠 정도의 과잉 표현을 했고 그 다음에는 마치 다이모니온(daimonion)을 발견한 듯 "어이고"라는 소리로 압축해 표현했다. 그는 불교의 선(禪)에서 느낄 수 있는 울음 뒤의 한바탕 웃음으로 표현했다. 가령 "어이고 어이고"에서 "히히…"로 끝냈고 표현방법도 과잉으로부터 과소로 진전되어 갔지 않은가. 그가 마치 손톤 와일더나 베게트처럼 변주(變奏)와 반복을 자주 구사한 것도 실은 〈초혼〉을 썼을 때부터였다. 이는 분명히 부조리극의 영향으로 볼 수 있다. 그러나 그는 표현의 절제, 언어의 제거에서 어떤 한계에 부닥친 것 같다. 왜냐하면 그가 곧바로 가정 언어를 잘 구사했다는 안톤 체홉에 빠져들기 시작했기 때문이다. 즉 그는 1985년부터 학생들을 데리고 체홉의 비극을 연출하기 시작한 것이다. 이처럼 그는 과잉 표현으로부터 거의 무(無)에 가까울 정도의 절제로, 그리고 다시 인문학적 깊이를 세련되게 표현하는 언어극으로 나아간 것이다. 그 자신도 체홉을 만나게 된 동기와 관련하여 "나는 과거 연극에서 말을 없애는 문제를 많이 생각하고 실험했었다. 그러나 학생들과 체홉의 작품들을 만들려면 나는 말의 중요성, 힘, 그 형태의 아름다움을 발견했다."(구히서, 「연출가 안민수 V」에서 재인용)고 실토한 바 있다. 사실 이것은 그가 드라마센터에 입교해서 연극을 했던 처음, 즉 원점(原點)으로 회귀한 것이다. 전통적인 언어극, 사실주의극으로부터 시작해서 과잉표현이랄 수 있는 스펙터클한 움직임극, 그리고 언어를 거의 제거할 정도의 절제와 단순화한 변주극, 거기서 다시 원점으로 돌아가는 순환과 반복의 과정을 겪은 것이 바로 안민수의 연출세계인 것이다. 문예사조도 그렇지만 패션이라는 것도 앞으로 끝없이 나아가기만 하는 것은 아니다. 낭만주의 다음에 신낭만주의 사조가 닥치듯이 문예사조나 우주원리라는 것도 순환과 반복, 변주의 연속이라 말할 수 있다. 안민수야말로 이러한 원리에 운명적으로 순응하는 연출가로 보인다. 그가 이제부터 만드는 작품은 정통과 실험, 리얼리즘극과 부조리극을 종합 승화시킨 것이기 때문에 대단히 색다르리라 예상된다.

그런데 그는 자신의 연출연기 실험을 세 권의 책으로 묶었는데, 〈연기훈련〉, 〈연극연출의 원리와 기술〉, 그리고 〈연극적 상상 창조적 망상〉 등이 바로 그것이다. 이런 그가 지금은 자신의 질환과 마지막 사투를 벌이고 있다.

지역연극의 든든한 버팀목

• 마산연극의 희망 이상용(李相龍)에 대하여

　　가뜩이나 가난했던 나라가 동족전쟁으로 더욱 황폐화됨으로써 연극이라는 놀이문화가 회생의 기미를 보이지 않던 1970년대 중반에 국호까지 붙인 대한민국연극제 시행은 정부가 할 수 있는 유일한 연극 진흥책이었다. 그런데 몇 년간 진행하는 동안 지방연극단체는 대구에서 온 단 한 극단뿐이었다. 그렇다면 이는 대한민국연극제가 아니고 서울연극제가 아닌가. 바로 이 지점에서 지방연극의 육성책이 시급하다는 것을 깨닫고 연극제를 서울과 지방으로 이원화해야 한다는 당위성이 힘을 얻게 되어 1983년부터 전국 지방연극제가 시행되기 시작했다.

　　연극제의 이원화를 강력히 주창했던 필자가 제1회 부산대회서부터 참가하여 10년 이상을 한 번도 빠지지 않고 심사를 해

보았기 때문에 지방연극의 실정과 발전과정을 소상히 알 수가 있었다. 솔직히 필자는 심사를 다니는 동안 처음 너무나 열악한 조건의, 지방에서 연극이라는 놀이문화가 싹이 터서 자라날 수 있을까를 회의했었다. 왜냐하면 연극이 이루어질 수 있는 인적, 물적 인프라가 전무했기 때문이다. 변변한 공연장은 말할 것도 없고 연극인도 관객도 없었기 때문이었다. 물론 호사취미로 연극을 부업으로 해보겠다는 몇몇 딜레탕트들과 아마추어 극단이 대중도시에 몇 개 있기는 했었다.

그래서 지방연극제 초창기에는 도와 시를 대표하는 급조된 단체들이 마지못해 경연에 참가하는 수준이었다. 그러는 동안 우리의 정치·경제 상황이 급속도로 진전되면서 인구의 도시집중화와 대학들의 급팽창 등으로 인하여 어엿한 공연장들이 세워지고 연극인들도 많이 배출됨으로써 인적, 물적 인프라가 갖추어가기 시작한 것이다.

가령 지방연극제가 시행 35년 만에 서울연극제와 통합하고 대한민국연극제로 되돌아왔다는 것은 그만큼 지방연극이 성장했음을 단적으로 증명하는 것이다. 지방연극이 그동안 얼마나 발전했는가는 전국연극제에 참가하기 위해서 시도마다 치열한 예선을 거쳐야 한다는 사실이 가장 잘 보여준다고 하겠다. 그만큼 한 극단도 없었던 시도마다 10여 개 가까운 단체들이 생겨나기도 했던 것이다. 그러니까 웬만한 소도시에도 극단은 존재

한다는 이야기다. 수준 또한 괄목할 만큼 향상되어 연극제 통합 이후에 대상을 지방단체들이 가져갔다는 사실에서도 잘 나타 난다고 하겠다.

지방연극이 발전하는 데 있어서는 절대적 견인(牽引)역할을 한 인물들이 반듯이 존재했다. 가령 생각나는 대로 떠올려 볼 때 부산의 전성환 형제를 비롯하여 경북 포항의 김삼일, 대구의 이필동, 이국희, 경주의 이애자, 경남 통영의 장창석 형제, 마산 의 이상용, 거창의 이종일, 광주의 박윤모, 정철, 목포의 김창 일, 전북의 문치상, 인천의 김종원, 윤조병, 경기의 이재인, 강 원 춘천의 최지순, 속초의 장규호, 신원하 등이 기억된다.

이들이 있었기에 오늘날과 같은 훌쩍 자란 지역연극이 존재 하는 것이다. 그런데 흥미로운 사실은 지역연극의 선구자들인 이들의 공통점으로서는 인적 물적 자원이 없었던 지역에서 연 기, 연출, 극작, 무대미술 거기다가 마케팅까지 담당하는 1인 다역(多役)을 했거나 지금도 하고 있다는 점이다. 그런 대표적 인물들 가운데 한 사람이 마산의 이상용(李相龍)이 아닌가 싶 다. 왜냐하면 그는 배우로 시작하여 연출, 극작, 마케팅, 그리고 아카이브까지 전담하고 있는 다면적 얼굴의 연극인이기 때문 이다.

그런 그가 이번에 여러 해 동안 써온 30여 편의 작품 중에서 6 편만을 골라 첫 번째 희곡집을 상재한다는 것이다. 이런 이상용을 모르는 지역연극인은 별로 없어 보인다. 왜냐하면 그는 중앙에 와서 연극을 해도 손색없을 만한 실력을 갖추고 있음에도 불구하고 자기 고장을 끝까지 지키고 있는 고집불통의 지역연극인이기 때문이다. 물론 그 외에도 애향심이 강한 지역연극인들은 수두룩하다. 그러나 그의 지역지킴은 별다르다. 그가 만들어 운영하고 있는 극단 명칭부터 마산이고 그가 쓴 희곡의 상당수도 마산의 역사와 인물들이라는 점에서 그렇다.

근자 대학에서 연극을 가르치는 사람들은 고학력시대에 맞춰서 상당수가 Ph.D학위를 갖고 있다. 그러나 현장에서 뛰는 배우나 연출가들은 솔직히 그런 학위가 필요한 것은 아니다. 실제로 현장연극인들 대부분은 그런 학위를 갖고 있지도 않다. 그럼에도 불구하고 이상용은 지역 연극인으로서는 드물게 배우로 시작하여 연출, 극작, 연극운동가로 활동하면서도 Ph.D학위소지자다. 그는 그것으로도 부족하여 미국 유학까지 갔다 올 정도로 부지런하고 맹렬한 학구파 연극인이라는 점에서 돋보인다. 책을 읽지 않는 시대임에도 그의 독서량은 만만치 않다.

따라서 그의 희곡도 아마추어리즘의 극작가들과는 많이 다르다. 상당수 작가들이 무대를 모르고 희곡을 쓰기 때문에 문학성은 있어도 연극성이 떨어져서 공연할 때는 손을 많이 보아야 하지만 그의 작품은 곧바로 무대에 올려도 괜찮다. 그는 희곡이야말로 '움직이는 문학양식'으로서 무대에서 완성되는 것임을 잘 알고 작품을 쓰기 때문이다. 이는 아마도 그가 대학시절에 셰익스피어 연구로 명성이 높은 배덕환 교수로부터 연극의 기초를 제대로 배운 데 따른 것이 아닌가 싶다.

그가 그동안 자기 고장의 역사와 인물들을 작품의 제재로 삼아왔기 때문에 독특한 방언을 적절히 활용하지만 매우 세련되게 언어를 조탁(彫琢)하여 서정적 시어(詩語)로 만들어내는 재능을 보여주고 있다. 그가 거기에 그치지 않고 평생 모델로 삼고 있는 유진 오닐의 영향을 받아 인생의 덧없음을 담담하게 묘사하고 있다. 가령 〈고모령에 달(月)은 지고〉같은 작품이 바로 그런 경우에 속하지 않을까.

필자의 생각으로는 그가 해안가에 살고 있는 만큼 연륜이 더해갈수록 자연과 인생에 대한 성숙된 작품을 쓸 것 같고, 궁극적으로는 한국의 유진 오닐이 되지 않을까 싶다. 그의 첫 번째 희곡집 상재를 축하한다.

노학자의 성찰적 지난 인생 되돌아보기

• 여석기의 『나의 삶, 나의 학문, 나의 연극』에 대하여

망백(望百)의 노학자 기촌(흠村. 여석기 교수의 아호) 선생이 오랜 침묵을 깨고 격조 높은 회고록을 내어 영문학계뿐만 아니라 문화예술계에 잔잔한 파문을 일으키고 있다. 그 이유는 그가 사계의 최원로 현역(?) 학자로서 모처럼 우리가 오랜만에 접할 수 있는 회고록다운 회고록을 펴낸데 따른 것이다. 사실 우리나라에는 의외로 학자들의 회고록이 드물고, 기왕에 나와 있는 회고록들(주로 정치인들의 것)도 자기 합리화나 자화자찬형이 주종을 이루는 것에 비추어볼 때, 기촌 선생의 경우는 그러한 현상을 단번에 극복하고 있어서 주목을 끌고 있는 것이라고 말할 수가 있다. 장장 480면에 이를 정도로 방대한 회고록은 3부로 편성되었다. 제1부는 '나의 삶'이고, 제2부가 '나의 학문'이며, 제

3부는 '나의 연극'으로 되어 있다.

어느 분야든 일가를 이룬 인물은 평생에 걸쳐서 부단히 탁마한다고 볼 때, 삶과 일을 분리해서 설명하기란 쉽지 않다. 마찬가지로 기촌 선생도 회고록을 엮음에 있어서 편의상 삶, 학문, 연극 등 3부로 나누었을 뿐 실제로는 연대기 형식을 피하면서 삶과 활동을 씨줄과 날줄로 엮어나간 것이 특징이다. 그는 서문에서 자신을 가리켜서 '유난히 기억력이 모자라는 사람'이라고 겸양해 했지만 후학이 볼 때는 놀랄 정도로 세세한 것까지 기억해내고 있어서 역시 이름난 수재는 다르다는 생각을 하게 만든다. 특히 저명 인문학자로서 평생 다져온 탄탄한 내공은 유려하면서 절제된 문체에 고스란히 나타나 있어 독자를 감동케 한다.

제1부는 앞에서도 말한 바와 같이 기촌 선생의 가족사와 핵심을 이루고 있다. 그는 아주 오래된 선대 이야기부터 오늘에 이르기까지 약술하고 있지만 그중에서도 선친(呂煥玉)의 인생에 포커스가 맞춰져 있으며 선친과의 애증관계 속에서 자신이 해방될 때까지 걸어온 과정이 주된 골격을 이룬다. 그가 김촌의 명문가 출신이라는 것은 학계에 잘 알려져 있는 사실이지만 그의 가문이 전형적인 경상도 양반에다가 대대로 천석꾼이었으며 거기다가 수재 DNA 등 세 가지 복까지 고루 갖춘 집안이었음은 이번에야 비로소 소상히 밝혀진 것이 아닌가 싶다.

그런데 더욱 놀라운 것은 그의 가족사가 굴곡진 한국 근현대사의 축소판 같다는 점이라 하겠다. 가령 개성 강한 경상도 양반인 그의 선친의 독립운동 관련(상해 임시정부에 자금을 댄 것) 및 분단과 전쟁 와중에서의 형제간의 아산(계씨의 월북) 등은 불행했던 한국 현대사의 압축으로 보여서이다.

제2부 '나의 학문'에서 그가 주안점을 둔 부분은 자신이 처음 셰익스피어에 대한 호기심으로 시작한 희곡연구가 현대 영미연극으로 확대되는 학문적 여정을 진솔하게 밝힌 것인데, 그의 지적 편력과 학문섭렵 과정에서 그에게 영향을 준 일본학자와 미국학자들의 연구자세와 강의방식 등의 이야기는 흥미를 끈다.

그가 약관 24세에 문리대 강사로 시작하여 고려대에서 정년퇴직할 때까지 무려 41년 동안 강단을 지킨 기록도 매우 드문 예가 될 만하다. 그런 와중에 그는 6·25전쟁을 겪고 유학생활까지 거치면서 신학문을 섭렵하고 한국 근대 인문학의 한 축을 이루는 영어영문학회와 셰익스피어학회 창립의 일원으로서 그 성장과정을 소상하게 밝힌 것도 주목할 만한 사항이다.

더욱이 그가 청운의 꿈을 품은 일본유학생으로서, 또 교수로서, 그리고 영문학자로서 그동안 만났던 수많은 선후배, 동료 및 기억나는 제자들의 면면을 보면 곧 근대 인문학을 수놓은 별들이었음을 알 수가 있다. 주지하다시피 기촌 선생은 서재형학자라기보다는 참여형학자라고 말할 수가 있다. 따라서 그는 대학 보직도 오랫동안 했으며 스스로 팔방미인이라고 했듯이 능동적인 성격이 아님에도 불구하고 모나지 않은 성품과 근면, 재승을 겸비한 학자임을 알아차린 사회가 그를 불러냄으로써『사상계』편집인으로부터 진흥원장에 이르는 감투와 각종 심사에 참여했음도 밝히고 있다.

이어서 그는 자신의 학문 열정물들이라 할 첫 저서『20세기 문학론』을 비롯한 마지막(?) 저서『씨네마니아』(1996년)를 펴낼 때까지의 주요 저술인『햄릿과의 긴 여행』,『나의 햄릿 강의』 등에 특별한 애착을 갖고 있음도 간략히 설명하고 있다. 그가 셰익스피어 연구의 선구자로서 호기심 많은 참여형 학자였던 만큼 연극현장으로 활동범위를 넓게 되는 것은 시간문제였으며 또한 극히 자연스런 것이었다고 말할 수가 있다. 그런 분위기가 성숙되어 갈 무렵인 1962년 초에 마침 드라마센터가 문을 열면서 그 설립자이며 한국연극의 거목인 동랑 유치진이 기촌이 필요한 인물이라는 것을 알고 곧바로 불러내게 된 것이다.

제3부 '나의 연극'이 바로 그가 연극계에서 한 일들 가운데 핵심적 두 가지라 할 본격 연극비평 활동과 연극사상 최초의 비평 잡지『연극평론』발간에 얽힌 이야기들을 서술하고 있다. 가령 그가 첫 번째로 쓴 연극평론이라 할「1960년의 연극」을 필두로 하여 동인제 시스템극단 활동 하에 펼쳐진 다양한 공연들에 대한 본격 평론활동이 우리나라 연극비평사에 새장을 열게 되는 이야기 같은 것이다. 그 연장선상에서 그가 계간『연극평론』

을 발간함으로써 여러 명의 신진 평론가들이 등장하여 자연스럽게 하나의 평단이 형성되고 비평이 연극의 한 장르로 우뚝 서게 되는 내용도 썼다. 그리고 서울예대의 모체가 된 연극아카데미와 극작워크숍을 통하여 연극인재 양성을 한 이야기도 빠트리지 않았다.

한편 그는 전통연희를 복원하여 현대극의 자양을 넓히는 운동을 펼쳤던 동랑 유치진을 만남으로써 그의 학문 역시 동양학까지로 확대되어 역작『동서연극의 비교연구』(1987년)를 펴낸 배경도 소상하게 설명하고 있다. 그 외에도 그는 한국연극이 세계연극과 연계되는 이야기 등도 구체적으로 기술했다. 따라서 이 책을 읽으면 누구나 우리나라 근대 인문학의 형성 발전 과정과 1960년대 이후 한국연극의 발전 과정이 한 눈에 들어올 정도로 매우 포괄적임을 느낄 것이다. 다만 조금 욕심을 부린다면 그가 제자 후학들을 향하여 인문학계의 원로석학으로서 한 평생 살아오면서 자신만이 느끼고 사색했던 잠언적(箴言的)인 인생론과 학문·예술론을 이 회고록의 대미(大尾)로 장식해주었으면 어땠을까 하는 생각이다.

• 『한국연극』 통권 440호, 2013.3

원로 국학자를 추모함

벌써 그리워지는 의민(이두현 박사의 아호) 선생님! 금년 여름은 무척 더우셨지요, 아니, 선생은 사실 평생 꽤나 덥게 사시기도 했지요. 추운 지방(함경도 회령)에서 출생 성장하셨지만 학문하기엔 부적합할 정도로 너무 굴곡지고 요동쳐온 현대사의 한가운데를 가로질러 사시면서 무던히도 덥게 사셨지요. 결국 더위를 더 이상 못 견디시겠다고 훌쩍 떠나셨나요. 달포 전에 통화하실 때만 해도 전과 하나도 다름없이 건강한 음성이셨는데, 그렇게 가시다니요. 선생은 어쩌면 가실 때도 그렇게 별나신가요. 평생 남에게 털끝만치도 신세지지 않고 학처럼 고고하게 사시더니 가실 때도 산 사람들이 부끄러울 정도로 너무 깔끔하셨습니다. 선생의 유별난 성품을 이해는 하면서도 살아있는 가족과 친지 후배 제자들은 모두가 갑자기 가슴이 뻥 뚫린 것 같아 정말 어리둥절하고 애석하기 이를 데 없습니다.

선생은 젊은 시절 고향에서 은행원 생활도 하셨는데, 해방직후의 혼란기에 월남하여 서울대학교에서 굳이 국문학을 택한 것은 아직까지 이해하기 힘든 일 중의 하납니다. 왜냐하면 이념과 사상이 부딪혀서 사회가 혼란스러운 시절에는 대체로 젊은이들이 사회과학을 택하는 경향이 강한데, 선생께서는 허황된 (?) 국문학을 택하셨으니까요. 그러니까 선생께서는 애초부터 세속적 명리에는 별 관심이 없었고, 애당초부터 국학을 해보겠다는 결심이셨던 것 같습니다. 국학 중에서도 별 볼 일 없는 딴따라 분야가 아닙니까. 이는 아무래도 초창기 한국영화의 개척자 춘사 나운규와 이웃사촌이라는 운명과 연관되는 것이 아닌가 싶습니다.

그러나 한 가지 분명한 것은 선생의 그런 선택이 궁극적으로는 한국문화의 질과 양, 그리고 깊이와 폭에 있어서 크게 진작시키는데 일조하는 결과를 가져왔다는 점에서 너무나 다행이었다는 생각입니다. 선생께서 민속학 분야에서도 놀이문화에 관심을 갖고 가면극과 무속을 집중 연구하여 『한국가면극』이라는 방대한 저술을 40대 초반에 내놓았을 때, 학계는 발칵 뒤집혔습니다. 왜냐하면 그동안 자료집에 불과한 저작들만 간간이 출간되던 시기에 동아시아의 문화사적 안목을 갖고 과학적으로 천착한 본격적인 저술의 한 본보기를 제시했기 때문입니다. 그렇다고 선생이 필드 워크(field work)에 소홀한 것도 아니었습니다. 가면극이 존속하던 전국 곳곳을 수없이 누비면서 숨어있던 탈꾼들을 발굴하여 사람을 동시에 재생시킨 일은 아무도 하지 못한 작업이었습니다.

그뿐이 아닙니다. 역작『한국가면극』이 명저인 것은 단순히 과학적 연구라서 만이 아니고 당시 단순한 민속놀이 정도로 인식되어 '탈춤'이라는 명칭으로 통용되고 있을 때, 그것을 당당한 선조들의 훌륭한 연극으로 규정함으로써 고대 연극사의 줄기를 튼실하게 만들어 놓은 때문이기도 했습니다. 그 연장선상에서 당신께서는 1960년대 중반 유치진 선생이 드라마센터를 중심으로 하여 전통예술의 복원과 그 현대적 계승 작업을 할 때도 오영진 선생과 함께 가면극의 희곡화 작업을 하시지 않으셨습니까. 가면극에 대한 지극한 사랑은 1970년대부터 몇 년 동안 '봉산탈춤'을 이끌고 미국순방을 한 것은 궁핍한 시대에 우리 고전극을 서양에 처음 알리는 것에 그치지 않고 국위선양에도 크게 이바지한 것이었습니다.

한편 선생께서는 초창기에 김재철이 엉성하게 엮어놓은『조선연극사』가지고는 안 되겠다는 생각으로 근대연극사의 천착에 나서서『가면극연구』를 펴내기 직전에 하나의 이정표로서『한국신극사연구』를 상재하셨지요. 1960년대 초반 무더운 여름 지금 롯데백화점 자리에 있던 국립도서관에 틀어박혀 매일 작업하면서 마주 앉아 도시락을 까먹던 일도 지금은 아름다운 추억으로 남아 있습니다.

선생은 그렇게 출중한 저작물을 계속 내시면서도 서재의 은둔형 학자는 아니었습니다. 참여하고 행동하는 학자셨지요. 그러나 그 참여라는 것이 요즘의 정치성향의 학자들과는 차원을 달리하는 것이었습니다. 이념이나 출세와는 전혀 다른 것이었기 때문입니다. 한 예로서 1956년에 차범석, 최창봉 등과 현대 연극사의 단초를 연 제작극회 창립동인으로 참여한 것을 비롯하여 동랑 선생이 I.T.I를 창립했을 때, 사무국을 이끄셨지요. 그런데 선생께서는 그 정도로 만족하지 않았습니다. 가령 한국 가면극연구회로부터 시작하여 비교문학회, 연극학회, 민속학회, 그리고 인류학회 등의 창립에 앞장서신 것도 솔직히 폭넓은 식견과 학문에 대한 열정으로 넘치는 학자가 아니면 해낼 수 없는 것입니다.

그처럼 열심히 뛰어다니면서도 평생의 꿈이었던 『한국연극통사』를 상재하여 한국공연예술사의 체계를 제대로 세워 놓으신 것이 1970년대 초였습니다. 그런데 흥미로운 점은 일찍이 선생께서 작가의 꿈을 갖고 작품을 쓴 것을 아는 이가 드물다는 사실입니다. 그것도 무대 위에 올려져서 호평까지 받지 않았습니까. 신라시대의 지순한 사랑을 묘사한 〈지귀의 꿈〉이 국립무용단에 의해서 극장에서 펼쳐질 때의 박수소리를 아직도 잊지 못합니다.

그러나 선생께서는 거기까지였습니다. 학자의 본분과 자세가 흐트러질까 곧바로 서재를 벗어나지 않으셨습니다. 1980년대 이후에는 학문의 지평을 인류학으로 넓히기 시작하셨지요. 모두 연관되는 것이지만 민속학으로 시작하여 연극학으로, 다시 인류학으로 광역화하신 것입니다. 1960년대에 잠시 미국 유학을 하시면서 셰크너의 작업도 지켜보셨을 것이고, 레비스트로서 같은 석학들을 만나면서 학문의 폭과 깊이를 다시 음미하신 걸로 짐작됩니다. 그러니까 그동안 선생께서 작업해온 무속이나 가면극의 원형 찾기 쪽으로 방향을 돌리신 것입니다. 그 결과물이 다름 아닌 역저 『한국무속과 연희』(1996)와 논문 「한국무속연희연구」(2001)였습니다. 대단한 작업들이었습니다.

그런데 무엇보다도 후학들이 본받고 싶은 것은 선생의 학자로서의 열정 이상으로 올곧은 삶의 자세가 아닐까 싶습니다. 나라 전체가 정치 과잉화되고 천박한 대중화로 치달음으로써 학자들마저 너도나도 명리를 쫓아 기웃거리는 현실에서 선생과 같이 평생 한눈팔지 않고 결연하게 학자의 본분을 지키신 선비적 삶은 귀감을 훨씬 뛰어넘는 것입니다. 그래서 선생께서는 한번도 내색하지 않으셨습니다. 요통 등 노환으로 괴로웠지만 내색하지 않고 홀로 견디셨습니다. 만년에는 속세를 초월하신 것도 같았습니다. 선생께서는 '죽음은 영원한 삶의 시작'이라 묵상하는 평생 기독교도로서 우주와 인생을 명상하셨으니 '인생이란 낯선 여인숙에서 잠깐 쉬어가는 것'이라고 한 테레사 수녀의 명귀를 음미하고 계셨을 것 같습니다. 이승은 아직도 덥습니다. 이승의 인연과 무거운 짐을 내려놓으시고 항상 기화요조가 만발해 있다는 천국에서 이제 평안히 쉬십시오.

• 『한국연극』 통권 446호, 2013.9

한국현대연극사와 이해랑

우리나라의 현대사는 말 그대로 우여곡절의 역사였다. 현대사가 개화와 함께 일본제국의 침략과 압제, 민족 해방과 분단, 이념갈등과 동족 전쟁, 그리고 군사독재와 민주화의 고된 소용돌이 속을 헤쳐 왔던 것처럼 연극사의 궤적도 그와 다름없었다. 따라서 연극인들의 창조활동 역시 순탄치 않았음은 불문가지의 일이다. 더욱이 현대연극 1백년은 전통시대의 연극형식을 넘어 서양연극을 수용하고 모방하며 우리 나름의 연극 형식을 만들어 내려고 애쓴 과정이어서 적잖은 시행착오와 진통도 없지 않았다. 바로 거기서 우리에게는 탁월한 예술창조자만이 아니라 그것을 뛰어넘는 선각적인 운동가가 필요했던 이유다.

그런 측면에서 보았을 때, 뛰어난 창조자로서 뿐만 아니라 운동가로서도 극작가 동랑 유치진과 연출가 이해랑이야말로 그 어떤 연극인들보다 불세출의 업적을 남긴 인물이라 말할 수가 있는 것이다. 가령 유치진이 근대연극사를 정착시키고 확장시키는데 앞장섰다고 한다면 이해랑은 현대연극사가 사도(邪道)로 흐를 수도 있었던 위기를 앞장 서 막았던 큰 인물인 것이다.

사실 연극사란 배우, 극작가, 연출가, 무대미술가와 기타 연극 종사자들이 평생 땀 흘린 창조적 힘의 축적이라고 말할 수가 있다. 배우는 배우대로 연출가는 연출가대로, 그리고 작가는 작가대로 평생 수많은 작품을 창조하여 연극사를 풍요롭게 한다. 그렇다고 해서 모든 연극인들이 연극사의 물줄기를 새롭게 만들고 바로 잡는 역할을 할 수 있는 것은 아니다. 그런 인물은 따로 있다는 생각이다. 이해랑이야말로 바로 그런 대표적 인물 중 한 사람이라고 말할 수가 있다.

주지하다시피 이해랑이 학생극에 발을 들여놓은 것은 1935년 동경학생예술좌였지만 기성연극에 뛰어든 것은 1938년 극연좌부터였다. 그로부터 1989년 타계할 때까지 50여 년 동안 쉼 없이 연극 2선에서 활동했다. 그런데 그가 중심에 서 있던 현대연극사 50년 동안 중요한 네 고비 있었는데, 그것이 다름 아닌 일제말엽의 친일 어용극 시대, 해방직후의 좌우익 이념연극 갈등 시대, 동족전쟁 중의 정극 중단위기 시대, 그리고 1960년대의 이동극장시대라고 말할 수가 있다.

그런 중요한 시기에 그가 어떻게 대처했느냐 하는 것이 필자가 여기서 이야기하려는 주제다. 사실 그가 평생 연극 일선에서 활동하는 동안 여러 극단의 조직에 앞장섰음에도 불구하고 극단의 대표를 맡았던 것은 고작 신협과 국립극단 두 번뿐이고 그 기간도 매우 짧다. 그가 젊은 시절에는 극연좌를 시작으로 하여 극단 고협, 그리고 현대극장 등 세 단체의 말단 단원으로서 어정거리던 중 1943년에 징병을 핑계 삼아 2년 이상 연극계를 떠나 있다가 스물아홉에 해방을 맞음으로써 다행스럽게도 수치스런 친일의 때를 묻히지 않을 수가 있었던 것이다. 이는 그가 가장 위험했던 첫 고비를 무사히 넘김으로써 해방 이후에 당당히 연극계를 주도할 수가 있었던 것이다.

해방과 함께 그는 함세덕, 황철 등과 극단 낙랑극회를 조직한데 이어 친구 김동원과 함께 극단 전선도 조직했으나 대표를 맡지는 않았다. 그리고 좌우익(左右翼) 연극인들의 대립갈등 속에서 우익연극을 정립시키려고 극협을 조직함으로써 연극계의 젊은 리더로 우뚝 서게 된다. 이 시기에 그가 비로소 인생에 처음으로 절대적인 역할을 하게 되는데, 그것이 다름 아닌 '민족연극 바로잡기'라고 하겠다. 여기서 민족연극 바로잡기라고 하는 것은 연극이 정치 이념도구화로의 전락(轉落) 방지였다.

전술한 바도 있듯이 그가 남로당의 선전도구로 전락한 좌익연극과 맞서 당당히 싸울 수 있었던 것은 일제 말엽에 친일을 하지 않았기 때문에 도덕적으로 가장 떳떳한 입장에 있었고, 또한 정통적이면서도 순수한 예술관을 지닌데 따른 것이었다. 그가 해방 직후에 쓴「조선극작가론」이란 글에서 보면 "예술이 정치와 접근하는 것은 임의이다. 그러나 정치의 압력에 예술이 국척(跼蹐)해서는 안 된다. 그것은 두말할 것도 없는 예술의 패배다"라고 하여 예술이 정치중립을 지키거나 비판적 입장에 서야지 예속된다면 그것은 이미 예술이 아니라는 입장이었다. 이는 곧 해방과 함께 좌익연극이 한낱 남로당의 선전도구로 전락한 것을 정면으로 비판한 것이다.

그가 1958년 9월 5일자 동아일보에 쓴「연극운동이 가시밭길 10년」이라는 글에서도 "해방의 환희는 삽시간이었다. 국토가 절반으로 동강이 난 민족 비운의 틈을 타고 날뛰는 공산도배들의 도량으로 문화계는 걷잡을 수 없는 혼란에 빠지고 말았다. 전날까지 일제에 가진 아첨을 다해 오던 무리들이 해방 후에는 또 소련이 두들기는 북에 맞추어 춤을 추고 있지 않은가? 이들 주구배는 연극을 그들 사상의 전략적인 도구로 삼고 있었다. 소위 '당의 연극', 공산당의 지령에 의하여 형상화되는 편협적인 사실주의 연극이 그것이었다. 살인, 방화, 약탈 등 선동적인 공산주의의 주제 속에서 가엾게도 안색을 잃고 떨고 있는 것은 바로 연극예술이었다.

이러한 공산도배들의 폭행 밑에서 신음하는 연극예술을 구

출하고 연극으로 하여금 그 본연의 자세로 돌아가서 자유로이
노래를 부를 수 있게 하라고 외치는 연극인들이 모여 극단 극협
을 조직하고 과감히 공산주의에 대항하여 연극의 해방을 부르
짖은 것은 8·15 이듬해 3·1절이었다."고 하여 그가 순수연극
을 지키기 위하여 좌익연극과 얼마나 피나는 투쟁을 했는가를
잘 보여주고 있다. 이처럼 그가 민족연극이 사도로 빠지는 것
을 막는데 선봉장 역할을 함으로써 1950년 4월 국립극장이 개
관되면서 순수 정통연극이 굳건하게 자리 잡을 수 있었던 것이
다. 그가 어려움 속에서 조직한 극협이 주축이 되어 신협이 탄
생되지 않았던가. 당시 문학 부분에서는 소설가 김동리(金東里)
가 대표적인 우익투사였다.

　그렇다면 6·25전쟁을 만나서는 그가 어떤 역할을 했는가 하
는 점이다. 그것은 크게 두 가지 역할을 했다고 말할 수가 있다.
그 한 가지는 뭐니 뭐니 해도 동족전쟁으로 전통신극의 명맥이
단절될 뻔했던 것을 그가 앞장서 막은 점이다. 사실 이 좁은 땅
에서 매일매일 치열한 전투가 벌어짐으로써 사람들이 하루하
루 생사를 걱정해야 하는 처지에서 연극을 한다는 것은 상상키
어려운 일이었다. 그럼에도 불구하고 이해랑은 가장 먼저 도강
하여 부친이 병원을 하고 있던 부산에 터를 잡고 활동정지 상태
의 신협을 사설단체로 재건하여 줄기차게 피난에서 정극공연
을 감행했고, 특히 그가 폭넓은 인맥을 동원하여 국군의 지원을

받아낼 수가 있었기 때문에 끼니가 어려운 속에서도 공연활동을 지속할 수가 있었다. 이런 그가 있었기에 정통신극의 명맥이 끊어지지 않고 이어질 수가 있었던 것이다.

두 번째로는 그가 1950년대 중반에 우리 신극의 구태를 일신하여 현대극으로 전환시키는데 결정적 역할을 한 점이다. 그가 1955년 봄 미 국무성 초청으로 몇 달간 브로드웨이연극 현장을 몸소 체험하면서 그 자신이 해온 연극방식과 한국연극의 병폐를 깊이 자성하게 되었고, 귀국하자마자 연극계에 신풍(新風)을 불어넣은 것이다. 그런데 그 신풍이란 다름 아니고 그동안 알게 모르게 우리 연극계에 누적된 저급한 신파의 잔재였다. 그 신파극 잔재란 '과장표현'을 두고 하는 말이다. 그런데 당시 정극을 표방해온 신협 연극에서 그런 폐풍을 과감히 걷어내지 못했던 것은 좌익연극이 소위 사실주의를 내걸었던데 따른 반발로서였다.

그러다가 이해랑이 미국에서 한창 날리고 있던 엘리야 카잔의 정통 사실주의 연극 관람과 리 스트라스버그의 엑터스튜디오에 참관 후 이 땅에 진정한 사실주의 연극을 정착시키는 계기를 만든 것이다. 그 점은 그가 귀국직후 쓴 「미 연극계 시찰 보고」란 글에서 "우리처럼 벼락 연출도 않거니와 작품 자체가 벌써 그들의 생활의 완전한 재현이다. 따라서 행동이 적고 도리어 동작을 억누른다. 우리가 동작과잉인데 반하여 그들은 인물에 대하여 생활할 수 있는 행동 연기를 요구한다."(한국일보, 1958.7.19)고 했다. 앞의 글에서 '행동이 적고 동작을 억누른다'고 한 것은 미국 연출가들이 절제를 얼마나 중요시하는가를 깨달았다는 이야기였다.

따라서 그가 이 시기에 '예술의 절제원칙'을 자신의 연극철학으로 굳히면서 수십 년 동안 신극의 관행처럼 굳어져 온 무대현장에서의 과잉표현이라는 거품을 과감히 걷어냄과 동시에 테니시 윌리암스의 최신 희곡까지 우리 무대에 소개함으로써 우리 신극을 진정한 현대극으로 업그레이드시키는데 결정적 역할을 한 것이다. 그가 평생 창작의 원칙으로 삼아온 '우주처럼 사유(思惟)하고 별처럼 표현해야 한다'고 한 것도 바로 거기에 연유하는 것이다.

그리고 이 시기에 그는 문화계에 크게 알려지지는 않았지만 연극계를 도덕적으로 건강하게 만드는 관례 한 가지를 정착시켰다. 그것이 소위 연극인들의 '도덕적 준칙'이라고 말할 수가 있겠는데, 좀 더 구체적으로 말하면 그가 자신이 이끌던 극단 신협 구성원 간의 염사(艶事)를 철저히 막은 것이다. 그는 신협 단원 간의 연애라든가 결혼을 금했고, 만부득이 연애를 하거나 결혼을 할 경우는 한 사람이 극단을 반듯이 떠나도록 명문화했다. 이는 사실 좋은 배우가 절대 부족했던 그 시절에는 참으로 어려운 결단이었다고 말할 수가 있는 것이다.

그럼에도 불구하고 당시로서는 지켜내기 어려운 준칙을 끝까지 고수한 것은 연극의 품격을 높이기 위한 고육지책이었다. 주지하다시피 지난 시절 신파극단이라든가 창극단 등 대중극단들에서는 단원 간의 염사는 보통이었고, 문란한 가운데 특히 여배우의 희생이 적잖았다. 연예계의 그런 폐풍(弊風)이야말로 대중이 연극을 폄훼하는 중요 요인이라고 판단한 그가 신협에서부터 과감히 윤리선언을 한 것이었다. 그런데 당시로서는 지켜지기 어렵게 보이던 그의 윤리준칙이 극단 안에서 별 탈 없이 이행될 수 있었던 것은 이해랑 자신이 자기 절제의 솔선수범을 했기 때문이었다. 신협이 그렇게 나오자 다른 단체들도 은연중에 따를 수밖에 없었고, 그것은 곧 예술계의 정화와 건전 풍토로 이어졌다고 말할 수가 있을 것 같다.

그 다음으로 그의 신극사에서의 빼놓을 수 없는 역할은 1960년대 후반에 이동극장 운동을 통한 중앙연극과 지방연극의 균형적 발전 모색이었다. 그는 누구보다도 지방순회 공연을 많이 다녀본 연극인이다. 부산피난 시절 그는 신협을 이끌고 남쪽 지방 도시들은 말할 것도 없고 농어촌 등을 순회하면서 문화 불모지에서 예술의 혜택을 전혀 받지 못하는 시골사람들을 접한 추억을 지니고 있었다. 그가 한 회고의 글에서 "도시문화의 지방 확산의 필요성을 절감했고 언젠가는 내 자신이 실천해야겠다고 마음먹었다."고 한 것이야말로 그가 이동극장을 만든 직접

적 동기였던 것이다. 그로부터 지방연극 활성화의 불이 조금씩 붙기 시작한 것이다.

그런데 거기서 끝난 것이 아니었다. 가령 그가 이동극장 운동을 시작하면서 내놓은 성명을 보면 "어둠침침한 소극장에서 뛰쳐나와 넓은 광장에서 심호흡을 하며 인공적인 전기조명 대신 자연광선을 흠뻑 쐬며 연극을 하고 싶은 마음에서, 그리고 소수를 위한 연극에서 탈피하여 국민 속으로 퍼져 들어가 공동체 의식을 발견하고 정신적 일치를 꾀할 수 있는 연극을 하기 위해 이동극장을 출발시킨다."고 함으로써 연극을 선택된 소수 관객이 아닌 국민 속으로 연극을 가져가겠다는 것이었다. 이런 생각은 다시 "앉아서 관객을 기다리는 대신 연극이 능동적으로 찾아가는 방법" 모색이었다. 오늘날 예술단의 마당놀이형의 열린 공연방식과 함께 최근 유행하는 '찾아가는 공연방식' 등은 이미 그가 40여 년 전에 제시한 것이었다는 사실을 알면 놀랄 것이다.

끝으로 그는 극작가 유치진이 기초를 닦고 넓혀놓은 한국 근대극을 인문학적으로 심화시킨 대 연출가였다. 다 알다시피 그가 평생 사숙한 서구 연극인은 안톤 체호프와 스타니슬랍스키였고, 이들의 연극세계를 깊이 천착하고 자신의 현장 체험을 보태서 그 유명한 논문 「또 하나의 커튼 뒤의 인생」을 썼다. 그의 연극관을 농축시킨 이 논문은 한국근대연극사상 최초의 배우

연출론으로서 신극이 시작된 이후 한 세기 동안의 무대행위를 결산하는 의미를 지닌다. 여기서 그치지 않고 그는 근대극 이후 어쩔 수 없이 시대와 싸워야 했던 우리 연극을 인간탐구로까지 심화시켜놓음으로써 변방의 한국연극을 세계현대극 흐름과 보조를 맞춰 갈 수 있도록 토대를 마련한 선구적 연극인이었던 것이다.

이해랑 선생에 대한 추억 한 가지

265

평생 동안 연극을 학문의 대상으로 삼아 연구해오면서 즐거웠던 일은 훌륭한 연극인들과 교류를 가질 수 있었던 것과 좋은 공연을 항상 구경할 수 있었던 것이 아닌가 싶다. 그중에서도 인생 선배이기도 했던 원로연극인들을 가까이에서 지켜보면서 많은 것을 배웠던바, 연극사에 이정표적 일만 한 업적을 남긴 분들이 역시 인격적으로도 훌륭했음을 알아낸 사실이라 하겠다.

지난 시절 예술사에 큰 족적을 남긴 연극인들의 경우를 보면 대체로 경제적으로는 비록 어려움을 겪긴 했어도 수신제가(修身齊家)면에서는 어느 선비 못지않을 만큼 청아했다. 그러한 대표적 인물들 중에 이해랑 선생이 맨 앞에 놓일만하다는 생각이다. 왜냐하면 그는 자신뿐만 아니라 자신과 함께 창조 작업을 한 주변사람들까지도 수신제가를 강요(?)했기 때문이다. 그 한 가지 예가 다름 아닌 '극단 내의 연애·결혼 금지 내규' 제정이라 말할 수 있지 않을까 싶다. 이는 곧 그가 십수 년간 이끌어왔던 극단 신협을 두고 하는 말이다.

가령 그는 한 극단 내에서 염사(艶事)가 있으면 조직 전체가 문란, 해이해질 수 있기 때문에 결속력도 약할뿐더러 그런 조직 내에서는 절대로 대중들에게 감동을 줄 만한 수작을 창조해내기 어렵다고 보았다. 따라서 그는 한 단체 내에서 남녀가 수년간 한솥밥을 먹다보면 이성 간에 사랑이 싹틀 수도 있는 것도 인간사에서 자연스런 현상이므로 그럴 경우 어느 한 쪽을 퇴출시키는 제도를 만들어서 극단을 유지시켰었다. 극단 신협이 혼란기에도 별 잡음 없이 연극사에 큰 족적을 남길 수 있었던 요인 중의 하나가 바로 그러한 엄격한 규율을 끝까지 견지했기 때문이다.

그리고 '누워서 남을 깨우지 말라'는 공자의 말씀대로 극단을 이끌었던 이해랑 선생이 솔선수범을 한 것이 그런 엄격한 규율이 지켜지게 된 것이라 말할 수가 있다. 실제로 수십 년 동안 근거리에서 지켜본 필자는 그가 참으로 남다른 인품의 소유자라는 생각을 자주 했었다. 왜냐하면 그가 매우 소탈하고 사람을 좋아해서 주변에는 항상 따르는 동료 제자 후배들이 많았지만 돈이나 이성문제에 대해서는 수도자 못잖게 엄격했었기 때문이다. 필자는 장년기의 그와 함께 여름이면 며칠씩 동해안 여행도 여러 번 하고 전국 지방연극제 심사로 광주, 청주 등 여러 지역에서 거의 보름씩 숙식을 같이 한바 있지만 주석에서 조차 농담으로라도 돈에 관한 이야기나 이성 이야기, 그리고 남을 비방하는 이야기를 단 한 번도 들어본 적이 없다. 선생은 아무리 취해도 조금도 흐트러짐이 없었고, 언제나 열정적으로 자신이 그동안 해왔던 연극에 대한 이야기에 열중했었다.

그의 이러한 품격은 단순히 그가 사대부 자손이라는 것만으로는 설명이 되지 않는다. 예전에는 임금도 후궁을 두었었고, 웬만한 양반은 소실을 두고 사는 경우도 허다했던 것이 아닌가. 그럼에도 불구하고 남녀가 얽혀서 하는 연극을 수십 년 동안 해오면서도 돈과 여성에 관련된 스캔들은 티끌만한 것도 없다. 필자는 상당히 오랫동안 교류를 해왔지만 그의 돈지갑을 한 번도 본 일이 없다. 호주머니에 다 낡고 꼬깃꼬깃 접은 수표 한 장이 전부였던 것 같다. 그만큼 그는 돈을 몰랐다. 그가 예총 회장을 하면서 가난한 예술인들을 위한 예술인마을 조성 당시 사기꾼들에게 당했던 이야기를 이따금 하면서 학을 뗐던 경험은 그가 속세에 얼마나 어두웠나를 잘 가르쳐 주고 있다.

그는 평소 자신을 봉처가(奉妻家)로 자처했다. 동경에서 학생 연극운동을 할 때 만난 신앙심 깊은 부인 김(金) 여사는 그의 첫

사랑이기도 했지만 그가 어려운 연극운동을 해오는 동안 헌신적으로 뒷받침하고 5남매를 훌륭히 키워준 부처 때문에라도 한눈 팔 수는 없었던 것도 같다. 바로 이 지점에서 그의 훌륭한 인품이 부각되는 것이다. 가령 16세기 말에 중국에 선교를 하러 가서 중세 신학과 성리학을 결합한 책인 『七克』을 쓴 스페인 출신 빤또하(Didace De Pantoja) 신부는 교인이 지녀야 할 덕목으로 일곱 가지를 제시했는데, "첫째, 겸양으로 교만함을 이겨내는 것, 둘째, 남에게 어질게 대하고 남을 사랑하며 질투를 이겨내는 것, 셋째, 재물을 버려 인색함을 이겨내는 것, 넷째, 참고 견딤으로써 분노를 이겨내는 것, 다섯째, 집착을 없앰으로써 먹고 마시는데 빠짐을 이겨내는 것, 여섯째, 욕망을 끊어서 여색에 빠짐을 이겨내는 것, 일곱째 창조주를 부지런히 섬겨서 착한 일을 함에 게으름을 이겨내는 것"이라고 한바 있다.

• 일조각, 2011, p.18

이상의 일곱 가지 덕목 중에서 이해랑 선생은 술을 좋아하는 것 외에는 거의 모두를 지켜낸 인물이라 말할 수가 있지 않을까 싶다. 여기서 굳이 필자가 그에 대한 이런 추억담을 늘어놓은 이유는 미투 운동이니 뭐니 하는 요즘세태의 어지러움 때문이다.

• 이해랑 연극상 제28회 팸플릿, 2018.4

풍성한 문화예술세이 88888

추억, 그리고 화해를 위한 씻김굿

• 권병길의 〈푸른 별의 노래〉에 부쳐

성리학을 국가이념으로 삼은 조선 시대에는 대중정서를 풍요롭고 편안하게 해주던 기생, 무당, 광대 등 연예인들을 천한 직업인으로 취급했기 때문에 일본신파극이 들어와 조금씩 자리를 잡아가던 1910년대에 와서 명칭이 배우로 바뀌었음에도 상당기간 그 부정적인 이미지는 남아있었다. 연극의 영원한 주체인 배우(俳優)를 한문으로 풀이하면 '어슬렁 거린다'는 뜻의 '俳'자와 노닌다는 뜻의 '優'자를 합친 용어이다. 그러니까 배우는 남을 흉내 내면서 어슬렁거리며 사람들을 즐겁게 하고 사회를 변화시키기도 하는, 어떻게 보면 놀이로서 사람들을 감동시키고 사회를 변화까지 시킬 수 있는 '역동적 직업'의 소유자라고 자위할 수도 있다. 영어의 Actor 역시 흉내 내면서도 힘을 발휘하는 소유자를 뜻한다. 물론 수천 년 내려오는 동안 서양에서도 배우들이 곤경을 많이 겪고 불안정한 직업이기도 해서 세계적 명배우 장 루이 바로는 배우를 가리켜 '영원한 떠돌이'라고 자전(自傳)에서 밝힌 바도 있다. 그만큼 동서양을 넘어 배우는 언제나 유쾌하면서도 고생스런 직업이라는 뜻이겠다.

그래서 이승만 대통령은 배우의 한자 뜻풀이를 하면서 첫 음인 '俳'자는 사람 人과 아닐 非자를 합친 것으로서 '사람이 아니라는 뜻'이 되는데, 화려한 직업을 가진 이들에게 굳이 사람이 아니라는 뜻을 가져다가 붙이는 것은 도리가 아닌 만큼 연기자라는 명칭을 쓰도록 권유한 바도 있다. 그로부터 지금까지 광대, 배우, 그리고 연기자라는 세 가지 명칭이 혼용되고 있는 것이다.

그런데 광대(廣大)라는 한자도 '드넓고 크다'는 뜻이므로 천함과는 너무나 거리가 멀다. 다만 전술한 바처럼 조선사회의 계급의식 때문에 그런 부정적 이미지가 우리에게 각인되어 있었던 것이다. 반면에 희랍시대의 경우 배우는 대사급 귀족 대우를 받았었다. 가령 배우가 살인을 해도 공연 중에는 체포할 수 없었던 것이 그 단적인 예다. 현대에 와서도 배우 출신 대통령이 미국을 초강대국으로 만들 정도로 큰 업적을 남기지 않았는가. 오늘날 배우는 많은 나라에서 젊은이들의 선망의 대상이 되어 있다. 대통령을 비롯하여 왕비, 장관, 국회의원, 주지사, 교수

등 소위 일류직업군에 스타급 배우들이 즐비하다. 그만큼 시대
가 개명되고 바뀐 것이다.

그러나 지난 시대에 특히 우리나라에서는 배우들의 고달픔
은 이루 말할 수 없을 정도로 형극(荊棘)의 삶이었다. 가령 개화
기 이후 개명은 되었어도 전근대적인 광대 천시 사상의 잔영이
수십 년 동안 지속된 데다가 일제의 침탈로 가난과 탄압 속에서
자신을 연소시켜야 했던 배우들의 고난과 애달픔은 헤아리기
어려울 정도였다. 게다가 민족해방과 함께 불어 닥친 좌우 이념
분열과 대립 갈등, 분단과 동족전쟁, 그리고 군부독재 등으로
점철된 굴곡진 현대사를 온몸으로 표현해야 했던 배우들의 삶
은 문자 그대로 고난의 행군이고 파탄 그 자체였다.

그런 속에서도 배우들은 조국애와 민족문화의 지킴이라는
사명감 하나로 연극 활동을 자신의 운명이라 믿고 무대를 끝까
지 지킴으로써 오늘날 풍성한 연극생태계를 만들어놓은 것이
다. 그러는 동안 수많은 스타들이 명멸(明滅)했지만 대부분 이
름 석자 조차 남기지 못하고 사라진 배우들도 적잖다. 지난 시
절에는 제대로 먹지 못하고 연기하다가 무대 위에서 쓰러진 배
우도 여럿 있었고, 일본인들이 지어놓은 극장을 빌리지 못해 포
장을 치고서도 연극을 했으며 유랑극단으로 전국을 떠돌아다
니는 것이 상례였다.

그들은 가정은커녕 호구지책조차 어려운 극한 상황 속에 떠

돌다가 무용가 배구자(裵龜子)가 1935년에 동양극장을 세우고 고정 급여를 줌으로써 비로소 주연급 배우들을 중심으로 결혼도 하고 가정을 꾸릴 수가 있었다. 우리 배우들이 워낙 열악한 상황을 극복하면서 연극을 해왔기 때문에 웬만한 고생은 문제도 되지 않았으며 연기에 대한 애착과 자부심, 그리고 동지애가 남달랐다. 그들에게는 오로지 연극이 인생의 전부였고, 특히 식민지 시대에는 나라 잃고 고통 속에 신음하는 민중을 눈물과 쓴웃음으로 위무(慰撫)하고 희망을 불어넣으면서 애환을 같이 했었다. 그들은 비록 신파극을 하더라도 항상 조국과 민족을 위한다는 신념과 자부심이 있었기 때문에 어려움을 끈끈한 동지애로 극복할 수가 있었던 것이다.

그러던 그들이었지만 민족해방과 함께 정치상황의 소용돌이 속에 본의 아니게 이데올로기 갈등에 휘말려가게 된다. 평생 함께 고생하면서 생겨난 끈끈한 우정도 정치권력에 좌우되면서 어제의 동지가 오늘의 적이 되어 때로는 난투극까지 벌여야 하는 어처구니없는 상황이 전개되고 분단과 함께 38선을 사이에 두고 각자의 길을 가야하는 처지가 된 것이다. 이데올로기가 뭔지도 모르고 함께 연극만을 사랑해왔던 그들이었지만 어쩔 수 없이 다른 이념과 체제의 편에 서서 옛 동료들과 등을 돌려야 했다. 세계연극사에서 찾아볼 수 없는 연극인들의 이런 처지는 이 땅에서만 있었던 비극이었다.

　　1946년부터 1948년 정부 수립 직전까지 예술가로서 제대로 대우를 해주겠다는 평양의 손짓에 상당수 배우들이 3차에 걸쳐 수십 년 동안 함께 동고동락했던 친구들과 작별하고 정든 서울을 뒤로한 채 북쪽을 향해 떠나가야 했다. 20세기 최고의 배우로 누구나 인정했던 황철(黃澈) 등 몇몇은 함께 무대에서 고생했던 이해랑 등 서울에 남는 동지들과 떠나기 전에 술잔을 기울이면서 작별의 눈물을 흘리기도 했다. 이때에 부부와 형제들 간의 애달픈 이산가족도 여럿 생겨났다. 토월회의 스타였던 석금성(石金星)은 자녀들을 몽땅 평양으로 데리고 가버린 남편 최일(崔一)로 인하여 서울에서 거처를 못 찾고 방랑생활을 하다가 쓸쓸하게 세상을 떠났고, 애국심이 강한 지두한이 이끌던 극단 연극사(硏劇舍)의 세 자매스타 중 둘째인 지경순(池京順)이 홀로 북으로 떠나면서 그 유명했던 연극 가족도 파탄으로 끝났던 것이다.

　　연극인들이 어쩔 수 없이 조국분단으로 서울과 평양에서 각자 연극의 길을 걸었지만 한시도 상대방을 적으로 생각하지 않았고 통일이 되면 또다시 함께 무대에 설 수 있다는 꿈을 갖고 활동하다가 재회하지도 못하고 모두가 한 많은 세상을 떠났다. 따라서 살아 있는 후배들이 그들을 추억하고 한(恨)을 풀어주고 화해(和解)를 시켜줄 차례라고 생각하는 연극인들이 적잖았다. 바로 그런 때 앞장선 연극인이 바로 중진 배우 권병길(權炳吉)이어서 많은 연극 팬들을 감동을 줄 만하다는 생각이다.

　권병길은 재기(才氣)가 넘치고 진지하며 평생 연극판만을 지키고 있는 중진이지만 자기를 내세우기 싫어하고 뒷전에만 앉아 있어서 골수 연극팬 외에는 그를 잘 모른다. 특히 그가 주연보다는 수많은 조연에서 빛을 발했기 때문에 매스컴의 조명을 적게 받아왔던 탓도 있다. 그러나 그는 그런 것에 조금도 개의치 않고 묵묵히 무대에만 서 온 외골수다. 그의 개성 넘치는 외모는 희극에 맞아 보이지만 실제로는 비극에 더 강하지 않을까 싶다. 많은 배우들이 작품에 끌려 다니지만 그는 자기가 작품을 끌고 가야만 숨이 차는 배우이다.

　그는 스스로 작품을 만들어갈 만큼 문학성도 뛰어나다. 이번에 그가 직접 만든 작품 〈푸른 별의 노래〉도 50여 년 동안 연극을 해오면서 마음속에 품어왔던 어떤 한(恨)의 응어리를 풀어내는 해원(解寃)굿 판이 되는 셈이다. 이는 아마도 오늘의 역사적 소용돌이 속에서 세상을 떠난 선배들을 추억하면서 동시에 그 자신도 되돌아보는 무대를 만든다는 깊은 뜻이 있어 보인다. 그렇기 때문에 이번 공연은 많은 사람들을 감동시킬 것 같다.

•2018.10

비평가의 시각으로 정리한 1970년대 이후의 한국연극

• 이태주의 『한국연극, 전환시대의 질주』(푸른사상, 2011년)에 대하여

원로 연극평론가 이태주 교수가 한참 만에 평론집 『한국연극, 전환시대의 질주(1975~1995)』를 펴냈다. 그로서는 네 번째 평론집으로서 정년퇴직 기념으로 펴냈던 『충격과 방황의 한국연극』(현대미학사, 1999년) 이후 12년 만에 내놓은 노작이라 하겠다. 비록 1975년부터 1995년까지 20년 동안에 걸쳐 썼던 글을 모은 것이긴 하지만 최근에 다시 손질하고 추가한 글도 포함되어 있어서 시의성이 떨어지지도 않을 뿐더러 오히려 생동감이 넘치고 있다. 따라서 그가 후진에게 길을 터주기 위하여 평론 일선에서 한 발짝 물러나 있긴 하지만 여전히 연극현장에 대하여 깊은 관심을 갖고 때때로 우려, 분노하고 있음이 글의 곳곳에 나타나 있다. 이는 곧 그가 현장리뷰는 하지 않고 있다고 하

더라도 현재의 연극행태에 대하여는 여전히 관심과 애정을 갖고 지켜보고 있다는 것을 알려주고 있는 것이다.

전술한 바 있는 것처럼 이번 저술이 글 모음이어서 견고한 체계를 갖춘 것은 아니지만 편제는 그가 서문에서 밝힌 대로 '시대적 특징, 주류의 선택, 사람의 탐구, 부관(俯觀)과 집중, 평론 방법과 평가기준의 제시 그리고 전통과 현대의 맥락' 등으로 일목요연하게 잘 짜여 있다.

그러니까 본서는 이 교수가 본격 연극전문 계간지라 할 『드라마』를 갖고 연극계에 뛰어 들은 지 3년여 뒤부터 썼던 글의 모음이 되는 것이다. 물론 그는 20년 동안 많은 글을 썼고 평론집도 여러 권 펴낸 바 있다. 바로 그 점에서 본서는 자신의 저서에 넣지 않았던 글을, 이를테면 낙수(落穗)일 수도 있고 초기보다는 후기에 쓴 글들임을 알 수가 있다.

그런데 주목할 만한 점은 낙수형의 글들이라고 해서 그가 그동안 펴냈던 비평서에 뒤지는 것이 아니고 오히려 탁월한 평론가로서의 그의 진면목이 이번 저서에서 고스란히 나타나 있다는 사실이라 하겠다. 그리고 그가 평론활동을 시작한 때는 공교롭게도 엄혹한 군부 유신독재가 막 시작되었던 시절이어서 척박한 세월을 거쳐서 겨우 자기 목소리를 내보려고 안간힘을 쓰던 우리 연극이 또다시 설한풍에 내몰리던 시대였다. 그런 때는 그 나름대로 비평가로서 연극의 사회적 기능을 회복해 보려고 몸부림치는 글을 용감하게 썼는데, 그것은 다름 아닌 제1장의 연극개혁 외침과 식민지 잔재라 할 전근대적 공연법과 그에 따른 소극장 폐쇄에 대한 고발과 비판의 글이었다.

이 교수는 「공연법과 소극장 폐쇄의 위기」란 글에서 식민지시대 우리 연극을 고사시키고자 조선총독부가 만들었던 '조선흥행물취체규칙'에 근거한 공연법은 당장 개정 폐기해야 한다고 질타했다. 이어서 그는 표현의 자유를 집요하게 요구하는 한편 유신시대의 왜곡된 연극형태를 못마땅하게 생각하고 있던차 마침 국립극장에서 새마을 연극인 〈활화산〉이 공연되자 "그 작품은 한 마디로 활화산이 아니라 휴화산"이라는 촌철살인의경구로 단칼 선생의 진면목을 보여주기도 했다.

그런데 1970년대는 유신시절임에도 불구하고 우리 연극계에전환점이 될 만한 실험도 여러 형태로 나타났는데, 가령 일찍이동랑 유치진이 제기했던 '전통의 계승과 재창조'라는 화두가 본격적으로 시도되었던 바, 연출가 허규의 민예극장 활동과 정치이념적인 마당극, 혹은 민중연극운동이라는 두 갈래로 전개되었다. 이런 현상을 그가 놓칠 리 만무했다. 제1장의 허규 연출론과 제4장의 마당극으로 대변되는 민중연극론이 바로 그런 유형의 글이다.

그런데 여기서 한 가지 짚고 넘어가야 할 것은 그가 전통계승의 두 가지 행태를 어떻게 보았느냐 하는 것이다. 그는 이 두 가지 행태를 긍정과 부정의 시각에서 조심스럽게 접근했는데, 가령 근대극운동 이후 서양연극의 일방적 답습에서 벗어나 '우리의 것'을 창조해보려 몸부림친 일련의 운동 중심에 있던 중견 연출가 허규에 대해서는 따뜻한 시선으로 바라봄으로써 외국문학자로서보다는 평론가로서의 올바른 자세를 취했다.

반면에 군부독재시절 저항연극의 한 표본으로서 제도권 밖, 이를테면 대학가라든가 노동현장 등에서 회오리바람을 일으켰던 마당극에 대해서는 완곡하게 그 문제점을 지적하고 나섰다. 그러니까 그는 설익고 이념성만이 강한 민중연극에 대하여 "삶에 현실이 한 토막 살점처럼 생경하게 연극 속에 투입된다면 그것은 예술이전의 상태요, 연극의 본질에도 어긋나는 것"이라고 정확하게 비판했다. 그는 민중연극 비판의 준거(準據)로서 '다급한 현실을 탁월한 예술형식에 담아냈던' 희랍비극을 예시하면서 연극이란 어디까지나 현실 그 자체가 아닌 하나의 일루 존임을 분명하게 밝히고 있다. 이는 그가 이념과잉의 생경한 연극을 거부하고 예술의 보편성을 강조하는 정통주의자의 입장에 선 것이다.

이 교수가 본서에 꼭 포함시키려했던 글들 중에 사람의 탐구가 있다. 197, 80년대의 두 원로연출가 이진순과 이해랑, 그리고 연극계 중심에서 왕성하게 활동하다가 아깝게 세상을 떠난 권오일, 김동훈, 한상철 등에 대한 탐구가 바로 그런 글이다. 그

런데 이들 글들에는 그의 낭만적 기질과 사람사랑, 그리고 인문
학으로 다져진 해박한 지식이 드러나고 있다.

가령 이진순의 연극세계를 논하는 글에서는 메르힝거가가
쓴 『정치연극사』에 언급되어 있는 것처럼 스타니슬랍스키 초청
으로 1935년 봄에 고든 크레이그, 브레히트, 피스카터 등이 모
스크바에 모였던 사실과 이진순의 일본유학 시기를 병치시켜
그의 행적 및 연극세계를 면밀하게 추적해냈다. 그리고 이진순
과 동지관계에 있던 이해랑의 인간적 면모와 연출세계를 논할
때는 평생 셰익스피어 연구로 다져진 탄탄한 실력으로 연출가
와 학자의 입장에서 작품해석상으로는 충돌하면서도 어네스트
톰프슨의 〈황금연못〉 연출에 대해서만은 찬탄을 넘어 황홀경
에 빠지는 그의 낭만적 기질이 그대로 드러나고 있다.

그 점은 작품 평가에서 파스칼의 '명상록'은 물론이고 "예술
은 인간의 죽음을 극복할 수 있는 힘"이라고 외쳤던 앙드레 말
로의 명구, 그리고 "사랑이란 자욱한 안개 속에 파묻힌 하나의
별"이라고 노래했던 독일 낭만시인 하이네의 싯구까지 인용할
정도로 감격하고 있다. 아마도 이와 같은 감동적 공연 평은 이
교수만이 쓸 수 있는 전무후무한 글이 아닐까 싶다.

이상에 언급한 두 지도자의 뒤를 이어 1989년대 이후를 주도
했던 중견 연극인들 중 자신들의 꿈을 다 이루지 못하고 아쉽게
세상을 떠난 권오일, 김동훈, 한상철 등에 대하여는 뜨거운 우

279

정과 애석한 마음을 갖고 그들의 삶을 감싸 안으면서 열정으로 가득찼던 작품세계를 천착함으로써 그의 남다른 인간 사랑의 면모를 극명하게 보여주고 있다.

당초 이 교수는 자신이 연극계에 몸담으면서 함께 평론활동을 펴왔던 동지들과 후배들의 글을 회고한 연재물을 월간 『한국연극』지에 게재한 바 있었다. 그 글은 1975년부터 1995년까지 20년 동안의 연극비평사로서 이 책의 주 골격도 되는 것이다. 가령 제4장의 '80년대 초반의 연극과 평론'에서부터 제5장의 '80년대 후방의 연극과 평론', 그리고 마지막의 '90년대 연극과 평론' 등이 바로 그런 류의 글이다. 그는 1970년대 중반 '한극회' 조직으로부터 서울극비평가협회, 그리고 한국연극평론가협회에 이르는 과정과 핵심 멤버들 및 후배 평론가들이 썼던 많은 글들을 광범위하게 섭렵하여 우리 현대극이 어떻게 변화, 진전되어 왔는가를 면밀하게 추적 정리해 냈다.

다 알다시피 그 기간에는 한국연극이 획기적인 변화를 일으킬만한 사건이 많았다. 군사독재시절이었음에도 불구하고 대한민국 연극제와 지방연극제가 시행되었고, 86 아시아게임 연극축전 및 88 서울올림픽 연극축전이 벌어져서 개방화의 물결이 넘실댐으로써 연극의 구주와 형태의 근본적 변화도 일어났다. 따라서 평론활동도 역사상 그 유례를 찾아볼 수 없을 정도로 왕성했음은 두말할 나위 없었다. 그런데 주목할 만한 사실은

이 비평사적인 글에서는 그의 여타 글에서 자주 나타나는 자신의 강한 주장이 보이지 않는다는 점이다. 이는 사실 그가 역사 기술에서 흔히 빠지기 쉬운 독단을 억누르고 절제력을 발휘하여 객관성을 잘 유지하고 있음을 보여주는 것이다. 그러면서도 연극사학자 못지않게 연극의 흐름을 고비마다 정확히 짚어서 역사적 의미를 부여하고 있다.

이상에서 계략적으로 살펴본 바와 같이 이 책은 평론가가 정리한 20세기 후반의 한국연극비평사이고 더 나아가 연극사이기도 하다. 어떤 형태의 글이라 하더라도 저자의 품성이 투영되기 마련인데, 본서에도 그런 측면이 없지 않은바, 가령 이 교수만이 지닌 낭만주의자로서의 열정과 인문주의자로서의 사랑과 비평가로서의 냉철함과 그리고 인문학자 다운 해박함이 그대로 나타나 있다.

• 『한국연극』 통권 424호, 2011.11

팍팍한 김방옥표 연극이론의 모색

• 김방옥의 『동시대 한국연극의 혼돈과 생성』(연극과인간, 2016년)에 대한 소견

출중한 외모와 지성을 고루 갖춘 연극평론계의 스타 김방옥 교수가 '전통연희의 수용 이후 탈근대적 퍼포먼스까지'라는 부제가 달린 1천 쪽 분량의 방대한 정년기념논총 『동시대 한국연극의 혼돈과 생성』을 펴냄으로써 연극학계에 또 하나의 자산을 늘려놓았다. 평소 긴 호흡의 학문탐구보다는 촌철살인의 단평으로 연극창조자들의 상상력을 일깨워온 그가 이따금 내놓는 연구논문 역시 매너리즘에 빠져 있는 학자들에게도 신선한 자극이 되곤 했다.

외국어 해독능력을 갖춘 그가 서양의 인문, 연극 논저들을 두루 섭렵하고 평론가적인 예리한 직관력과 분석력으로 그동안 미처 보지 못한 우리 연극의 문제점을 새롭게 짚어 내왔다.

필자는 평소 그가 학자보다는 평론가의 자질을 지녔다는 생각을 해왔는데, 이번 저술을 읽으면서 정년 이후에는 부지런히 현장을 누벼야 하는 평론보다는 학문탐구 쪽으로 방향을 틀어보는 것이 우리 연극학계를 위해서는 괜찮을 것 같다는 느낌도 들었다.

우선 본론에 들어가서 이야기를 해보아야 할 차례인 것 같다. 필자는 먼저 그의 책이 분량도 많고 197, 80년대 이후의 너무 여러 가지 연극현상을 탐색한 비체계적 논총이어서 주마간산식으로 훑었음을 고백해야겠다. 특히 필자가 평소 특별히 주목하지 않은 부분에 대하여는 공부삼아 읽었는데, 고개가 끄덕여지면서도 마음에 확 와 닿지 않는 것도 있었다. 그 이유는 아무래도 필자가 관심을 두지 않은 분야라는 것 외에도 우리 연극현장의 한 현상에 대한 그의 예리한 분석에도 불구하고 생경한 이론의 견강부회 때문이 아니었나 싶다.

사실 우리 연극의 심층을 들여다보기 위해서 선진국 학자들의 이론서는 필독서일 수 있다. 그러나 문제는 우리나라 연극인들이 선진국의 작가들처럼 제대로 수련과정을 거친 뒤에 창조 작업에 나섰느냐 하는 것이다. 주지하다시피 프라이타크(Freytag)가 희랍극과 셰익스피어 극을 분석하여 『희곡의 기교』를 썼듯이 이론이란 어디까지나 작품에서 나오는 것이다. 이처럼 서양학자들이 일찍부터 발달한 인문학에 토대를 두고 또한 훌륭한 연극유산의 분석을 바탕으로 하여 이론을 창출한 것인데, 그런 연극이론을 그대로 들여다가 우리 연극을 재단(裁斷)할 경우 우리 것은 낙후되고 진부하며 촌스럽기 이를 데 없게 보일 수도 있다. 지난시절 웅대하고 화려한 도시에서 살아온 서양인들이 한국에 처음 와서 초가 한옥을 보고 돼지우리로 폄하한 적이 있지만 독특한 한국미와 매우 과학적인 구들(온돌의 바탕이 되는)은 서양보다도 앞섰다는 사실을 아는 데는 오래 걸리지 않았다는 비유가 적절할지는 몰라도 우리의 연극유산도 깊이 들여다보면 놀랄만한 철학성과 예술성이 있는 것이다.

따라서 서양의 연극이론을 잘만 활용하면 우리 연극을 발전시키는데, 하나의 자극이나 길잡이의 수단이 될 수가 있지만 그렇지 않고 폄하하고 난도질을 하는데 활용할 경우에는 오히려 흉기(凶器)가 될 수도 있다. 필자가 수십 년 동안 글을 써오면서 연극창조자들을 만났지만 그 누구에게서도 평론가나 학자들의 글을 읽고 자극받아 자신의 작품을 진전시켰다는 이야기를 거의 들어보지 못했다. 이 말은 곧 우리나라에서는 연극현장과 연극학이 유리된 채 따로 놀고 있다는 이야기도 된다.

사실 농학(農學)을 하는 이유가 풍성한 농작물 생산과 풍요로운 삶에 이바지하기 위한 것이듯 연극학도 마찬가지로 창조자들에게 끊임없이 자극을 주고 길잡이가 되어야 큰 의미가 있는 것이 아니겠는가. 이런 생각을 갖고 김 교수의 책을 겉핥기식으로 읽었다. 그는 25편을 모은 자신의 저작을 관통하는 키워드로서 전반부는 "전통극/모더니즘연극/포스트모더니즘연극이라는 세 개념, 그리고 재현/현존/해체라는 패러다임"이라고 밝혔다. 이는 맞는 말이다. 그러니까 그가 연극사적 탐구로부터 시작하여 한국적(?) 연기론까지 폭넓게 다루었지만 모두가 이 세 키워드의 끈으로 엮었다는 이야기도 될 것이다.

그가 전반부에서는 전통극으로부터 근대극에 이르기까지의 우리 연극유산의 문학성 곤핍(困乏)을 지적하면서 이들이 세계 연극사의 어느 선상에 놓일까와 그 결과물이 당대에 어떤 의미를 지니는가를 성찰했다. 그가 연극공부에 임했던 때가 묘하게도 1970년대 초로서 서구 추수적 신극이 정치격동과 맞물려 정체성을 찾아보려 몸부림치던 시기였다. 따라서 자연스럽게 그는 정극(차범석, 임영웅으로 대변되는), 뮤지컬 등 현대극의 다기다양(多技多樣)한 흐름 중 전통극의 수용문제 탐구에 집중한 느낌을 준다.

예를 들어서 그가 수많은 연극창조자들 중 오직 허규, 손진책, 유덕형, 안민수, 오태석, 김정옥, 임진택, 이강백, 이윤택 등 실험성이 강했던 연출가들 10여 명의 작업에 국한한 것이 그 증좌이다. 그렇기 때문에 그가 긴 예술사에서 볼 때, 극히 짧다고 할 현대극 40년을 '재현(전통극)/현존(모더니즘)/해체(포스트모더니즘)'라고 간단히(?) 규정할 수가 있었지 않나 싶다. 그리고 우리의 전통극 유산뿐만 아니라 이들의 전통수용 작업 역시 그 나름의 의미를 인정하면서도 대체로 부정적으로 본 듯한 느낌을 주는데, 이는 궁극적으로는 초창기 국학자들의 연구 부족에 원죄(原罪)가 있다고 보아야 한다.

다 알다시피 우리나라 근대학문의 연륜은 채 백년도 되지 않는다. 1920년 3·1운동 이후 민속학자 몇 명이 애국적 입장에서 전통예능문화에 관심을 갖고 다분히 민속지적(民俗誌的) 수준의 논문 몇 편을 발표하면서 전통극의 윤곽이 드러났고, 해방 이후에도 여전히 민속학자와 국문학자들이 그런 선학전통을 계승하면서 전통문화의 특수한 예술미학적, 철학적 가치를 제대로 밝혀내지 못했었다. 그래서 오영진(吳泳鎭) 정도를 제외하고는 현대 연극창조자들이 전통예능의 외형만 빌어다가 알쏭달쏭한 작품을 양산했다고 말할 수가 있는 것이다.

따라서 김 교수가 우리 전통예술에 대하여 좀 더 깊이 연구한 다음에 그런 현상을 진단했다면 그들의 문제점을 더욱 명징하게 밝혀낼 수 있었지 않나 싶다.

그러나 이 책의 무게는 그동안 우리 학계가 연극사 연구에 치중해온 것과는 달리 그가 연극 본질탐구에 다가가려 한데 있다고 본다. 바꾸어 말하면 그가 새로운 영역이라 할 연극이론 정립에 힘을 쏟고 있다는 이야기다. 이에 그가 희곡에 동물을 자주 등장시켜온 오태석과 배삼식, 윤영선 등 신예들이 추구하는 일련의 작업들에 주목하면서 기호학, 현상학, 생태학 등을 동원하여 우리 연극의 글로벌화와 현대성을 규명한 것이 돋보였다. 사실 예부터 작품에 동물이 등장하는 것이 새삼스러운 것은 아니었다. 우리의 3대 고전극이라 할 가면극을 비롯하여 민속인형극, 판소리에도 동물은 많이 등장한다. 그런데 고전극에서의 동물은 대체로 풍자나 상징의 한 표징이었던데 비해 현대극에서의 동물 활용은 특별한 의미를 갖는다.

가령 현대극에서도 처음에 유치진이 6·25의 동족상잔을 목격하고 〈까치의 죽음〉(1950년)을 썼고, 박조열 역시 6·25전쟁에 참전하고 죽을 고비를 넘긴 뒤에 〈오장군의 발톱〉(1974년)을 쓴 것에 주목할 필요가 있다. 서구권의 작가들도 1960년대 이후 끊임없이 일어나고 있는 인종, 종교, 그리고 국가 간의 전쟁과 살육, 환경파괴, 지구온난화, 전염병에 따른 가축들의 생매장 등 인류가 저지르고 있는 죄악과 환란을 예술작품을 통하여 고발, 비판, 풍자해왔다. 우리 작가들도 비슷한 흐름을 만들어왔던바, 그가 그러한 경향을 철학, 사회윤리학, 생태학 등을 동원하여 다각도로 분석하고 의미를 부여한 것에서 탁월성이 나타나는 것이다.

솔직히 고통스러울 때, 인간이 자연스럽게 찾는 것이 어떤 절대자(神)가 아닐까. 정신적으로 황폐되어 있는 현대인들이 동식물과 함께 어울려 평화롭게 살던 원초적인 유토피아를 그리는 꿈, 그것이 곧 생태학적 유토피아이고 낙원회귀에의 동경일 것이다.

김방옥 교수가 서두에서 밝혔듯이 이번 저술은 주로 실험극에 초점을 맞춰 다양한 서양이론과 자신의 직관을 바탕으로 하여 심도 있는 연구를 해냄으로써 한국적 연극이론 정립의 가능성을 제시했다고 말할 수가 있다. 그리하여 이론부재의 한국 연극학계에 또 하나의 작은 금자탑을 세운 것이라 치하해도 무리가 아닐 것 같다. 정년을 축하한다.

• 『연극평론』, 2016.11

한국공연예술의 원류(源流) 찾기의 긴 도정(道程)

• 한국공연예술원 편, 『불교의례』(열화당, 2015년)

　　원로 연극평론가이자 인문학자인 양혜숙(梁惠淑) 박사가 이
끄는 한국공연예술원이 전년도의 『샤먼문화』에 이어 두 번째로
『불교의례』라는 문제작을 펴내서 관련 학자들의 주목을 끌고
있다. 물론 수년 전에 충남대학교의 사재동(史在東) 교수가 여
러 학자들의 글을 모아 비슷한 책을 펴낸바 있지만 이 저술과는
접근 자체에 차이가 있었다. 따라서 적어도 불교의례 속에 내재
되어 있는 공연예술의 씨앗을 치밀하게 찾아내는 작업은 이번
이 처음이라고 해도 과언이 아니다.

　　왜냐하면 사재동 교수와 달리 양혜숙 교수는 일찍부터 우리
연극의 원류를 찾아 한국연극사의 폭을 넓히고 확실한 정체성
을 세우겠다는 뚜렷한 목표를 갖고, 십수 년 동안 아시아 일대

를 누비면서 필드 작업을 꾸준히 하며 세미나도 여는 등 학적체계를 세워서 얻어낸 결과물을 내놓은 것이기 때문이다. 따라서 책도 비록 여러 학자들이 쓴 것이긴 해도 체계를 갖추고 있는 것이 특징이다.

가령 지난번에 내놓은 『샤먼문화』만 하더라도 민속학자들은 쓰기 쉽지 않은 무속에서의 연극원류 규명이라는 점에서 한국 연극사의 지평을 넓힌 업적이었다. 그 연장선상에서 이번에 공연예술원이 『불교의례』에서 그런 작업을 다각적으로 한 것이다. 주지하다시피 공연예술의 기원에 대하여는 이미 19세기부터 인류학자들이 연구를 거듭하여 제의기원설(祭儀起源說)이 자리를 잡았고, 칼 마르크스가 등장한 이후에는 노동기원설(勞動起源說)이 한 지류로서 존재한다. 북한 등 몇몇 사회주의 국가들의 학계가 바로 그런 학설을 아직도 신봉하고 있는 정도지만 분명한 것은 제의기원설이 세계학계의 주류를 이루고 있다는 것만은 분명하다.

이번 책은 크게 두 부분으로 나뉘어져 있는데, 제1부가 '불교의례의 역사적 개관'이라고 한다면, 제2부는 '불교의례의 음악, 미술, 연극적 요소'로 꾸며짐으로써 당초부터 불교의례의 진전 과정에 따라 공연예술적인 요소들이 어떻게 진화, 형성되었는지를 규명해보는데 그 목표가 두어져 있음을 알게 된다. 이러한 책 구성에 따라 제1부에는 홍윤식, 김상현, 양은용 등 주로 불교학자들의 논문이 주가 되고, 제2부는 심상현, 윤광봉, 정명희, 차혜련 등 불교의 본질보다는 그 의례 속에 내재된 공연예술적인 요소를 연구해온 학자들의 글이 배치되어 있다.

특히 이번 책의 필진이 보여주고 있듯이 한국공연예술원이 당초 원로 중견, 그리고 신예 학자들을 총동원하여 그동안 산만하게 여기저기서 논의되던 불교의례와 공연예술의 뗄 수 없는 관계를 천착(穿鑿)하여 하나의 서책으로 묶어보겠다는 의도(意圖)의 결과물이어서 총서적인 느낌마저 주고 있다. 따라서 이 서책 한 권만 제대로 통독하면 한국 불교의례의 역사와 그와 연관된 공연예술 형태를 일목요연하게 파악할 수가 있을 것으로 사료된다.

제1부에는 「불교의례의 역사적 전개와 교화 방편」(김상현), 「불교의례와 민속예술」(홍윤식), 「불교사상과 의례 구조」(양은용), 「불교의례에서 시공간의 상징성」(구미례), 「굿으로 읽는 불교의례」(조성진) 등 5편의 논문으로 구성되어 있지만 구미례와 조성진의 논문이 주목을 끄는 이유는 무속과 불교의례의 혼효(混淆)와 불교의례가 갖는 시공간적 상징성을 규명했다는 사실 때문이다. 그리고 제2부에는 「홍가사(紅架裟)의 형태와 부착물에 대한 고찰」(심상현)을 비롯하여 「조선시대 불교의식과 불교회화」(정명희), 「수륙재(水陸齋)의 연유(緣由) 및 설행(設行)과 의문(儀文)의 정합성」(이성운), 「작법무(作法舞)의 연원과 기능에 대한

고찰」(심상현), 「중세 한국의 강경(講經)과 창도(唱導)」(윤광봉), 「영산재(靈山齋)와 범패(梵唄)」(차혜련), 「한중(韓中)불교음악의 전통과 계승」(윤소희), 그리고 「『삼국유사』 원효설화(元曉說話)의 스토리텔링과 불교사상」(한성자) 등 8편의 논문이 실려 있다.

그런데 무엇보다도 이 책에서 간과해서는 안 될 논문은 구미례 박사가 총론격(?)으로 쓴 서설 「불교의례와 공연예술의 만남」이라 하겠다. 왜냐하면 구미례는 마치 인류학적 측면에서 공연예술의 연원을 찾고 있는 뉴욕대학의 리챠드 셰크너 교수가 제의(祭儀)와 연극의 공통점과 차이점을 규명했듯이 불교의례와 공연예술의 계선(界線)을 명료하게 규명하고 있기 때문이다. 새로운 시대에서는 고루하게 보일 수도 있는 이 책의 구각(舊殼)을 한 커풀 벗겨낸 것은 바로 이러한 신예 학자의 신선한 접근에 따른 논문도 함께 실려 있어서다.

사실 전체적으로는 편저자인 양혜숙 교수가 촘촘하게 읽고 해설을 붙여놓아 서평자가 쓸 거리가 별로 없지만 홍윤식 교수의 「불교의례와 민속예술」과 차혜련 교수의 「영산재와 범패」만은 관심을 갖고 읽게 되었다. 그 이유는 두 가지에 있었다. 한 가지는 전자가 우리의 전통연극에서 불교적 요인을 다각적 측면에서 다룬 논문이어서였고, 후자는 불교예술의 극치라 할 영산재를 다룬 논문이었기 때문이다. 원로 불교학자인 홍윤식 교수가 우리의 전래민요와 전통극에 대하여 깊은 관심을 갖고 있다는 것은 익히 알려져 있었고, 또 기본 지식도 갖추고 거기에 나타나 있는 불교적 요인을 규명한 것에 대하여 공감 가는 부분도 많았다.

그러나 아쉬운 점도 없지 않았는데, 그 하나가 불교와 깊은 관련이 있는 가면극, 꼭두각시놀음, 판소리 중에서 특히 관련이 있는 판소리를 제외한 점이었다. 판소리를 불교와 가장 깊은 관련이 있다고 보는 것은 그 발생 발전과정에 불가(佛歌)가 삽입 가요로 절대적인 자리를 차지하기 때문이다. 일찍이 고(故) 김동욱(金東旭) 박사는 그의 저서 『한국가요의 연구』(1960년)에서 판소리 발생과정과 관련하여 '근원설화+민요+불가+이언+양반가사'라는 등식(?)을 제시한 바 있었다. 불교가 그만큼 판소리 형성과정에서 차지하는 비중이 크다는 이야기다. 그럼에도 불구하고 그에 대한 언급이 거의 없었다는 사실이다.

그리고 주제 분석에 있어서도 홍 교수는 꼭두각시놀음에서의 승려들의 행태를 구도과정(救道過程)의 측면에서 보기보다는 "사찰에서 시주의 목적으로 사당패를 이용하여 시주를 권하는 장면이거나, 아니면 모든 사회적 갈등에서 벗어나 절에다 시주하는 공덕 쌓음"(p.91) 정도로 보았으며, 가면극 역시 민중이 바라는 바는 오직 승려들이 절에서 불도를 열심히 닦으라는 소망의 표현(p.95)이라고 극히 평면적인 결론을 내림으로서 앞으로 심도 있는 천착이 필요함을 과제로 남겼다는 점이라 하겠다.

한편 필자가 기대하고 살핀 논문이 차 교수의 「영산재와 범패」인 바 이 역시 아쉬움이 남는 작업이라는 생각이다. 왜냐하면 영산재가 비록 천도의식(薦度儀式)이긴 하지만 불교라는 종교만 제거하면 하나의 거대한 음악무용극이라고 볼 수 있음에도 불구하고 차 교수는 영산재와 범패의 구성 절차에만 주안점을 두고 썼기 때문이다. 그 행사에서는 음악, 무용, 무대미술(掛佛)의 활용, 그리고 대소도구 응용 등의 적절한 배치로 말미암아 전체적으로 웅장하고 화려한 악극이 되고 있다는 것이 필자의 생각이다. 차 교수가 바로 거기에 포커스를 맞추었더라면 금상첨화였을 것 같다. 그러나 이 책자는 분명히 한국 인문학 진전의 또 하나의 징검다리를 놓은 업적이라 확신한다.

• 『라라』 통권 제18호

문화정책입안자들과 현장연극인들의 필독 지침서

• 김미혜의 『브로드웨이를 넘어』(연극과인간, 2018년) 발간에 부쳐

연전에 역작 『헨리크 입센』을 펴내어 명성을 떨친 중진 연극학자 김미혜 교수가 한국연극학계에 또 하나의 이정표가 될 만한 노작 『브로드웨이를 넘어』를 상재(上梓)하게 되었다. 이는 사실 김 교수가 유럽근대극 연구로부터 미국현대극 연구로 학문영역의 지평을 확대시킨 작업이지만 우리의 문화정책 관료와 현장 연극인들로서는 뜻밖에 중요한 안내서 하나를 만나는 것이어서 큰 의미를 지닌다. 물론 해방이후 국제정세에 따른 밀접한 한미관계로 인하여 몇몇 영문학자와 연극인들이 미국연극에 관한 역서를 비롯하여 연구서도 몇 권 출간했고, 논문도 수십 편 발표했지만 김 교수처럼 '특별한 의도'를 갖고 정책적 차원에서 필드 작업을 바탕으로 한 연구서를 낸 경우는 없었다.

여기서 김 교수가 특별한 의도를 갖고 저술했다고 말한 것은 그가 머리말에서 분명하게 밝힌 바대로 "미래 연극계에 종사하고자 하는 젊은이들과 현재 연극현장에서 활동하고 있는 이들, 그리고 연극정책입안자들에게 실질적인 도움이 되고자" 이 책을 썼음을 의미한다. 솔직히 말해서 학자들이 글을 쓰는 것은 단순히 자기 카타르시스를 위해서가 아니다. 그러나 그동안 이 분야에 수많은 책이 출간되었지만 대체로 김 교수처럼 명확하면서도 구체적인 목표를 갖고 쓴 경우가 드물어서 현장연극인들에게 절대적인 영향을 준 경우는 희소했다고 말해도 지나치지 않다. 비근한 예로 양질의 식량을 다량 생산하여 국민이 배불리 먹도록 다각도로 연구하는 것이 농학(農學)이듯이 연극학은 연극융성의 밑받침이 되어야 하는데, 그동안 그렇지 못했기 때문에 학문과 현장이 유리되어 온 것이 우리 현실이었다. 그 점에서 이번 책의 중요성과 무게가 남다르다고 말할 수가 있다.

알다시피 우리나라 연극은 식민지시대에 일본신극운동 방식을 답습하고 해방 이후에는 일부분은 유럽방식(국립극장 존치 등), 그리고 절대적으로는 미국연극의 영향을 받음으로써 잡종 혼란일 뿐 독특한 색깔을 갖지 못한 것이 사실이다. 더더구나 식민지 시절에 만들어진 연극억제책이라 할 '흥행물취체규칙'이 이름만 바꿔 1960년대까지 존속된 데다가 전근대적인 연극 천시 사상과 정부의 정책부재가 더해져서 1970년대까지는 열악한 인프라와 인재빈곤으로 연극은 겨우 명맥만을 이어가는 처지였다. 그 빈약한 연극도 오랜 중앙집권적인 행태로 인하여 서울에서만 존속되었음은 두말할 나위 없는 것이다.

그러다가 1980년대 들어 공연법도 개정되고 공연장 확대정책이 실현되면서 중앙과 지방에 어엿한 극장들이 세워지기 시작했으며 대학들에서도 연극학과들이 속속 증설됨으로써 연극의 인적 물적 인프라가 갖춰져 나갔다. 그런데 참으로 신기하면서도 우려스럽기까지 한 것은 인프라 확충이 우리 경제의 압축성장처럼 단시일 내에 지나칠 정도로 많은 거대 극장들이 지어지고, 전국의 대학들이 너도나도 연극학과를 설치하여 과잉이다 싶을 정도의 졸업생들을 배출하고 있는 점이라 하겠다.

더욱 문제는 우리에게 그러한 연극 인프라에 대한 효율적인 활용방식의 부재와 지역연극인들의 자기 고장에 대한 긍지와 열정이 부족하다는 점이다. 그럴 수밖에 없는 것이 정치인 출신 지자체장들이 하나같이 문예에 무지하여 지역사회에서 연극운동을 이끌 인재활용에 소홀함으로써 생활조차 이어가기 어려운 연극인들이 대부분 중앙으로 몰린다는 점이다. 김 교수가 미국 지역연극을 탐구하면서 가장 부러워한 점이 자신들의 지역사회에 대한 봉사정신과 조국의 예술을 육성하겠다는 열정과 책무, 그리고 자긍심이었다. 그리고 저들이 연극을 단순한 예술로서보다는 생활의 중요부분으로 인식하고 그런 정신이 이미

깊숙이 착근해 있는 점도 부러워한 것이다. 물론 저들이 그만한 수준에 도달케 되는 데는 상당한 기간의 소요와 시행착오도 없지 않았으리라. 사실 미국도 전쟁 전까지는 뉴욕이나 워싱턴 정도에 문화가 집중되었었고, 1950년대 아이젠하워 대통령 시절부터 지역문화 발전에 관심을 두고 지방 도시들에 극장을 세워나갔으며 연방정부의 정교한 지원과 지역대학의 뒷받침, 그리고 저명 연출가 타일런 거스리가 앞장서 열정을 쏟음으로써 지역연극이 자리를 잡아갈 수가 있었다.

김 교수가 특별히 심혈을 기울인 데는 미국연극의 뿌리가 되는 활기찬 지역연극의 본질을 각 지역 주도자들의 생생한 목소리를 통하여 우리에게 전달하려는 것이었다. 따라서 김 교수가 타산지석으로 삼을만한 미국 지역연극의 생태계를 설명하는데 있어 짧은 미국연극사도 통사적으로 개관할 필요를 느꼈음은 자명하다. 실제로 책의 편제를 볼 때, 제1장부터 제4장까지가 통사적 서술이고 제5장만 지역연극에 대한 기술이지만 비중에 있어서는 전체의 절반가량을 차지한다. 그러니까 김 교수가 당초 미국연극사를 기술하려던 것은 아니었지만 지역연극을 천착(穿鑿)하자니 자연스럽게 통시적인 방식과 공시적 방식을 취할 수밖에 없었던 것이다. 이 책에 대하여 무엇보다도 경탄스러움을 금할 수 없음은 정년을 넘긴 노학자가 여자의 몸으로 수년에 걸쳐 광대한 미국 땅을 누비면서 일일이 연극지도자들을 찾

아 만나서 그들의 연극철학과 운동방식, 지역사회에 대한 봉사
정신의 원천을 캐낸 점이다. 다 알다시피 미국연극에 관한 1, 2
차 자료는 도서관에 넘친다. 그렇기 때문에 대부분의 연구자들
은 책상머리에 앉아서 인터넷으로 편하고 손쉽게 책과 논문을
작성한다. 과연 그것이 진정한 학문자세일까. 그렇지 않다. 일
찍부터 소위 민족학 등 인문학과 사회과학까지도 필드 작업을
하지 않는 것은 학문으로 치지도 않았다. 연극학도 예외가 아니
라고 생각한다.

따라서 김 교수가 이번 저술을 통해서 학문은 이렇게 하는 것
이라는 점을 시범적으로 보여준 경우였다고 말해도 과언이 아
니다. 김 교수가 탄탄한 연극이론을 바탕으로 한국연극의 혁신
과 진흥을 염두에 두고 미국전역을 발로 뛰어다니면서 다각적
으로 규명한 이번 연구는 '지역문화진흥법'(2016년)이 발효되었
음에도 불구하고 방향조차 못 잡고 방황하고 있는 정책입안자
들과 현장연극인들에게는 좋은 길잡이가 될 것임을 확신한다.
김 교수의 학문에 대한 열정에 박수를 보낸다.

• 2018.9

김동원(金東園) 선생에 대한 조사(弔辭)

찬란한 5월의 신록이 온 산하를 연녹색으로 물들이고 아카시아 향기가 훈풍을 타고 오가는 사람들의 얼굴을 스치는 이 늦은 봄, 앞산에는 벌써 남국에서 날아온 뻐꾹새가 구성지게 울고 있습니다. 선생께서는 아름답게 살아온 지난날의 삶처럼 어쩌면 그렇게 마지막 가시는 날까지 아름다운 계절을 택하셨나요. 역시 복인(福人)은 뭐가 달라도 다른가 봅니다. 왜냐하면 선생께서는 삭풍이 휘몰아치는 한 겨울도 피하고 뜨거운 염천도 피하셔서 봄나들이 가시듯이 춥지도 덥지도 않은 가장 좋은 계절을 택해서 우리 곁을 조용히 떠나셨기 때문입니다.

선생께서는 꼭 17년 전 바로 여기서 평생에 둘도 없는 친구 이해랑 선생을 저쪽 동네로 떠나보내는 눈물 섞인 조사를 하셨는데, 이제는 당신께서 사랑하는 가족과 후배 친지들과 슬픔의 작별을 하셔야 되니 세월이 얼마나 무상하고 인생이 얼마나 덧없는 것인가를 새삼 절감케 됩니다.

돌이켜 보면 선생은 예술가로서, 아니 그보다도 한 인격자로서 참으로 대단한 분이셨습니다. 1916년에 기성의 남부럽지 않은 가정에서 태어나 그 어려운 동경유학까지 마치고 한 때는 삼양(三養)상사에 다니실 정도로 장래가 활짝 열려있었지만 선생은 당시에는 좋은 직업이랄 수 없는 그 연극이 좋아서 다 뿌리치고 그 험난한 형극의 예도를 70여 년이나 쉼 없이 달려오셨습니다. 배재고보 시절 처음 무대에 선 이래 1934년 동경학생예술좌, 극연, 극협, 신협, 그리고 국립극단으로 이어지는 한국연극의 정통노선을 오로지 연기자로서만 조금도 비켜서지 않고 무대만을 자신의 삶처럼 올곧게 지켜 오신 수호신이셨습니다. 만약에 선생이 안 계셨으면 한국 연극은 얼마나 황량했을까 생각하면 모골이 다 송연합니다. 그 연극 때문에 6·25 때는 남북을 탈출하는 생사의 고비를 넘겼음에도 귀환 후에 무대를 결코 저버리지 않으셨습니다.

선생께서는 연극을 자신의 운명처럼 받아드리셨지요. 연극하는 것을 무슨 별난 업으로 생각하지 않고 은행원이나 회사원 혹은 교원처럼 생각하신 분이 바로 선생이셨습니다. 그래서 더 좋은 연기를 하고 사생활도 감히 아무도 따를 수 없을 정도로 모범적이었던 게 아닌가 싶습니다. 사실 한 예술가가 역사에 남는 불후의 명작을 남기기란 쉽지 않은 것인데 선생은 아무도 흉내 낼 수 없는 〈햄릿〉과 〈메페스토펠레스〉 등과 같은 불후의 명연기를 여러 편 남기셨습니다. 그리고 1950년대 중반부터 1970년대 초까지는 영화발전과 가족부양을 위해서 영화계에 주로 몸을 담그셨는데, 삼형제가 대학을 마치자마자 영상을 박차고 연극계로 돌아오셨습니다.

그 후로도 영화계에서 거금을 내걸고 다시 모시려 했지만 선생께서는 대한민국예술원에서 나오는 적은 돈으로도 자족하신다면서 단호히 거절하셨습니다. 또 하나 우리를 놀라게 하신 일이 1996년 극적인 은퇴공연이셨습니다. 예술가가 무슨 은퇴가 있느냐고 주변에서 완강하게 말렸지만 선생께서는 남에게 티끌만큼도 폐를 끼치지 않으려고 끝내 당신의 뜻을 관철하고 마셨습니다. 이 황금만능 시대에 그런 절제는 아무나 할 수 있는 것이 아닙니다. 그런데 더 돋보이는 것은 선생께서는 그런 것을 아무렇지도 않게 생각하실 정도로 높은 경지에 도달한 인격자였습니다. 평소 선생의 후덕하고 웃음 띤 얼굴에 나타나듯이 탁세(濁世)에 섞여 사시면서도 어떻게 그처럼 수도승(修道僧) 못지않을 정도로 수양을 쌓을 수 있었는지 부족한 후배들은 부끄럽기 이를 데 없습니다.

그리고 선생의 지극한 가족사랑은 오늘날의 가족 해체시대에는 타의 모범이 되기에 충분합니다. 효부와 효자는 자신이 만든다고 합니다. 저는 평생 선생의 가족사랑 만큼 대단한 분을 몇 번 보지 못했습니다. 선생은 한 마디로 예술교본(藝術敎本)이셨고 도덕 교과서였습니다.

선생님! 이제 이승을 잊으실 때가 되셨습니다. 그러나 막상 이별은 슬프군요. 그처럼 지극히 사랑하시던 홍순지 여사는 어떻게 하나요? 그러나 그처럼 애지중하시던 덕환, 진환, 세환 삼형제와 자부들, 금이야 옥이야 아끼던 손자들도 남편, 아버지, 할아버지를 회억(懷億)하면서 열심히 살 것입니다. 예술계는 더욱 걱정 안하셔도 됩니다. 차범석 선생을 비롯한 기라성 같은 후배들이 우리나라 예술계를 잘 이끌고 있습니다.

저쪽 동네에서는 벌써 선생을 맞으려고 부산할 것 같습니다. 거기 천국에는 연극의 스승 동랑 유치진 선생을 비롯하여 평생의 친구 이해랑 선생, 동료연기자 박상익, 김선영, 그리고 김정환, 장종선 등 극작가, 연출가, 무대미술가 등이 모두 계십니다. 연극을 평생의 업으로 삼고 이승에서 살아오신 선생이시니까 천국에서도 한 판의 멋진 공연무대를 펼치십시오.

'천주님 앞에서 태양을 조명 삼아 연화(蓮華)무대에 구름을 타고 호리존트로 반짝이는 별빛과 달빛을 은은하게 비추는 명작을 또 한 편 만드십시오.' 그러면 선생과 동료들도 이승에서 행복하셨던 것처럼 저승에서도 영원히 행복하실 겁니다. 선생님! 명복을 빕니다. 안녕히 가십시오.

• 2006년 5월 17일

동랑 유치진 선생 탄생 110주년에 올리는 추도 · 헌정사

새삼 그리워지는 동랑 선생님! 제가 대학원 학위논문을 선생에 관해 써보려고 처음 찾아 뵌 것이 남산에 진달래꽃이 흐드러지게 피었던 1964년 어느 봄날이었습니다. 그런데 제가 정작 놀랐던 것은 당대의 최고 명사로서 한국문화계를 좌지우지하시던 선생께서는 예상외로 드라마센터 뒤쪽 어둑한 골방에 쪼그리고 앉아서 위엄(威嚴)보다는 마치 해탈한 고승 같은 인자한 모습으로 저를 맞아주신 일이었습니다.

선생께서는 제게 해방직후에 자신이 서울대학교에 연극학과를 만들려다 실패한 이야기를 들려주시면서 더구나 보수적인 국문학과에서 그런 연극관련 논문이 통과되겠느냐고 걱정부터 해주셨지요. 그러나 저는 사전조사를 충분히 했고 신극사의 최고봉인 선생을 천착해야 태산준령 같은 한국연극사가 확연히 보일 것 같은 생각으로 1965년 봄 「유치진연구 – 한국 신극 연구의 일부로서」라는 학위 논문으로 무사히 졸업을 했습니다. 그런데 이 학위논문은 영광스럽게도 우리나라 연극학사상 최초의 극작가와 희곡연구의 글로서 남는 것이 되었습니다.

지도교수가 연극과는 거리가 있는 소설가였던 전광용(全光鏞) 선생이어서 별다른 지도도 받지 못하고 순전히 혼자서 쓴 글이어서 이제 와서 생각하면 식은땀이 날 정도로 미숙하고 부실한 논문이었습니다. 그럼에도 불구하고 선생께서는 제 논문을 보시고 잘 썼다면서 명동의 일식집으로 데리고 가 맛있는 우동과 새우튀김까지 사주셨지요. 저는 그 부족한 학위논문과 몇 편의 논문을 바탕으로 하여 곧바로 한양대학교에 자리 잡을 수가 있었고, 몇 년 뒤 대학의 배려로 비엔나대학에서 연구를 더 하려고 출국 직전에 인사차 남산으로 또 다시 선생을 찾아뵈었었지요.

선생께서는 여전히 반가워하시면서 연구 많이 하고 오라면서 역시 명동의 그 우동 집으로 데리고 가 또 새우튀김을 사주셨습니다. 그것이 선생을 마지막으로 뵌 43년 전 일이었습니다. 유학 중 우연히 대사관에 들러 고국신문을 들추다가 선생의 비보(悲報)기사를 접하고 저는 먼 타국에서 홀로 슬퍼했던 아픈 추억을 갖고 있습니다.

저는 그 후로 선생에 관해 쓴 학위논문을 기점으로 하여 한국 최초로 '희곡사' 정리를 시작으로 하여 여러 종류의 책을 펴낼 수가 있었습니다. 그러느라 한동안 선생을 잊고 지냈습니다. 그러다가 1980년대 들어서 군부독재 타도와 함께 민주화라는 희망의 새 세계는 열렸지만 의외로 해방공간의 좌우익 갈등과 비슷한 상황이 전개되면서 대한민국의 정통성을 부정하는 자학사관이 풍미하는 기현상이 벌어졌습니다. 그런데 거기에 그치지 않고 70년이나 지난 일제강점기에 무지막지하게 강제 동원된 민족지도자들의 행적을 들춰내어 친일파라는 주홍글씨를 붙이는 황당한 현상이 벌어지기도 했습니다.

특히 한심스러운 것은 그 엄혹했던 시대를 살아보거나 다각적인 천착(穿鑿)을 해보지도 않은 '후세의 오만'들이 편향된 이념의 잣대를 들이대고 '민족정기세우기'라는 그럴 듯한 명분을 내걸고 의도적으로 민족 지도자들을 폄훼(貶毁), 매도한 것입니다. 주지하다시피 그 시절에는 훌륭한 망명투사들을 제외하고 국내에 머물던 인사들은 마지못해 저들에게 협력하지 않으면 살아남기가 어려웠다는 사실은 현대사에 생생하게 기록되어 있습니다.

가령 연극인들만 하더라도 작가로서나, 혹은 연출가, 배우, 무대미술 등 어떤 형태로든 협력하지 않은 사람이 드물었습니다. 월북해서 북한연극의 기반을 닦고 승승장구한 박영호(朴英

鎬)를 비롯하여 송영, 황철 등 모두가 똑같았습니다. 그럼에도 불구하고 유독 선생에 대해서만 흠집을 내려한 것은 선생이 그만큼 거목이었기 때문이라 생각합니다.

천 수백 년의 한국연극사상 전무후무한 인물인 동랑 선생이 그런 대접을 받는 나라의 공연예술이 걱정되기도 합니다. 실제로 상당수 연극인들조차 셰익스피어나 입센은 알아도 선생은 잘 모릅니다. 학자들조차 외면하고 극단들이 선생의 작품을 무대에 올리려는 노력을 하지 않으니 그럴 수밖에 없지요.

그래서 저는 학자의 양심을 걸고, 평생 온몸을 바쳐 불모의 이 땅에 탄탄한 공연예술의 기반을 다진 선생의 빛나는 행적이 역사 속에 편향되고 왜곡 축소되어 기록되는 것만은 막아내야겠다는 결심을 하게 되었습니다. 그것은 곧 선생의 치열했던 극적인 삶과 방대한 업적을 제대로 연구해내는 일이었습니다. 그런데 막상 저도 기력이 떨어져 있었기 때문에 선생의 장대한 생애를 써내는 일이 너무 버거워 좀처럼 손을 대지 못하고 있었습니다.

그런 시기에 이상스럽게도 선생께서 제 꿈에 자주 나타나셨고, 텅 빈 드라마센터 객석에 함께 앉아 한국연극 현실에 대한 장탄식을 하는 꿈도 꾸었습니다. 우연한 일은 또 일어났습니다. 당시 저는 37년간의 교수생활에 지치고 싫증도 나고 해서 얼마 남지 않은 여생을 저술 작업에 진력해야겠다는 생각이었던 만큼 서울예대와의 인연을 맺는다는 것은 솔직히 상상도 하지 않았습니다.

그러던 어느 여름날 서울예대로부터 졸지에 출강요청이 왔습니다. 수십 년간 몸담았던 대학도 뿌리치고 나온 처지에 또다시 서울예대와 인연을 맺는 용기가 좀처럼 나지 않았습니다. 결국 저는 한동안 고심 끝에 선생의 부름으로 생각하고 동시에 저의 운명이라 받아들이면서 그동안 정지 상태에 있다시피 한 동랑기념 사업회 활성화를 미력이나마 보태는 것이 저의 마지막 봉사라고 생각하고 마음을 다잡았습니다.

제가 처음 안산캠퍼스를 들어섰을 때 가장 먼저 떠오른 것은 선생의 환영(幻影)이었고, 남산에서 처음 학교를 시작하실 적의 동분서주하시던 모습이었습니다. 그리고 또 놀랐던 상전벽해(桑田碧海)라는 말이 어울릴 정도로 예술대학이 비좁은 드라마 센터를 벗어나 아름답고 규모 있는 멋진 캠퍼스로 변모되어 있는 것이었습니다. 교정에서는 전국에서 모인 예술 영재들이 뛰놀고 훌륭한 교수들이 열성적으로 학생들을 지도하고 있었으며 행정직원들 역시 학사관리를 잘 하고 있었습니다.

그 결과 서울예술대학 출신들 수 천 명이 문화계 전반으로 진출하여 한국문화예술을 주도하고 있는 것도 알게 되었습니다. 그것도 국내에 그치는 것이 아니라 전 세계로까지 진출하여 소위 한류(韓流)의 바탕도 마련하고 있었습니다. 선생이 그토록 갈망했던 평생의 원대한 꿈이 이제야 비로소 활짝 피어나고 있는 것입니다.

그럼에도 불구하고 선생님은 일반대중은 말할 것도 없고 공연예술계로부터도 잊혀져가서 안타깝기 이를 데 없었습니다. 따라서 저는 예술대학에 부임하자마자 우선 선생의 명예회복과 한(恨)을 풀어드리는 일부터 해야겠다는 생각을 했고, 그것은 선생을 제대로 세상에 알리는 것이었습니다. 그리하여 곧바로 평전(評傳) 구상과 함께 쓰는 작업에 착수했습니다. 특히 선생의 탄신 110주년에 맞추려고 장장 4년여에 걸쳐서 밤낮을 가리지 않고 선생과 살았습니다.

저는 사실 그동안 선생을 잘 안다고 생각해왔습니다. 그런데 막상 펜을 잡고 써내려가다 보니 그 방대한 업적에 놀란 일이 한두 번이 아니었습니다. 어쩌면 그렇게 한국 문화예술의 구석구석까지 살피고 만지며 미래지향적으로 디자인을 해놓으셨는지요. 밑도 끝도 보이지 않을 정도였습니다. 선생의 생애는 곧 한국근대연극사였고, 동시에 공연예술사 그 자체였습니다. 그동안 저는 수십 종의 책을 썼지만 이번처럼 힘겹고 혼신의 열정을 쏟아 본 적이 없었습니다. 그리하여 제가 1965년에 대학원 학위논문으로 「유치진연구」를 낸지 꼭 50년 만에 『한국연극의 아버지 동랑 유치진』이라는 8백여 면의 평전을 완료하고 그 결과물을 오늘 동랑 선생과 심재순(沈載淳) 여사의 영전(靈前)에 바치면서 깊은 감회에 젖고 있습니다.

　제가 여기서 구태여 심재순 여사의 호칭을 들어낸 것은 죄송스럽지만 선생님 공로의 절반은 사모님의 몫으로 돌려도 무리가 없겠다는 생각을 했기 때문입니다. 이미 1920년대에 동경유학까지 마친 다재다능한 귀족출신의 최첨단 신여성이었던 심여사께서는 당대사회에서 어떤 역할을 해도 명성을 떨칠 수 있었던 능력의 소유자셨습니다.

　그럼에도 불구하고 심 여사께서는 자신을 낮추고 막(幕) 뒤에 숨어서 오로지 부군의 뒷바라지만 하시면서 부모로부터 물려받은 적잖은 재산까지 신극운동자금과 드라마센터 건립에 몽땅 털어 바치고 햇빛조차 들지 않는 극장 뒤 골방에서 생을 마치셨기에 오늘날의 문화융성과 한국 최고의 예술대학도 존재할 수가 있다고 생각합니다. 그런 이야기도 제가 이번 평전에서 대강은 기록했습니다. 이 평전을 제대로 읽은 사람이라면 절대로 선생과 사모님의 위대한 공적에 대하여 절대로 왈가왈부 못할 것입니다.

　일찍이 로마황제로서 스토아철학자이기도 했던 마르쿠스 아우렐리우스는 그의 명저인 『명상록』에서 "육신은 물론이고 명성도 영원한 시간 속에 사라져 버린다."면서 생명의 유한론(有限論)을 설파했지만 선생은 시간이 흐를수록 명성이 빛을 발할 것이라 확신합니다.

311

이제 두 분께서는 천국에서 평안하게 영생을 누리십시오. 저역시 항상 어깨를 짓누르고 있던 부담을 덜었고, 여한도 풀었다고 사료되어 한결 심신이 가벼워졌습니다. 진즉에 이 평전을 써드렸어야 하는데, 너무 늦어서 참회의 심정으로 이 졸저(拙著)를 영전에 바치오니 해량해 주십시오. 다시 한 번 충심으로 선생님과 심재순 여사님의 명복을 빕니다.

• 2015년 4월 11일